Ann pale kreyòl

AN INTRODUCTORY COURSE IN HAITIAN CREOLE

Revised Edition

Ann pale kreyòl

AN INTRODUCTORY COURSE IN HAITIAN CREOLE

Revised Edition

Albert Valdman
INDIANA UNIVERSITY

In collaboration with
Renote Rosemond
Illustrations
Pierre-Henri Philippe

These materials were prepared under terms of research contract No. G00-82-1051 with the United States Department of Education Division of International Education Programs whose support is gratefully acknowledged and with the aid of a grant from the Office of the Dean of Research and Graduate Development of Indiana University-Bloomington.

1988, 2006
CREOLE INSTITUTE
BALLANTINE HALL 602
INDIANA UNIVERSITY
BLOOMINGTON, IN 47405

ISBN 0-929236-05-X

Table of Contents

PREFACE

INTRODUCTION

Ann pale kreyòl is a comprehensive set of teaching materials designed to provide beginning and intermediate learners with a thorough grounding in the phonology, grammar, and vocabulary of Haitian Creole. It is designed to meet the needs of persons who wish to acquire a mastery of the language sufficient to communicate with monolingual speakers. These represent more than eighty per cent of the population of Haiti, for only a small minority of Haitians, mostly Port-au-Prince based members of the middle classes, have effective control of Haiti's other official language, French.

For a dozen years *Ann pale kreyòl* has served the needs of users of English who, for various professional reasons, needed to acquire knowledge and/or mastery of Haitian Creole: professionals in the various health fields, community development and other technical experts, missionaries, diplomats, students, specialists of Creole studies interested in Haiti. It is gratifying for the author to know that such persons have gained insights on the culture and people of this country while studying its vernacular language by means of this textbook.

Few changes have been made in this revised edition. They consist mainly of corrections of typographical errors and minor changes involving variant forms of words. For example, the word for "tire" has been changed from *kaotchou* to *kawotchou* and that for "after" from *aprè* to *apre* on the basis of additional verification with native speakers. We also have tried to reduce the number of variants to the extent that this is possible for a language that is not yet fully standardized. These changes do introduce minor, occasional mismatches between the text and the accompanying recorded program. But they are unlikely to have any effect on learning.

THE ORGANIZATION OF *ANN PALE KREYÒL*

Ann pale kreyòl consists of 25 chapters labeled **leson**. The structure of these chapters varies. In particular the first three chapters, which are designed as an introductory section, contain only a few of the chapter components. Beginning with chapter four (**Leson kat**), each chapter contains the following basic components:

Dyalòg. This is a representative situational interaction. It deals with the topic featured in the chapter and illustrates the lexical field and grammar points that are treated in detail. Matching contextual English equivalents are provided for these dialogs. In addition, the **Dyalòg** contributes to the learning of pragmatics: it shows how to end and to begin a conversation, how to be polite, how to tailor speech to reflect the relationship among those engaged in communicative interactions. The **Dyalòg** is followed by a set of questions whose answers are provided.

Mo nouvo. New vocabulary items are provided, often accompanied by illustrations. A picture is worth a hundred words! The line drawings, created by a young Haitian artist, portray scenes of Haitian country life; others illustrate objects--foods and tools, for example--some of which may not be familiar to foreigners. Later chapters typically contain two **Mo nouvo** sections. Each section also contains exercises (**Annou pratike**). The correct answers or, in the case of more open-ended exercises, the suggested answers are given in a key (**Kle**) that appears at the end of each chapter. The **Kle** should be consulted after each exercise is completed.

Gramè. Each chapter contains from one to three grammar sections, each treating a particular feature of the language. Except for the variant forms of the definite determiner, all sections deal with syntax, inasmuch as Creole lacks complex morphology--the expression of grammatical category by changes in the form of words. Creole grammatical categories are expressed by combinations of forms and by the order of elements in the sentence. Each grammar section contains graded exercises beginning with practice drills and, when possible, progressing to the meaningful use of the feature in context. Answers are provided in the **Kle**.

Annou tcheke. This section provides a review of the vocabulary and grammar treated in the chapter. Answers are provided in the **Kle**.

Koute byen. Introduced sporadically in the first fifteen chapters and regularly from Chapter 16 on, this section provides listening comprehension practice. In the text the **Koute byen** section consists of a brief summary designed to aid in the comprehension of a recorded text, usually a narrative. The summary is followed by a list of new vocabulary items which appear in the recorded text. A set of questions whose answers appear in the **Kle** completes the **Koute byen** section.

Annou aprann ekri. Appearing in Chapters 11-16 are spelling sections focusing on a set of sound-to-letter correspondences. They correspond to recorded identification and dictation exercises.

Annou li. There are six reading selections treating general aspects of the geography and the history of Haiti. New vocabulary appears as marginal glosses. This section also contains keyed questions.

ACCOMPANYING RECORDED MATERIALS

Accompanying *Ann pale kreyòl* are about twelve hours of recorded materials available on cassettes. They were recorded in the studios of the national Haitian radio station with radio announcers who also were part of the La Créolade theatrical group specializing in plays in Creole. These recordings comprise: (1) the **Dyalòg** (both a rendition in natural conversational style and a version providing constituent elements of the **Dyalòg**) and appended questions; (2) the lists in the **Mo nouvo**; (3) those of the exercises in the **Mo nouvo** and **Gramè** sections that are suitable oral activities; (4) the **Annou aprann ekri** exercises; (5) the **Koute byen** texts. A shorter two-cassette recorded program containing only the **Dyalòg** and **Koute byen** is also available.

THE OFFICIALIZED SPELLING SYSTEM

Since the 1940s three spelling systems have been proposed for Haitian Creole, all of which provide a systematic way to represent the sounds of the language in a way that is independent of French. The first systematic phonetically-based representation for Haitian Creole was authored by the North Irish Methodist minister Ormonde McConnell, with the assistance of the American literacy specialist Frank Laubach. That spelling system was replaced in the 1950s by a slightly modified notation devised by the Haitian journalist Charles-Fernand Pressoir termed the Faublas-Pressoir or ONAAC spelling; the ONAAC was the government's community development and literacy agency which had adopted the revised system. In 1975 a new orthography was introduced by the Institut Pédagogique National (IPN), the agency charged with the implementation of a major reform program involving the introduction of Haitian Creole in the schools. In 1979 this spelling system was officially recognized by the Haitian government. Today, nearly all materials in the language, both in Haiti and in diaspora communities, make use of that system. It is the one employed in this course. Although the IPN spelling has been officialized, scriptors differ with regard to minor features. For example, some scriptors represent the second person singular pronoun, equivalent to English *you*, always with *ou*. Some represent it with *ou* before or after a consonant (for example, *ou manje* "you ate" and *chat ou* "your cat") and with *w* before and after a vowel (for example, *w ap manje* "you are eating" and *chen w* "your dog") because indeed it is pronounced with the sound [w] (as in *word*) in this environment. We follow the spelling conventions of the monthly magazine *Bon Nouvèl,* the only regularly published periodical in Haiti that uses Creole exclusively. *Bon Nouvèl* always represents that pronoun with *ou*.

Below, for the convenience of users who might be familiar with the other two systems or who might have occasion to consult materials using them, we provide a conversion chart showing differences in the representation of sounds. The sounds are noted in the alphabet of the International Phonetics Association (IPA) and illustrated with a sample word.

Sound	IPN (official)		McConnell-Laubach		Faublas-Pressoir	
e	e	boule "to burn"	é	boulé	é	boulé
ɛ̃	en	pen "bread"	ê	pê	in	pin
õ	on	pon "bridge"	ô	pô	on	pon
ã	an	ban "bench"	â	bâ	an	ban
in	in	machin "car"	in	machin	i-n	machi-n
an	àn	pàn "breakdown"	an	pan	a-n	pa-n
ɲ	y	peny "comb"	gn	pêgn	gn	pengn
j	{y	pye "foot"	y	pyé	i	pié
		yo "they"	y	yo	y	yo
w	{w	mwa "month"	w	mwa	ou	moua
		gwo "big"	r	gro	r	gro

Note: In Haitian Creole the sound [r] does not occur before back rounded vowels (noted in the official spelling with ou, o, ò, and on). Words corresponding to those of French pronounced with [r] followed by a back rounded vowel are pronounced with the [w] sound that occurs in mwa. In this regard the McConnell-Laubach and Faublas-Pressoir spellings are etymological in part because the symbol r does not reflect actual Haitian Creole pronunciation but the spelling of the French cognate, the French word from which the Haitian Creole word is derived.

THE NAME OF THE LANGUAGE

Haitians refer to the language as **Creole**, pronounced **kreyòl**. The name occurs in traditional proverbs, for example *Kreyòl pale, kreyòl konprann* "What is expressed in Creole is clear" (as versus French, the language associated with duplicity and obfuscation). Recently, some intellectuals and foreign linguists have introduced the term **ayisyen** because the word **creole** is a generic term referring to certain languages derived from European languages and associated with slavery. Also, the fact that Haitian Creole was recognized as the co-official language of Haiti with French by the 1986 constitution has caused people to use a label associated with national identity. For example, the first adaptation of the Bible bears the title *Bib-la: Parol Bondié an Ayisyin* "the Bible: God's word in Haitian" (note that the translator-adapter chose to use the Faublas-Pressoir spelling). We have followed tradition by using the term **kreyòl** and, in English, as **Creole**.

VARIATION IN CREOLE

Although it is endowed with an officialized spelling system, Creole is not yet a fully standardized language. As is the case for all languages, there are variations in the pronunciation of individual words, some of which reflect regional and social differences, different ways of expressing the same concepts, and varying grammatical patterns. Also, as the areas of the use of Creole expand, new words need to be coined. It is predictable that, as a first step before the creative resources of the language can be marshaled fully, there will be heavy borrowing from French. Thus, the line separating the two languages is blurred at the level of vocabulary.

We have selected as standard the speech of monolingual speakers from the Port-au-Prince area, insofar as that model is available in descriptions of Creole. For pedagogical simplicity, we have attempted to keep variation at a minimum. On the other hand, to maintain the authenticity and naturalness of the material we have not tried to eliminate all variation. In particular, there will be occasional minor differences between the written text and the recorded materials. By necessity, the speakers we have used in making the recordings are educated bilinguals who despite their activity in the production of plays in Creole and broadcasting in that language, tend to frenchify the language when they use it in an urban context and in interactions with foreign users. The following are areas where variation in the form of words may occur:

1.   **Alternations between nasal and non-nasal vowels.** Urban bilinguals and the monolinguals who tend to imitate them are likely to use non-nasal vowels in such words as *pèsonn* "no one." They would pronounce the word as *pèsòn*.

2.   **Use of front rounded vowels.** In words whose French cognates contain the vowels /y/ (**jus**), /ø/ (**deux**), and /œ/ (**sœur**) bilinguals are likely to use the front rounded vowel of French. Thus, they would say *ju* for *ji, deu* for *de* and *seù* for *sè* (see Chapter 25 for a detailed discussion of this type of variation).

3.   **Short and long forms of pronouns**. Creole personal pronouns occur in a long (basic) and short (elided) form. These alternations are subject to some rules but, often, either of the two forms may be selected. This type of variation is analogous to that in English between full and contracted forms: *it's nice/it is nice; I have worked/I've worked; I am going/ I'm going, I cannot do it/I can't do it*). We have modeled our practice on that of English, and we have not tried to impose undue uniformity.

4.   **Short and long forms of verbs.** Many frequently used verbs occur in a basic and an elided form, for example "to have" is *genyen* or, more usually, *gen;* "to be able to" may be pronounced *kapab, kab, or ka.* We use both basic and elided forms. On the other hand, we always provide the basic form in cases of contractions occurring in fast speech. For example "it's a thing" is usually pronounced *s on bagay;* we represent this phrase in the basic form of its constituents: *se yon bagay.* Similarly, *g on moun* "there's someone" is written *gen yon moun.* We also always represent the second person singular pronoun as *ou* even when it is more usually pronounced *w,* as in *avè w* "with you," written *avè ou,* and *w ale ak mwen* "you're going with me," written *ou ale ak mwen.*

ACKNOWLEDGMENTS

Ann pale kreyòl has evolved from materials used to teach Haitian Creole in several summer institutes (1981-84) funded by the United States Department of Education (OBEMLA) to provide training for bilingual education teachers working with Haitian children. The development of the textbook and the accompanying recorded materials were funded by the United States Department of Education (Title VI) and Indiana University. A debt of gratitude is owed to Maria Kim and Mary Fessner-Tarjanyi, who prepared the typescript for this revised edition and formatted it for desktop publishing. Thanks are also extended to Deborah Piston-Hatlen, who assisted in the production, and to Ben Hebblethwaite, Nicolas André and Jacques Pierre, who were responsible for the correction and review phase of the revision. Lyonel Desmarattes, the author of the adaptation in Creole of several plays of the classical French theater, coordinated the recording of the accompanying audio materials.

LESON EN

ELias

contraction of mwen

DYALÒG

Sou wout Petyonvil

Lwi meets Mari on the way to Pétionville.

LWI:	Bonjou, ti dam. Ki jan ou ye?	Hello, ma'am. How are you?
MARI:	M byen, wi.	I'm fine.
LWI:	Se pitit ou?	Is that your child?
MARI:	Wi se pitit mwen.	Yes, it's my child.
LWI:	Ki jan li rele?	What's his name?
MARI:	Li rele Sadrak.	His name is Sadrak.
LWI:	M rele Lwi. E ou menm, ki jan ou rele?	My name is Lwi. And you? What's your name?
MARI:	M rele Mari.	My name is Mari.

little child

same

Kesyon

Ki moun k'ap pale ak Mari?	Lwi.
Ki jan madanm nan rele?	Li rele Mari.
Ki jan msye a rele?	Li rele Lwi.
Ki jan pitit la rele?	Li rele Sadrak.

GRAMÈ

1.   **Personal Pronouns**

In Creole, personal pronouns have only one form. For example, **yo** is used for *they, them,* or *their.* The personal pronouns of Creole are as follows:

	mwen	I	me	my
Singular	**ou**	you	you	your
	li	he	him	his
		she	her	her
		it	it	its
Plural	**nou**	we	us	our
		you	you	your
	yo	they	them	their

There are several distinctions made in English that do not occur in Creole. The same form is used for the first and second person in the plural; **nou** means both *we* and *you (all).* Creole does not distinguish masculine, feminine, and neuter in the third person singular. **Li** means *he, she,* or *it.*

2.   **Uses of Pronouns**

When a pronoun precedes a predicate (verb, adjective, or adverb), it functions as the subject.

Li rele   He/she (is) called.
Yo byen.   They (are) fine.
Ki jan ou ye?   How are you?

Annou pratike

A.   **Identification.** To identify or point to someone one uses the construction **se...** *'It's....'.*
      MODÈL: Ki moun sa a? (Mwen) →
                  Se mwen.
      1.   mwen   4.   yo
      2.   ou   5.   nou
      3.   li

B.   **Identification.** Imagine that someone is asking whether the person or persons named have done something. Answer identifying the person.
      MODÈL: Ki moun sa a? Se ou? →
                  Wi, se mwen.
      1.   Se ou?   4.   Se mwen ak ou?
      2.   Se Jak?   5.   Se Sadrak ak Mari?
      3.   Se Anita ak Chal?   6.   Se ou ak Lwi?

C.   **Identify yourself and people around you.**
      MODÈL: Ki jan ou rele? →
                  Mwen rele. . .
      1.   Ki jan ou rele?
      2.   Ki jan li rele? (Sadrak)
      3.   Mwen rele Chal. E msye a? (Lwi)
      4.   Madanm nan rele Anita. E mwen menm? (Chal).

D.   Picture-cued identification. Identify the people in the picture.

MODÈL: 2. Ki moun sa a? →
                 Se yon madanm.

          1. Ki msye sa a? →
                 Se Chal.

1.   Ki moun sa a?
2.   Ki madanm sa a?
3.   Ki timoun sa a?
4.   Ki moun sa a?
5.   Ki msye sa a? — *def article*

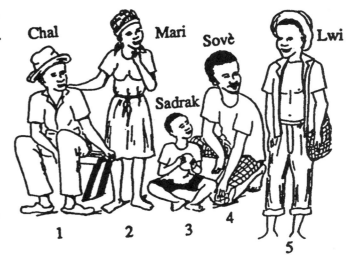

ANNOU TCHEKE

1.   Tell me what your name is.
2.   Ask me what my name is.

3.   Ask me what the child's name is.
      ki jan timoun rele.

KLE

Annou pratike

A.   **1.** Se mwen. **2.** Se ou. **3.** Se Mari. Se li. **4.** Se Lwi ak Mari. Se yo. **5.** Se mwen ak Sadrak. Se nou.

B.   **l.** Wi, se mwen. **2.** Wi, se li. **3.** Wi, se yo. **4.** Wi, se nou. **5.** Wi, se yo. **6.** Wi, se nou.

C.   **1.** Mwen rele… **2.** Li rele Sadrak. **3.** Li rele Lwi. **4.** Ou rele Chal.

D.   **1.** Se Chal. **2.** Se Mari. **3.** Se Sadrak. **4.** Se Sovè. **5.** Se Lwi.

Annou tcheke

1.   Mwen rele… **2.** Ki jan ou rele? **3.** E pitit la, ki jan li rele?

LESON DE

DYALÒG

Ban m nouvèl ou

Lwi and Mari meet several days after their first encounter.

LWI:	Bonjou, Mari. Ki jan ou ye jodi a?	Hello, Mari. How are you today?
MARI:	M byen, wi. E ou menm? Ban m nouvèl ou, non.	I'm fine. How are things with you?
LWI:	M pa pi mal. M ap kenbe E Sadrak?	I'm not bad at all. I'm getting along. How about Sadrak?
MARI:	Sadrak la, wi. L ap boule.	Sadrak is all right. He's managing.
LWI:	E lòt timoun yo? Yo byen tou?	And the other children. Are they fine too?
MARI:	Wi, monchè, Y al lekòl.	Yes, dear. They're going to school.
LWI:	Bon, machè, m ale. N a wè, tande?	Okay, dear. I'm going. See you, okay?
MARI:	Men wi, n a wè lòt senmenn, si Dye vle.	Of course, see you, God willing.

Nòt: **1.** *Note the diversity of expressions for I'm fine, I'm okay, I'm getting along.*

Mwen la.	*I'm okay.*
M pa pi mal.	*I'm no worse.*
M byen.	*I'm fine.*
M ap boule.	*I'm managing.*
M ap kenbe.	*I'm getting along.*

2. *Emphatics. Creole does not have word stress. Thus, that process cannot be used, as it is in English, to place emphasis on a particular word. Instead, various emphatic words are used:*

menm
E ou menm, ki jan ou ye? *How about **you**? How are you?*

wi, non
Wi *'yes' is used with positive declarative sentences and* **non** *'no' with negative declarative sentences.*

Kesyon

1.	Ki moun Lwi kontre?	Mari.
2.	Ki jan Mari ye? E Lwi? E Sadrak?	Mari byen. Lwi pa pi mal. Sadrak ap boule.
3.	Ki kote lòt timoun yo ye?	Yo lekòl.

GRAMÈ

Short Forms of Pronouns

Sometimes, when they occur in subject position, i.e., preceding the predicate, pronouns show the short form.

mwen	m
ou	(w) spelled **ou**
li	l
nou	n
yo	y

The short form **m** is the only one that may occur in any position:

  mwen byen/m byen

L and **n** may occur when the preceding or following word begins with a vowel:

se pou **li** ale/se pou **l** ale	he/she must go
li ale/**l** ale	he/she went, goes
kote **nou** ale/kote **n** ale	where are we going

The short forms (w) **ou** and **y** generally occur only before words that begin with a vowel. Compare:

Ou kenbe 'You got along/you get along'	Ou (w) ap kenbe 'You're getting along'
Yo wè 'They saw/they see'	Y a wè 'They will see'

Annou pratike

A.   **E ou menm, ki jan ou ye?**

1. M pa pi mal. E ou menm?
2. Yo byen. E ou menm?
3. M la. E ou menm?
4. M rele Toma. E ou menm?

B.   Transform the expressions using the verb marker **ap**.

1. Nou…kenbe…
2. Li…boule…
3. Ou…wè…
4. Yo…kontre…
5. Mwen…pale…

ANNOU TCHEKE

1. Ask me how I am today.
2. Say that you're managing.
3. Say that the children are fine.
4. Say that you're going.

KLE

Gramè

A.   **1.** M pa pi mal, non. **2.** M byen tou, wi. **3.** M la, wi. **4.** M rele…

B.   **1.** N ap kenbe. **2.** L ap boule. **3.** Ou ap wè. **4.** Y ap kontre. **5.** M ap pale.

Annou tcheke

1. Ki jan ou ye jodi a? **2.** M ap kenbe/M ap boule. **3.** Timoun yo byen. **4.** M ale.

LESON TWA

DYALÒG

Nan sal klas la

LWI:	Ki sa sa a ye?	What's that?
MARI:	Se yon klas. Klas la nan yon lekòl. Se lekòl kote Sadrak ale.	It's a classroom. This classroom is in a school. It's where Sadrak goes to school.
LWI:	Ki sa k genyen nan klas la?	What is in the classroom?
MARI:	Gen madmwazèl lekòl la.	There is the teacher.
LWI:	Ki sa l ap fè?	What is she doing?
MARI:	Li kanpe.	She's standing.
LWI:	Gen elèv. Sa y ap fè?	There are students. What are they doing?
MARI:	Yo chita.	They are sitting.
LWI:	Gen tablo.	There is a chalkboard.
MARI:	Madmwazèl la kanpe devan tablo a. L ap ekri sou tablo a.	The teacher stands in front of the chalkboard. She is writing on the chalkboard.
LWI:	Gen ban.	There are benches.
MARI:	Elèv yo chita sou ban yo.	The students are sitting on the benches.
LWI:	Gen yon pòt.	There is a door.
MARI:	Sadrak fèmen pòt la.	Sadrak has closed the door.
LWI:	Gen fenèt.	There is a window.
MARI:	Mari louvri yon fenèt.	Mari opened the window.
LWI:	Gen yon drapo.	There is a flag.
MARI:	Se drapo ayisyen.	It's the Haitian flag.
LWI:	Gen yon biwo.	There is a desk.
MARI:	Sou biwo a gen liv. Se liv Madmwazèl la.	There are books on the desk. They belong to the teacher.
LWI:	Gen ban. Sa k genyen sou ban yo?	There are benches. What is on the benches?
MARI:	Gen liv, gen kaye, gen kreyon, gen plim, gen règ, gen chifon.	There are books, notebooks, pencils, pens, rulers and erasers.

ban elèv

biwo mèt

Nòt: **1. Ki sa.** *This interrogative form may be shortened to* **sa.**
2. Genyen. *The verb 'to have' may be shortened to* **gen.**

Kesyon

1.	Kote Sadrak?	Li lekòl. Li nan klas la.
2.	Kote madmwazèl la?	Li nan klas la tou.
3.	Ki sa madmwazèl la ap fè?	Li kanpe devan tablo a. L ap ekri sou tablo a.
4.	Ki sa elèv yo ap fè?	Yo chita.
5.	Ki sa Sadrak ap fè?	L ap fèmen pòt la.
6.	Ki sa Mari ap fè?	L ap louvri yon fenèt.

GRAMÈ I

1. The definite article

In Creole articles are used to refer to nouns under specific conditions. The definite article is used to refer to a previously mentioned noun.
Compare:

Gen chèz. 'There are chairs.'
Sadrak ale lekòl. 'Sadrak is going
 to school.'

Chèz la bèl. 'The chair is pretty.'
Kote lekòl la? 'Where is the school?'

The definite article (or definite determiner) is used in the sentences on the left to indicate that the noun, **chèz, lekòl** has been previously identified or is known by the hearer.

2. Forms of the definite article

The definite article occurs after the noun. Its form varies according to the last segment (vowel or consonant) of the noun it determines:

Kote tab la.
Li rele pitit la.

Kote tablo a.
Li rele msye a.

The definite article is **la** after consonants and **a** after vowels.

3.   **Indefinite article**

The indefinite article is **yon**. The pronunciation varies somewhat; usually the **y** sound does not appear:

Se yon liv.   (Usually) S on liv.
Li kenbe yon kreyon.   (Usually) Li kenbe on kreyon.

Annou pratike

A.   **Identify the following objects.**

MODÈL: **Sa a se yon liv.**

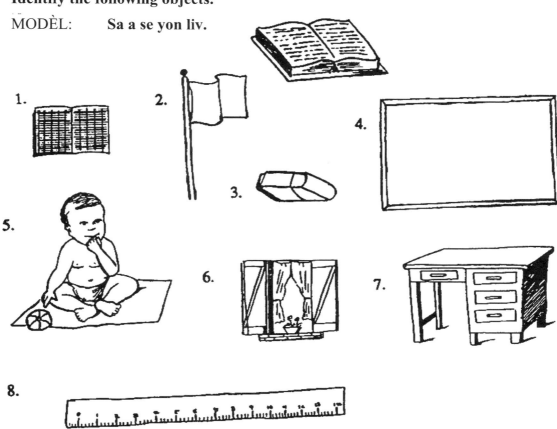

1.
2.
3.
4.
5.
6.
7.
8.

B.   **Mande-reponn.** One person asks the question; the other answers.

MODÈL: liv – tab -→
                     -Kote liv la?
                     -Liv la sou tab la.

1.   kaye – tab
2.   drapo – chèz
3.   chifon – kaye
4.   règ – liv
5.   liv - biwo

MO NOUVO POU NOU KONNEN

Lòd

pran	Pran liv la.
manyen	Manyen pòt la.
louvri	Louvri kaye ou.
fèmen	Fèmen liv nou.
depoze	Depoze plim ou sou tab la.
montre	Montre tablo a.
ekri	Ekri non ou sou tablo a.
mache	Mache rive bò pòt la.
rete	Mache rive devan tablo a epi rete.
kanpe	Kanpe devan biwo a.
chita	Mache rive sou chèz la epi chita sou li.
vire	Mache rive bò fenèt la.

Annou pratike

A.   Marye I ak II. Form appropriate orders by matching items in Columns I and II.

	I		**II**
1.	Manyen	a.	kaye a.
2.	Fèmen	b.	liv ou
3.	Louvri	c.	kreyon mwen
4.	Pran	d.	règ li
5.	Depoze règ ou	e.	fenèt la
6.	Ekri non ou	f.	devan pòt la
7.	Mache rive	g.	sou tablo a
8.	Kanpe	h.	sou biwo a
9.	Montre	i.	sou chèz la

B.   Lòd. Look at the various objects in the classroom and give appropriate orders.

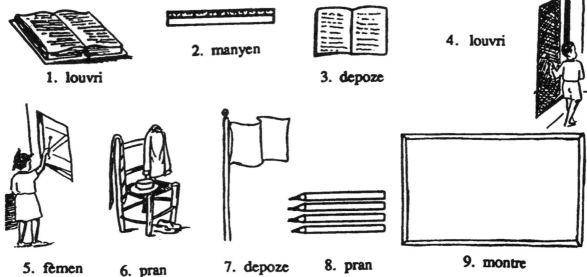

1. louvri   2. manyen   3. depoze   4. louvri   5. fèmen   6. pran   7. depoze   8. pran   9. montre

MODÈL 1:   Mari, al sou tab la… →
            Mari al sou tab la, pran yon plim.

MODÈL 2:   Ajenò, al sou chèz la… →
            Ajenò al sou chèz la, pran liv la.

1. Al sou chèz la…   6. Al sou chèz la…
2. Al sou biwo a…   7. Al sou tab la…
3. Al sou tab la…   8   Al sou biwo a…
4. Al sou pòt la…   9. Al sou tablo a…
5. Al sou fenèt la…

GRAMÈ II

Plural of nouns

In Creole nouns are marked for plural only when they are particularized, that is, when they are assumed to be known to the hearer. Only nouns whose singular form is accompanied by the definite article can be made plural. The plural maker is **yo** following the noun.
Compare:

Pran lèt la.	'Take the letter.'	Pran lèt yo.	'Take the letters.'
Se yon lèt.	'It's a letter.'	Se lèt.	'These are letters.'
Li gen yon lèt.	'He, she has a letter.'	Li gen de lèt.	'He, she has two letters.'

Annou pratike

A.   **Change the noun to the plural.**

MODÈL 1:   Pran liv la →   MODÈL 2:   Manyen yon plim. →
            Pran liv yo.   **Manyen plim.**

1. Fèmen fenèt la.   6.   Manyen yon règ.
2. Louvri liv la.   7.   Pran yon chèz.
3. Pran tablo a.   8.   Depoze drapo a.
4. Depoze kaye a.   9.   Louvri yon pòt.
5. Pran yon kreyon.   10. Fèmen kaye a.

B.   **Give orders appropriate to the picture.**

MODÈL: pran →
          Pran kaye yo.

1. pran      3. louvri

3. manyen   4. fèmen

5.   depoze

7.   fèmen

6.   manyen

8.   pran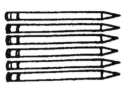

ANNOU TCHEKE

1.   There are some pens.
2.   Where is the teacher?
3.   There are some books and some notebooks.
4.   What's that?
5.   Tell me to stand up.
6.   Tell me to sit down.
7.   Tell me to get a pencil.
8.   Tell me to touch the blackboard.
9.   Tell me to open the door and to close the windows.
10.   Tell me to write my name on the blackboard.
11.   Tell me to put down the books.
12.   Tell me to show the table.

KLE

Gramè I

A.   **1.** kaye **2.** drapo **3.** gonm **4.** tablo **5.** pitit **6.** fenèt **7.** biwo **8.** règ

B.   **1.** Kote kaye a? Kaye a sou tab la. **2.** Kote drapo a? Drapo a sou chèz la. **3.** Kote chifon an? Chifon an sou kaye a. **4.** Kote règ la. Règ la sou liv la. **5.** Kote liv la? Liv la sou biwo a.

Mo nouvo II

A.   **1.** a, b, c, d, e **2.** a, b, e **3.** a, b, e **4.** a, b, c, d **5.** g, h **6.** g **7.** f **8.** f **9.** a, b, c, d, e

B.   **1.** Louvri liv la. **2.** Manyen règ la. **3.** Depoze kaye a. **4.** Louvri pòt la. **5.** Fèmen fenèt la. **6.** Pran chèz la. **7.** Depoze drapo a. **8.** Pran kreyon yo. **9.** Montre tablo a.

Gramè II

B.   **1.** Pran règ la. **2.** Manyen pòt yo. **3.** Louvri liv la. **4.** Fèmen kaye yo. **5.** Depoze plim yo. **6.** Manyen tablo a. **7.** Fèmen pòt la. **8.** Pran kreyon yo.

Annou tcheke

1. Gen plim. **2.** Kote metrès la? **3.** Gen liv ak kaye. **4.** Ki sa sa a ye? **5.** Kanpe.
6. Chita. **7.** Pran yon kreyon. **8.** Manyen tablo a. **9.** Louvri pòt la epi fèmen fenèt yo.
10. Ekri non ou sou tablo a. **11.** Depoze liv yo. **12.** Montre tab la.

LESON KAT

DYALÒG

Ki kote ou prale?

Gabi and Toma meet on the way to Port-au-Prince.

TOMA:	O, Gabi, sa k pase?	Well, if it isn't Gabi. What's new?
GABI:	M ap kenbe. E ou menm?	I'm getting along. How about you?
TOMA:	M pa pi mal, non. E moun yo? Yo byen?	I'm not too bad. How about your family? They're fine?
GABI:	Tout moun anfòm, papa.	Yes, man. Everybody is doing great.
TOMA:	Ki kote ou prale la a?	Where are you going?
GABI:	M pral nan mache. E ou menm?	I'm going to the market. How about you?
TOMA:	M ap rive lavil.	I'm on my way to town.
GABI:	Ki sa ou pral fè lavil?	What are you going to do in town?
TOMA:	M pral fè yon vire. E ou menm?	I'm going to walk around. How about you?
GABI:	M pral achte yon ti kafe.	I'm going to buy some coffee.
TOMA:	Enben, n a wè?	Well, see you.
GABI:	Men wi, n a wè pita.	Yes, of course. I'll see you later.

Nòt: **Moun.** *This term means 'people'. It takes on a variety of meanings:* **moun yo** *(yo is the plural marker) 'your family';* **timoun,** *literally 'little people' means 'child';* **ki moun** *'who'.*

Locatives. *Locatives may be introduced by the preposition* **nan (nan mache)** *or they may be adverbs containing the element* **la (lavil).**

Kesyon

1.	Ki moun k ap pale ak Toma?	Gabi.
2.	Ki kote Gabi prale?	Li prale nan mache.
3.	E Toma?	Li prale lavil.
4.	Ki sa Gabi pral fè?	Li pral achte yon ti kafe.
5.	E Toma?	Li pral fè yon ti vire.

GRAMÈ

1. **The progressive verb marker <u>ap</u>**

   You have no doubt noticed that in Creole the form of verbs does not change. There is no subject-verb agreement of the complex type that one finds in French, for example, je mang**e**, tu mang**es**, ils mang**ent**, nor of the limited type one finds in English: I walk, he/she walks. Such semantic notions as tense or aspect (the manner in which an action or state is carried out or develops) are expressed by short particles occurring before the verb form.

   The basic form of a Creole verb may refer to past tense or to an habitual action.

Li pale.	He spoke/he speaks (usually or in general)
Li pale ak Gabi.	He spoke with Gabi.
Li pale kreyòl.	He speaks Creole.

   To indicate that an action or state is in progress at the moment of speech, or that it is about to begin, the marker **ap** is used:

M kenbe.	I get/got along.
M ap kenbe.	I'm getting along.
Li rive lavil.	He/she arrived in town.
L ap rive lavil.	He/she is arriving in town.

2. **The special form <u>pral</u>, <u>prale</u>**

   The combination **ap ale** is replaced by **prale** or **pral**.

Ki kote l ale?	Where did he go?
Ki kote l prale?	Where is he going?
M pral achte kèk liv.	I'm going to buy a few books.

Annou pratike

A. **Kounye a 'now.'** Indicate the action that is going on now.

   MODÈL: L ale lavil. →
   Li prale lavil.

1.	Ki kote l rive?	5.	Nou pale ak Mari.
2.	Ki kote ou ale?	6.	L ale nan mache.
3.	Ki sa yo fè?	7.	Pòl achte kafe
4.	M fè yon ti vire.	8.	Toto ale lekòl.

B. **Ki sa y ap fè?** On the basis of the pictures and the verb given, say what people are doing.

   MODÈL: yo - montre →
   Y ap montre kaye yo.

   1. mwen – pran      2. li – fèmen

   3. nou – depoze   4. ou – manyen

5.   mwen –kenbe

6.   yo - manyen

7.   nou – louvri

8.   ou - pran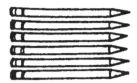

MO NOUVO POU NOU KONNEN

Kote pou n ale

Gabi pral achte kafe.	Li prale nan yon magazen.
Lorelyen pral travay.	Li prale nan yon izin.
Mari malad.	Li prale nan dispansè a.
Lwi pral fè yon ti travay.	Li prale nan jaden li.
Wòzlò gen yon lèt.	Li prale lapòs.
Wobè pral nan mache a.	Li prale lavil.
Sadrak se yon elèv.	Li prale lekòl.
Msye Ipolit se yon Pè	Li prale legliz.

Nòt: *To express motion to a place, Creole uses the preposition **nan** "to" before the noun indicating the place:*

   Li prale nan yon izin.   *He/she is going to a factory.*

If the place is specified or if its identity is presumed to be known by the hearer (for example, when there is only one such place), the definite article is used after the noun:

   Nou malad. Nou prale nan   *We're sick. We're going to the health*
       dispansè a.   *station.*

*Some specified, unique places do not require the preposition **nan**. These nouns begin with la or le:*

   M gen yon lèt. M prale lapòs.   *I have a letter. I'm going to the post-office.*
   Li se yon pè. Li prale legliz.   *He's a priest. He's going to church.*

Annou pratike

Marye I ak II (matching).

I	II
1. Wòzlò se yon metrès...	a. Li prale nan yon magazen.
2. Gabi pral achte yon ti kafe...	b. Li prale legliz.
3. Toma gen yon lèt...	c. Li prale lapòs.
4. Msye Jozèf se yon pè...	d. Li prale lekòl.
5. Wobè malad...	e. Li prale lavil.
6. Mari pral achte kèk kaye…	f. Li prale nan mache a.
7. Lorelyen pral fè yon ti travay...	g. Li prale nan dispansè a.
8. Anayiz prale nan mache a...	h. Li prale nan jaden li.

KOUTE BYEN

Sou wout Petyonvil

Mo nou poko konnen:

kamyonèt:	pick-up truck (in Haiti a station wagon used as a collective taxi between Pétionville and Port-au-Prince.)	**kat:**	four
jou:	day	**lòt:**	other
sou wout:	on the road to	**youn:**	one of them

Nòt: Nouns referring to specified, unique places usually do not require the definite article: **Mari pral nan mache.** *"Mary's going to the market." Compare with English: "I'm going to church."*

Kesyon

1.	Ki kote Mari prale?	Li prale nan mache.
2.	Ki moun li kontre?	Li kontre Lwi.
3.	Ki sa Mari pral achte?	Li pral achte yon ti kafe.
4.	Ki kote lòt timoun Mari yo ale?	Y al lekòl.
5.	Ki sa Lwi pral fè?	Li pral fè yon ti vire lavil.
6.	Ki jan pitit ki pral nan mache ak Mari a rele?	Li rele Ajenò.

ANNOU TCHEKE

A.

1.	Ask me what is happening.	5.	Ask me whether I'm taking a walk.
2.	Say that everybody is fine.	6.	Say that you're going to town.
3.	Say that you'll see me later.	7.	Ask me whether I'm going to the market.
4.	Ask me where I'm going.		

B.   Answer the following questions, replacing the nouns in boldface by the appropriate pronoun. Use the various answers you have learned.

MODÈL: Ki jan ou ye? →
M byen.

1.	Ki jan **ou** ye?	4.	Ki jan **ou menm ak pitit la** ye?
2.	Ki jan **Anita** ye?	5.	Ki jan **Jak ak Pòl** ye?
3.	Ki jan **timoun yo** ye?		

C.   Tell me to:

1.	Go to the post office.	4.	Show your field
2.	Open the stores.	5.	Close the health station.
3.	Go to church.		

Nòt: Konpè and konmè

The terms of address **konpè** *and* **konmè** *are widely used, especially in rural Haiti, to indicate friendship. When used with a surname, e.g.* **konpè Ogis**, *they indicate a deference or respect.*

In the Catholic baptismal ceremony these terms refer to the godparents: **konpè** *'godfather' and* **konmè** *'godmother'. Godparents assume responsibility for the care of the child in case of the parents' death or in emergencies.*

KLE

Gramè

A.   **1.** Ki kote l ap rive? **2.** Ki kote ou prale? **3.** Sa y ap fè? **4.** M ap fè yon ti vire. **5.** N ap pale ak Mari. **6.** Li prale nan mache. **7.** Pòl ap achte kafe. **8.** Toto prale lekòl.

B.   **1.** M ap pran règ la. **2.** L ap fèmen pòt yo. **3.** N ap depoze liv la. **4.** Ou ap manyen kaye yo. **5.** M ap kenbe plim yo. **6.** Y ap manyen tablo a. **7.** N ap louvri pòt la. **8.** Ou ap pran kreyon yo.

Mo nouvo

1. d **2.** f **3.** c **4.** b **5.** g **6.** a **7.** h **8.** e

Koute byen (Sou wout Petyonvil)

Jodi a se jou mache. De moun kontre nan yon kamyonèt sou wout Petyonvil. Youn rele Lwi, lòt la rele Mari. Mari pral nan mache ak pitit li. Pitit la rele Ajenò.

Mari gen kat pitit. Lòt timoun yo al lekòl. Ki sa Mari pral fè nan mache a? Li pral achte yon ti kafe. Lwi li menm pral fè yon ti vire lavil.

Annou tcheke

A.   **1.** Sa k pase? **2.** Tout moun anfòm. Tout moun byen. **3.** N a wè pita. **4.** Ki kote ou prale? **5.** Ou ap fè yon ti vire? **6.** M pral lavil. **7.** Ou pral nan mache a?

B.   **1.** M byen. **2.** Li byen. **3.** Yo byen. **4.** Nou byen. **5.** Yo byen.

C.   **1.** Ale lapòs **2.** Louvri magazen yo. **3.** Ale legliz. **4.** Montre jaden ou. **5.** Fèmen dispansè a.

LESON SENK

DYALÒG

Sa ou pral fè?

Anita and Gabi meet on the road early in the morning.

GABI:	O! Anita, ou deyò bònè, wi, poukisa?	Oh! Anita, you're out early, why?
ANITA:	Wi, konmè m. M pral kay Madan Ogis.	Yes, my friend. I'm going to Mrs. Auguste's house.
GABI:	Sa k genyen?	What's happening?
ANITA:	Anyen, non.	Nothing.
GABI:	Sa ou pral fè lakay li lè sa a?	What are you going to do at her house at this hour?
ANITA:	M pral fè yon ti travay pou li. M pral lave rad.	I'm going to do a little job for her. I'm going to wash clothes.
GABI:	A bon, enben kouraj sè m.	Well, take care, sister.
ANITA:	Mèsi, konmè m. N a wè.	Thanks, my friend. See you.

Kesyon

1. Ak ki moun Gabi kontre?
2. Ki sa Gabi di Anita?
3. Ki kote Anita prale?
4. Poukisa?

Li kontre ak Anita.
Li di Anita li deyò bònè.
Li pral kay Madan Ogis.
Li pral fè yon ti travay. Li pral lave rad.

GRAMÈ

Possessive

Possession is expressed in Creole by having the noun referring to what is owned followed by that of the owner. When a pronoun follows a noun, it functions as a possessive adjective.

Se **kay** Anita.	'It's Anita's house.'
Se **kay** li.	'It's her house.'

Annou pratike

A.   **Se pou ki moun?**   'Whose is it?'

    MODÈL: Se kay Anita. →
              Se kay li.

1.   Se pitit Lwi.
2.   Se travay Lwi.
3.   Se pitit Anita.
4.   Se kafe Lwi ak Anita.
5.   Se kaye Sadrak.
6.   Se règ Anayiz.
7.   Se klas Wobè ak Mariz.
8.   Se manman Sadrak ak Elodi.

B.   MODÈL: Kay la se pou Toma. →
           Se kay Toma. Se kay li.

1.   Kay la se pou Toma.
2.   Pitit la se pou Mari.
3.   Travay la se pou bòs Lwi.
4.   Kafe a se pou Pòl ak Jak.
5.   Plim yo se pou Gladis.
6.   Lèt la se pou manman mwen.
7.   Liv la se pou Jan.

ANNOU KONTE

youn/en	1	sis	6	onz	11	sèz	16
de	2	sèt	7	douz	12	disèt	17
twa	3	uit	8	trèz	13	dizuit	18
kat	4	nèf	9	katòz	14	diznèf	19
senk	5	dis	10	kenz	15	ven	20

Annou pratike

A.   Konben fi nou wè isit la?
    Konben moun nou wè isit la?

    Konben gason nou wè isit la?
    Konben moun nou wè nan klas la?

B.   Konte sòt nan youn rive nan senk.
    Konte sòt nan dis rive nan kenz.

    Konte sòt nan kat rive nan dis.
    Konte sòt nan douz rive nan ven.

C.   **Annou kalkile.**

    MODÈL: 2 ak 3 fè →
            senk

1.   4 ak 6 fè
2.   5 ak 7 fè
3.   2 ak 9 fè
4.   8 ak 10 fè
5.   11 ak 9 fè
6.   12 ak 4 fè
7.   13 ak 6 fè
8.   5 ak 9 fè

MO NOUVO

Rad

Mete chemiz la.	Put the shirt on.
Eseye wòb yo.	Try on the dresses.
Wete chosèt yo.	Take off the socks.
Boutonnen kòsaj ou.	Button your blouse.
Deboutonnen vès ou.	Unbutton your jacket.
Zipe pantalon ou.	Zip up your trousers.
Dezipe jip la.	Unzip the skirt.
Lave mayo yo.	Wash the T-shirts.
Siye soulye ou.	Wipe your shoes.
Kenbe kravat la.	Hold the tie.
Pran tenis yo.	Take the sneakers.
Achte sapat.	Buy some thongs.
Lave ba yo.	Wash the stockings.

Annou pratike

A.   **Ki sa sa yo ye?** Identify the article of clothing depicted.

MODÈL: Ki sa sa a ye? →
Se yon kòsaj.

1.   Ki sa sa a ye?

6.   Se yon pantalon?

2.   Ki sa sa a ye?

7.   Sa yo se soulye?

3.   Sa yo se sapat?

8.   Ki sa sa a ye?

4.   Sa a se yon kòsaj?

9.   E sa a se yon kravat?

5.   Se yon jip?

B .   **Ki kote yo ye?**   Locate the specified article of clothing.

MODÈL: Kote wòb la? →
              Li sou chèz la.

1. Kote jip yo?
2. Kote sapat yo?
3. Kote kòsaj la?
4. Kote ba yo?

5. Chemiz la sou chèz la?
6. Wòb la sou tab la?
7. Tenis yo sou tab la?
8. Kote pantalon an?

ANNOU TCHEKE

A.
1. Tell me I'm out early.
2. Ask what's wrong.
3. Say that nothing is wrong.
4. Tell me you're going to Mari's house.

5. Ask me why I'm going to the post-office.
6. Ask me why you're going to the store.
7. Tell me you're going to buy some clothing.
8. Tell me to take care.

B.   **Se pou ou reponn (gade desen ki pi wo yo):**

1. Kote jip yo?
2. Konben wòb ki genyen?

3. Gen ba sou chèz la?
4. Konben jip ki genyen?

C.   **Tell me to:**

1. Wash my T-shirt.
2. Unbutton my jacket.
3. Put on the shirt.
4. Take my shoes off.
5. Wipe my thongs.

6. Buy some ties.
7. Zip my skirt.
8. Hold her dress.
9. Show their socks.
10. Buy a hat.

KLE

Gramè

A.   **1.** Se pitit li. **2.** Se travay li. **3.** Se pitit li. **4.** Se kafe yo. **5.** Se kaye li. **6.** Se règ li. **7.** Se klas yo. **8.** Se manman yo.

B.   **1.** Se kay Toma. Se kay li. **2.** Se pitit Mari. Se pitit li. **3.** Se travay bòs Lwi. Se travay li. **4.** Se kafe Pòl ak Jak. Se kafe yo. **5.** Se plim Gladis. Se plim li. **6.** Se lèt manman mwen. Se lèt li. **7.** Se liv Jan. Se liv li.

Annou konte

C.   **1.** dis **2.** douz **3.** onz **4.** dizuit **5.** ven **6.** sèz **7.** diznèf **8.** katòz

Mo nouvo

A.   **1.** Se yon wòb. **2.** Se chosèt. **3.** Non, se soulye. **4.** Non, se yon chemiz. **5.** Wi, se yon jip. **6.** Wi, se yon pantalon. **7.** Non, se tenis. **8.** Se kravat. **9.** Non, se yon chapo.

B.   **1.** Yo sou tab la. **2.** Yo sou tab la. **3.** Li sou tab la tou. **4.** Yo sou chèz la. **5.** Non, li sou tab la. **6.** Non, li sou chèz la. **7.** Wi, yo sou tab la. **8.** Li sou tab la.

Annou tcheke

A.   **1.** Ou deyò bonè, wi. **2.** Sa k genyen? **3.** Anyen, non. **4.** M prale kay mari. **5.** Poukisa ou prale lapòs? **6.** Poukisa ou prale nan magazen? **7.** M pral achte rad. **8.** Enben, kouraj.

B.   **1.** Yo sou tab la. **2.** Gen yon wòb. **3.** Wi, gen chosèt. **4.** Gen de jip.

C.   **1.** Lave mayo ou. **2.** Deboutonnen vès ou. **3.** Mete chemiz la. **4.** Wete soulye ou. **5.** Siye sapat ou. **6.** Achte kravat. **7.** Zipe jip ou. **8.** Kenbe wòb li. **9.** Montre chosèt yo. **10.** Achte yon chapo.

LESON SIS

DYALÒG

Yon ti travay

Toma meets Mari on his way to work.

MARI:	Ki sa k anba bra ou la a?	Hey, what's under your arm?
TOMA:	Zouti m m ap pote. M pral fè yon ti travay nan lakay Anita a.	I am carrying my tools. I'm going to do a little job at Anita's house.
MARI:	Ki sa ou pral fè pou li?	What are you going to make for her?
TOMA:	Yon tab ak kèk chèz. E ou menm, ki sa ou ap fè kounye a?	A table and a few chairs. How about you, what are you doing now?
MARI:	M pral chache yon moulen kay sè m pou m moulen yon ti kafe.	I'm going to get a grinder at my sister's to grind some coffee.

Kesyon

1.	Ki sa Mari mande Toma?	Li mande l ki sa k anba bra l.
2.	Ki sa Toma ap pote?	L ap pote zouti li.
3.	Ki sa li pral fè ak zouti yo?	Li pral fè yon tab ak kèk chèz.
4.	Ki kote Mari prale?	Li pral kay sè l.
5.	Ki sa Mari pral fè? Poukisa?	Li pral chache yon moulen pou li moulen yon ti kafe.

GRAMÈ

The demonstrative determiner

In Creole, the demonstrative determiner makes the noun more specific. It has the forms: **sa a** for the singular, **sa yo** for the plural.

Li achte chemiz sa a.	He bought this/that shirt.
Kote timoun sa yo?	Where are these/those children?

Annou pratike

A.   **Ki sa sa a ye?** 'What is that?'

MODÈL: Ki bagay sa a? (chèz) →
Sa a se yon chèz.

1.	Ki bagay sa a? (moulen)		3.	Ki bagay sa a? (zouti)
2.	Ki bagay sa a? (tab)		4.	Ki bagay sa yo? (sapat)

B.   **Ki sa sa yo ye?** 'What are those?'

MODÈL: Ki bagay sa yo? (chèz) →
Sa yo se chèz.

1.   Ki bagay sa yo? (kamyonèt)   3.   Ki bagay sa yo? (mayo)
2.   Ki bagay sa yo? (kay)   4.   Ki bagay sa yo? (wout)

C.   Complete the questions by using the correct demonstrative determiners. Then provide a good answer for each question.

MODÈL: Sa a... →
Se yon règ.

Sa yo... →
Se règ.

1.   Sa yo...   5.   Sa a...

2.   Sa a...   6.   Sa a...

3.   Sa yo...    7.   Sa yo...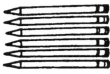

4.   Sa yo...

D.   Replace the definite or indefinite determiner by the corresponding form of the demonstrative determiner.

MODÈL: Pran jip yo. →
Pran jip sa yo.

1.   Fenmen fenèt la.   5.   M pral achte rad.
2.   Manyen chosèt yo.   6.   Nou pral siye yon chèz.
3.   Montre yon kòsaj.   7.   Li pral eseye vès la.
4.   Lave mayo yo.   8.   Yo pral wè soulye yo.

MO NOUVO
Fanmi Ogis

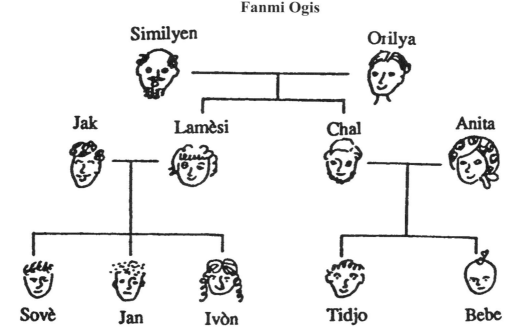

Orilya, se **madanm** Similyen.
Se **manman** Chal ak Lamèsi.
Se **grann** Tidjo ak Ivòn

Se **bèlmè** Jak ak Anita.

Lamèsi, se **pitit** Orilya ak Similyen.
Se **sè** Chal.
Se **matant** Tidjo.

Ivòn, se **pitit pitit** Orilya ak Similyen.
Se **nyès** Chal ak Anita.
Se **kouzin** Tidjo ak Bebe.
Se **pitit fi** Jak ak Lamèsi.

Similyen, se **mari** Orilya.
Se **papa** Chal ak Lamèsi.
Se **gran papa** Tidjo, Ivòn, Bebe, Sovè, ak Jan.
Se **bòpè** Jak ak Anita.

Chal, se **pitit** Similyen ak Orilya.
Se **frè** Lamèsi.
Se **monnonk** oswa tonton Ivòn, Jan ak Sovè.

Tidjo, se **pitit pitit** Orilya ak Similyen.
Se **neve** Jak ak Lamèsi.
Se **kouze**n Ivòn, Jan ak Sovè.
Se **pitit gason** Anita.

Anita, se **bèlfi** Similyen ak Orilya. Jak, se **bòfis** Similyen ak Orilya.

Annou pratike

A.   Suppose someone is asking you about the relationship between members of the Auguste family. Answer using the words in parentheses.

MODÈL: Ki sa Lamèsi ye pou Jak? (madanm) →
Se madanm li.

1. Ki sa Sovè ye pou Jak? (pitit gason)
2. Ki sa Tidjo ye pou Anita? (pitit gason)
3. Ki sa Anita ye pou Tidjo? (manman)
4. Ki sa Jan ye pou Chal? (neve)
5. Ki sa Chal ye pou Tidjo? (papa)
6. Ki sa Chal ye pou Anita? (mari)
7. Ki sa Orilya ye pou Ivòn? (grann)
8. Ki sa Lamèsi ye pou Tidjo? (matant)
9. Ki sa Jak ye pou Tidjo? (monnonk)
10. Ki sa Lamèsi ye pou Jak? (madanm)
11. Ki sa Ivòn ye pou Tidjo? (kouzin)

B.   **Fanmi Ogis la:** Answer the following questions referring to the family tree at the top of page 29.

1. Konben pitit Jak ak Lamèsi genyen?
2. Konben gason yo genyen?
3. Konben pitit fi yo genyen?
4. Konben kouzen Tidjo genyen?
5. Konben pitit pitit Similyen ak Orilya genyen?
6. Konben pitit Chal ak Anita genyen?
7. Konben nyès yo genyen?
8. Konben neve yo genyen?

C.   **E ou menm?**

1. Konben sè ou genyen?
2. Konben frè ou genyen?
3. Ou gen kouzen?
4. Konben pitit papa ou genyen?
5. Ki jan manman ou rele?

ANNOU TCHEKE

A.
1. Ask me what's under my arm.
2. Tell me you're carrying tools.
3. Ask me what I'm going to do.
4. Tell me you're going to look for a house.
5. Ask me where Mari is going.
6. Ask me why Toma is carrying a few tools under his arm.

B.   **Marye I ak II.**

I	II
1. yon frè	a. yon manman
2. yon monnonk	b. yon bòfis
3. yon bòpè	c. yon matant
4. yon nyès	d. yon sè
5. yon papa	e. yon kouzin
6. yon gason	f. yon fi
7. yon bèlfi	g. yon bèlmè
8. yon kouzen	h. yon neve

KLE

Gramè

A.   **1.** Sa a se yon moulen. **2.** Sa a se yon tab. **3.** Sa a se yon zouti. **4.** Sa yo se sapat.

B.   **1.** Sa yo se kamyonèt. **2.** Sa yo se kay. **3.** Sa yo se mayo. **4.** Sa yo se wout.

C.   **1.** Se pòt. **2.** Se yon liv. **3.** Se kaye. **4.** Se plim. **5.** Se yon tablo. **6.** Se yon pòt. **7.** Se kreyon.

D.   **1.** Fenmen fenèt sa a. **2.** Manyen chosèt sa yo. **3.** Montre kòsaj sa a. **4.** Lave mayo sa yo. **5.** M pral achte rad sa a. **6.** Nou pral siye chèz sa a. **7.** Li pral eseye vès sa a. **8.** Yo pral wè soulye sa yo.

Mo nouvo

A.   **1.** Se pitit li. **2.** Se pitit li. **3.** Se manman li. **4.** Se neve li. **5.** Se papa li. **6.** Se mari li/ Se msye li. **7.** Se grann li/ ni. **8.** Se matant li. **9.** Se monnonk li. **10.** Se madanm li/ ni. **11.** Se kouzin li/ni.

B.   **1.** Yo gen twa pitit. **2.** Yo gen de gason. **3.** Yo gen yon pitit fi. **4.** Li gen de kouzen. **5.** Yo gen senk pitit pitit. **6.** Yo gen de pitit. **7.** Yo gen yon nyès. **8.** Yo gen de neve.

Annou tcheke

A.   **1.** Ki sa ki anba bra ou la? **2.** M ap pote zouti. Zouti m ap pote. **3.** Ki sa ou pral fè? **4.** M pral chache yon kay. **5.** Ki kote Mari prale? **6.** Poukisa Toma ap pote kèk zouti anba bra li?

B.   **1.** d **2.** c **3.** g **4.** h **5.** a **6.** f **7.** b **8.** e

LESON SÈT

DYALÒG

Pitit Anita

TOMA:	Bonjou ti gason.	Good morning, boy.
TIDJO:	Bonjou msye.	Good morning, sir.
TOMA:	Se kay Anita, sa?	Is this Anita's house?
TIDJO:	Wi, se kay li, wi.	Yes, it's her house.
TOMA:	Kote Anita? Li pa la?	Where is Anita? She is not here?
TIDJO:	Non, li pa la, non. Li soti ak papa m.	No, she is not here. She went out with my father.
TOMA:	Ou pa konn kote y ale?	You don't know where they went?
TIDJO:	M pa konnen, non, men manman m di l ap tounen touswit.	I don't know. But my mother said she would be back right away.
TOMA:	Ou se pitit Anita. Ou pa sanble li, men ou sanble matant ou.	Ah! You're Anita's child. You don't look like her, but you look like your aunt.
TIDJO:	Se vre, wi. Ou ap tann li? M ap pran yon chèz pou ou chita.	That's true. Are you waiting for her? I'll get you a chair.

Kesyon

1.	Ki kote Toma ye?	Li kay Anita.
2.	Ki moun ki nan kay la?	Tidjo, pitit Anita.
3.	Ki kote Anita ye?	Li soti.
4.	Pitit ki moun Tidjo ye?	Se pitit Anita.
5.	Ki moun li sanble?	Li sanble matant li.

GRAMÈ

Negative

In Creole a sentence is made negative by placing **pa** 'not' before the predicate:

-Verb	M travay.	M pa travay.
-Adjective	Li bèl.	Li pa bèl
-Adverb	Yo la.	Yo pa la.

Pa + the progressive predicate marker **ap** becomes **p ap**:

M ap fè yon ti vire.   M p ap fè yon ti vire.

Annou pratike

A.   Answer according to the dialogue.

1.   Anita lakay li?
2.   Papa Tidjo la?
3.   Tidjo soti?
4.   Anita soti?

5.   Toma wè Tidjo?
6.   Toma wè Anita?
7.   Tidjo konn kote Anita ale?
8.   Anita ap tann Toma?

B. Fanmi Ogis la. Answer according to the family tree; use the short form of the pronouns used as possessive determiners where possible.

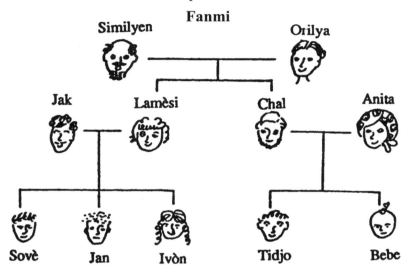

Fanmi

MODÈL: Sovè se kouzen Jan? →
             Non, se pa kouzen l, se frè l.

1.   Ivòn se kouzin Jan?
2.   Jak se bòfrè Lamèsi?
3.   Anita se grann Bebe?
4.   Orilya se pitit fi Similyen?

5.   Chal se papa Ivòn?
6.   Orilya se manman Anita?
7.   Sovè se pitit Anita?
8.   Lamèsi se sè Tidjo?

MO NOUVO

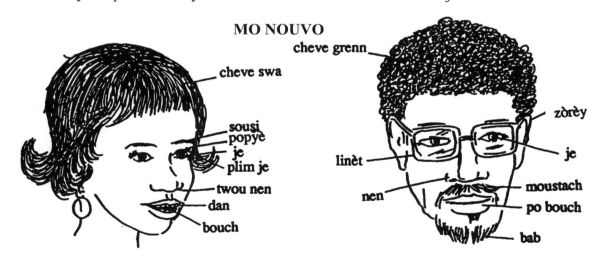

cheve swa

cheve grenn

sousi
popyè
je
plim je
twou nen
dan
bouch

zòrèy
je
moustach
po bouch
bab
linèt
nen

Ki koulè je ou?	What color are your eyes?
Je mwen ble.	My eyes are blue.
Je ou nwa osnon tamaren?	Are your eyes black or brown?
Yo vèt.	They're green.
Cheve l kannèl.	His/her hair is rust-colored.
Cheve ou gri osnon blan?	Is your hair grey or white?
Yo jòn.	They're blond (yellow).
Rale cheve l.	Pull his/her hair.
Frape tèt ou.	Hit your head.

Nòt: *Since Haitians are mostly of African descent, their hair and eyes are generally black. In fact, discussions about hair turns usually on type (silky, kinky, etc.) rather than color. The only local variant of color is rust or reddish:* **kannèl**, *as well as for older people,* **gri** *and* **blan**. *Blond hair is usually referred to as* **jòn** *'yellow'. The range of eye color is also relatively limited:* **ble** *'blue,'* **vèt** *'green,'* **tamaren** *'(bark of the tamarind tree) green-brown,'* **nwa** *'black.'*

Annou pratike

A.   Lòd.

1.   Manyen tèt ou.
2.   Montre figi ou.
3.   Kenbe nen ou.
4.   Frape tèt ou.
5.   Manyen dan ou.
6.   Rale cheve ou.
7.   Rale zòrèy ou.
8.   Manyen po bouch ou.
9.   Manyen po bouch ou.

B.   E ou menm?

1.   Konben nen nou genyen?
2.   Konben zòrèy nou genyen?
3.   Nou gen yon je?
4.   Ki koulè je ou?
5.   Je ou wouj?
6.   Cheve ou nwa?
7.   Papa ou gen cheve gri?
8.   Grann ou gen cheve blan?

KOUTE BYEN

N ap tann Anita

Mo nouvo pou nou konnen:

bay, ba, ban	to give
bòs	artisan
bòs menizye	carpenter
voye	to send
voye rele	to send for somebody

Kesyon.   Se pou ou reponn vre (true) osnon pa vre (false).

1.   Toma pral nan mache a.
2.   Toma se yon bòs ki fè rad.
3.   Anita voye rele Toma.
4.   Lè Toma rive kay Anita, Anita la.
5.   Tidjo se mari Anita.
6.   Lè Toma rive kay Anita, li pa gen zouti l.

ANNOU TCHEKE

A.   **Ki jan nou di sa an kreyòl.**

1. Ask me if this is my house.
2. Ask where the post office is.
3. Tell me Gabi isn't here.
4. Ask me if I know where Tidjo is.
5. Tell me you don't know where your uncle is.
6. Tell me my brother will be back soon.
7. Ask me if I'm Anita's child.
8. Tell me I look like my grandmother.
9. Tell me I don't look like my brother.
10. Ask me if I'll wait for your aunt.
11. Tell me you'll wait for his sister.
12. Tell me you'll get me a chair.
13. Tell me to sit down.
14. Tell me to carry the tools.

B.   **Ki sa l ap fè?** 'What is he doing?' Use the particle **ap** to indicate an on-going process vs. an habitual one.

MODÈL: Chak jou li pran kamyonèt. →
Kounye a l ap pran kamyonèt.

1. Chak jou li ale lavil.   Kounye a _____
2. Chak jou li pale ak Gabi.   Kounye a _____
3. Chak jou li achte kafe.   Kounye a _____
4. Li pa kenbe zouti.   Kounye a _____
5. Yo pa lave rad.   Kounye a _____
6. M pa siye soulye m.   Kounye a _____
7. Li pa eseye wòb sa a.   Kounye a _____
8. Li pa mete chosèt sa yo.   Kounye a _____

C.   **Tell me:**

1. that your hair is white.
2. that your eyes are blue.
3. that her hair is black.
4. to hit my head.
5. to pull their ears.
6. to touch our lips.

KLE

Gramè

A.   **1.** Non, li pa lakay li. **2.** Non, li pa la. **3.** Non, li pa soti. **4.** Wi, li soti. **5.** Si, li wè Tidjo. **6.** Non, li pa wè Anita. **7.** Non, li pa konn sa. **8.** Non, li pa tann li.

B.   **1.** Non, se pa kouzin li, se sè l. **2.** Non, se pa bòfrè l, se mari l. **3.** Non, se pa grann li, se manman l. **4.** Non, se pa pitit fi l, se madanm li. **5.** Non, se pa papa l, se monnonk li. **6.** Non, se pa manman l, se bèlmè l. **7.** Non, se pa pitit li, se neve l. **8.** Non, se pa sè l, se matant li.

Mo nouvo

B.   **1.** Nou gen yon nen. **2.** Nou gen de zòrèy. **3.** Non, nou gen de je.

Koute byen (N ap tann Anita)

Lwi soti byen bonè. Li kontre ak Toma. Msye se yon bòs menizye. Li di Anita voye rele l pou l fè sis chèz ak yon tab.

Kay Anita, Toma wè yon ti gason: se Tidjo, pitit Anita. Toma mande l pou Anita. Li di Toma Anita pa la. Li wè Toma ak zouti l anba bra l. Li konnen se bòs la. Li ba l chèz. Toma di Tidjo mèsi, epi li chita sou chèz la.

Koute byen – kesyon

1. pa vre **2.** pa vre **3.** vre **4.** pa vre **5.** pa vre **6.** pa vre

Annou tcheke

A. **1.** Sa a se kay ou? **2.** Kote lapòs ye? **3.** Gabi pa la. **4.** Kote Tidjo ye? **5.** M pa konnen ki kote monnonk mwen ye. **6.** Frè ou ap tounen touswit. **7.** Ou se pitit Anita? **8.** Ou sanble ak grann ou. **9.** Ou pa sanble ak frè ou. **10.** Ou ap tann matant mwen? **11.** M ap tann sè l (sè li). **12.** M ap pran yon chèz pou ou. **13.** Chita. **14.** Pote zouti yo.

B. **1.** Kounye a l prale lavil. **2.** Kounye a l ap pale ak Gabi. **3.** Kounye a l ap achte kafe. **4.** Kounye a li p ap kenbe zouti. **5.** Kounye a yo p ap lave rad. **6.** Kounye a m p ap siye soulye m. **7.** Kounye a li p ap eseye wòb sa a. **8.** Kounye a li p ap mete chosèt sa yo.

C. **1.** Cheve m blan. **2.** Je m ble. **3.** Cheve l nwa. **4.** Frape tèt ou. **5.** Rale zòrèy yo. **6.** Manyen po bouch nou.

LESON UIT

DYALÒG

Kay Lamèsi

TOMA: O Lamèsi! M pa wè ou menm. Ki sa ou ap fè?

O Lamèsi! I don't see you at all. What are you doing?

LAMÈSI: M ap travay, frè m. M pase yon bon tan nan jaden.

I'm working, my brother. I spend a lot of time in the fields.

TOMA: Ki sa ou ap plante?

What are you planting?

LAMÈSI: An! Nou fin plante lontan. Men yè, Jak sakle, mwen menm m kase flèch mayi.

Oh! We planted a long time ago. But yesterday Jak weeded, and I broke the spikes off the corn.

TOMA: O, se gwo travay sa!

Oh! That's heavy work!

LAMÈSI: Lè fini, m keyi pwa pou m al vann nan mache.

Afterwards, I picked beans to sell at the market.

TOMA: Timoun yo pa ede ou?

Don't the kids help you?

LAMÈSI: M voye Sovè nan dlo; Ivòn kwit manje.

I sent Sovè to get water; Ivòn cooked.

TOMA: E Jan?

How about Jan?

LAMÈSI: Jan mennen bèf yo manje; l al pran zèb pou chwal yo. Lè fini, l al pran leson kay Polemi.

Jan took the cows to the pasture; he got grass for the horses. Afterwards, he went to Polemi's for a tutoring session.

Kesyon

1. Ki sa Toma mande Lamèsi?	Li mande l sa l ap fè.
2. Ki sa Lamèsi ap fè?	L ap travay nan jaden.
3. Ki sa Lamèsi fin fè?	Li fin plante.
4. E Jak, ki sa li fè?	Li sakle.
5. E Ivòn?	Li kwit manje.
6. Ki sa Lamèsi pral fè ak pwa a?	Li pral keyi li.
7. Ki sa Jan fè ak bèf yo?	Li mennen yo manje.
8. Lè Jan fini ak bèf yo, ansanm ak chwal yo, sa li fè?	L al pran leson.

MO NOUVO I

MODÈL: Kisa ou ap fè? →
          M ap plante.

1.   Ki sa l ap fè?
      L ap plante. ---

2.   Ki sa l ap fè?
      L ap keyi kafe.

3.   L ap manje?
      Non, l ap kwit manje. ----------------------------------

4.   L ap mennen chwal la?
      Wi, l ap mennen chwal la.

5.   Ki sa l ap fè?
      L ap pran leson. ------------------------------------

6.   L ap kwit manje?
        Non, l ap manje. ---

7.   Ki sa y ap fè?
        Y ap pote dlo.

8.   Ki sa l ap fè?
        L ap lave machin nan. -------------------------------------

9.   L ap keyi kafe?
        Non, l ap taye flè.

10.   L ap lave baryè a?
        Non, l ap pentire baryè a. -------------------------------

11.   Y ap taye zèb la?
        Non, y ap rache zèb la.

12.   Ki sa l ap fè?
        L ap wouze. ---

13.   L ap rache zèb?
        Non, l ap sakle.

14.   Ki sa l ap fè?
        L ap mennen bèt nan manje. -------------------------------

Annou pratike

A. **Ki sa y ap fè?**

MODÈL: L ap plante? →
Non, l ap keyi kafe.

1. L ap manje?
2. Y ap pote dlo?
3. L ap mennen bèf la?
4. L ap wouze?

5. L ap lave machin nan?
6. Y ap sakle?
7. L ap pran leson?

B. **Yo pa fè sa.** Answer in the negative.

MODÈL: L ap plante kafe kounye a? →
Non, li p ap plante kafe kounye a.

1. Y ap manje?
2. Y ap keyi kafe?
3. L ap rache zèb?
4. L ap wouze jaden an?

5. Ou ap pentire baryè a?
6. Ou ap mennen bèt yo manje?
7. N ap sakle?
8. N ap lave machin nan?

MO NOUVO II

Annou pratike

A.   **Ki sa sa yo ye?**

MODÈL: Se yon bokit? →
Non, se yon kalbas.

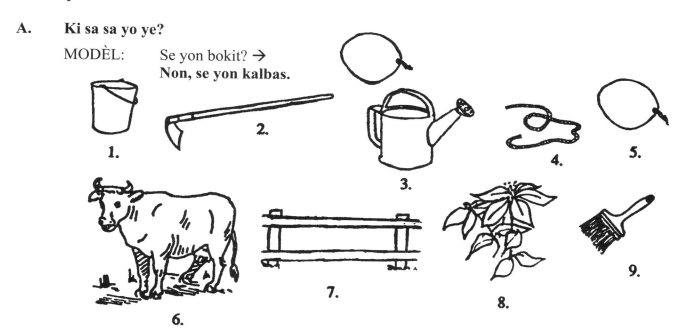

1.   Ki sa sa a ye?
2.   Se yon manchèt?
3.   Se yon bokit?
4.   Se pa yon kòd?
5.   Ki sa sa a ye?

6.   Se yon chwal?
7.   Se yon machin?
8.   Se zèb?
9.   Se yon wou?

B.   **Sa nou kab fè ak sa?** (What can you do with that?)

MODÈL: Ak yon penso? →
Nou kab pentire baryè.

1.	Ak yon wou?	6.	Ak yon kòd?
2.	Ak yon bokit?	7.	Ak yon plim?
3.	Ak yon manchèt?	8.	Ak kèk zouti?
4.	Ak dlo?	9.	Ak yon chèz?
5.	Ak yon awozwa?		

C.   **Sa ou ap fè jodi a?** Say what you will do today and what you won't do. Then say what the following people will do and won't do. You may also ask your friends what they will or will not do.

manje anpil
travay anpil
kwit manje
lave machin ou
wouze jaden an

rache zèb
keyi mayi
achte flè
lave rad
pentire kay la

MODÈL: **M ap manje anpil; m p ap travay anpil.**

GRAMÈ

The timeless verb form

You have used two forms of the Creole verb: the imperative or command form, which is the base without any subject, e.g. **Lave chemiz la**, and the progressive form in which the verb base is combined with the particle **ap**, e.g. **L ap lave wòb la**. When the verb base occurs by itself with a subject it takes on a variety of meanings.

-- Action beginning in the past and continuing into the present:
Li plante pwa.   He/she has planted beans.
-- Completed past action:
Yo pentire kay yo.   They painted their house.
-- Result of past action:
Mayi a plante.   The corn has been planted.
-- Action beginning in the present but leading to a future action:
Lè li mennen bèt nan dlo,   When he takes the animals drinking,
   ou ap wè l!   you'll see him
-- Habitual actions:
Gabi vann rad nan mache a.   Gabi sells clothes at the market.
-- Instructions and orders:
Pran zouti yo.   Take the tools.

Annou pratike

A.   **Sa ou ap fè ak sa ou fè.**

MODÈL: Ki sa ou ap fè kounye a? (plants) →
M ap plante.

E yè, ki sa ou fè? (keyi mayi) →
M keyi mayi.

1.   Ki sa l ap fè kounye a? (keyi kafe)
2.   E yè, ki sa li fè? (plante mayi)
3.   Ki sa ou ap fè? (lave rad)
4.   E yè, ki sa ou fè? (vann mayi)
5.   Ki sa y ap fè kounye a? (kwit manje)
6.   E yè, ki sa yo fè? (mennen bèf la nan manje)
7.   Ki sa ou ap fè kounye a? (pentire)

B.   **Ki sa ou fè yè?**

MODÈL: Yè ou pentire? →
                Non, yè m lave machin nan.

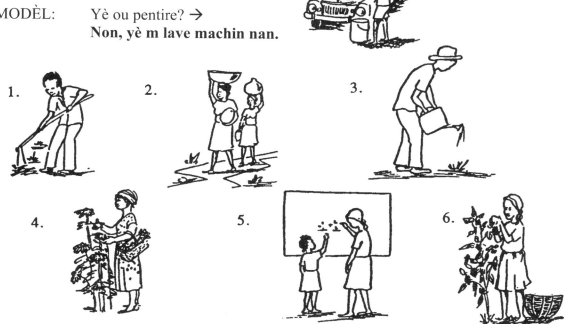

1.   Yè, ou mennen bèf la nan manje?   4.   Ou al nan dlo, yè?
2.   Yè, ou kwit manje?   5.   Ou gade bèt, yè?
3.   Yè, ou pentire baryè a?   6.   Ou taye flè?

ANNOU TCHEKE

A.   **Translation**

1.   Ask me what I'm doing.   4.   Tell me Lamèsi sells beans.
2.   Ask me what I did.   5.   Ask me if the children help me.
3.   Tell me I did a lot of work.   6.   Tell me everyone is working hard.

B.   **Fill the blanks with _ap_ whenever necessary.**

Sadrak se pitit Anita. Anita pa la, l al vann nan mache. Lè Anita vini li di Sadrak "Sa ou ap fè kounye a?" Sadrak reponn "M _____ kwit manje." Anita mande Sadrak "Ou _____ fè tout travay deja?" Li reponn "wi." Li _____ di li _____ koumanse yè li _____ fini maten an. Yè Sadrak _____ sakle, li _____ plante, li _____ mennen bèt nan manje. Maten an li _____ sakle, li _____ wouze, l _____ al pran leson. Kounye a l _____ kwit manje.

KLE

Mo nouvo I

A. 1. Non, l ap kwit manje. 2. Non, y ap rache zèb. 3. Non, l ap mennen bèt yo. 4. Non, l ap sakle. 5. Wi, l ap lave machin nan. 6. Non, y ap pote dlo. 7. Non, l ap pentire baryè a.

B. 1. Non, yo p ap manje. 2. Non, yo p ap keyi kafe. 3. Non, li p ap rache zèb. 4. Non, li p ap wouze jaden an. 5. Non, m p ap pentire baryè a. 6. Non, m p ap mennen bèt yo manje. 7. Non, nou p ap sakle. 8. Non, nou p ap lave machin nan.

Mo nouvo II

A. 1. Se yon bokit. 2. Non, se yon wou. 3. Non, se yon awozwa. 4. Wi, se yon kòd. 5. Se yon kalbas. 6. Non, se yon bèf. 7. Non, se yon baryè. 8. Non, se flè. 9. Non, se yon penso.

B. 1. Nou kab sakle. 2. Nou kab pote dlo. 3. Nou kab rache zèb. 4. Nou kab lave machin. 5. Nou kab wouze. 6. Nou kab mennen bèt. 7. Nou kab ekri. 8. Nou kab fè chèz osnon tab. 9. Nou kab chita.

Gramè

A. 1. L ap keyi kafe. 2. Li plante mayi. 3. M ap lave rad. 4. M vann mayi. 5. Y ap kwit manje. 6. Yo mennen bèf la nan manje. 7. M ap pentire.

B. 1. Non, yè m sakle. 2. Non, yè m pote dlo. 3. Non, yè m wouze. 4. Non, yè m taye flè. 5. Non, yè m pran leson. 6. Non, yè m keyi kafe.

Annou tcheke

A. 1. Sa ou ap fè? 2. Sa ou fè? 3. Ou fè anpil travay. 4. Lamèsi vann pwa. 5. Ti moun yo ede ou? 6. Tout moun ap travay rèd.

B. Sadrak se pitit Anita. Anita pa la, l al vann nan mache. Lè Anita vini li di Sadrak "Ki sa ou ap fè kounye a?" Sadrak reponn "M ap kwit manje." Anita mande Sadrak "Ou fè tout travay deja?" Li reponn "Wi." Li di li koumanse yè, li fini maten an. Yè Sadrak sakle, li plante, li mennen bèt nan manje. Maten an li sakle, li wouze, l al pran leson. Kounye a, l ap kwit manje.

LESON NÈF

DYALÒG

Sou wout bouk la

LWI:	Polemi monchè, mache vit, tande. Dispansè a ap fèmen a midi edmi.	Polemi, man, walk fast. The clinic closes at 12:30.
POLEMI:	Ou gen tan, monchè. Ki lè li ye?	You have time, man. What time is it?
LWI:	M pa konnen, non. Ann mande yon moun.	I don't know. Let's ask someone.
POLEMI:	Msye! Ou ka ban m yon ti lè souple?	Sir, could you tell us the time, please?
ON MSYE:	Li onzè eka.	It's 11:15.
LWI AK POLEMI:	Mèsi, frè.	Thanks, brother.
POLEMI:	Ou ap gen tan rive nan dispansè a. Mwen menm, m ap sòt lekòl a katrè. Ou ap vin jwenn mwen?	You'll have time to get to the infirmary. I'm getting out of school at 4:00. Will you come and join me?
LWI:	Men wi. Lè fini, m bezwen al achte yon lanp gaz nan yon magazen.	Sure. Afterwards I need to go to a store to get a kerosene lamp.
POLEMI:	Oke, n a wè pita.	OK, see you later.

Kesyon

1. Ki lè li ye?	Li onzè eka.
2. Kote Lwi prale? E Polemi?	Lwi prale nan dispansè a. Polemi prale lekòl.
3. Ki jan yo fè konnen ki lè li ye?	Yo mande yon moun.
4. A ki lè Lwi ak Polemi ap kontre ankò?	Y ap kontre a katrè.
5. Lè fini kote Lwi prale?	Lwi prale nan yon magazen epi li prale lekòl jwenn Polemi.

MO NOUVO

Ki lè li ye?

Li midi.

Li twazè.

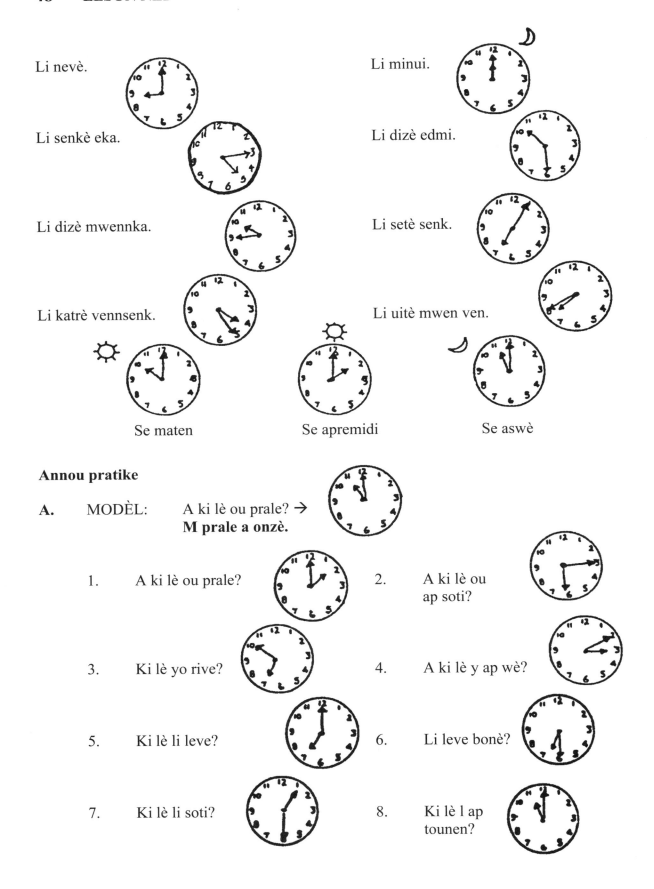

Li nevè.

Li senkè eka.

Li dizè mwennka.

Li katrè vennsenk.

Li minui.

Li dizè edmi.

Li setè senk.

Li uitè mwen ven.

Se maten

Se apremidi

Se aswè

Annou pratike

A.   MODÈL: A ki lè ou prale? →
M prale a onzè.

1.   A ki lè ou prale?

2.   A ki lè ou
        ap soti?

3.   Ki lè yo rive?

4.   A ki lè y ap wè?

5.   Ki lè li leve?

6.   Li leve bonè?

7.   Ki lè li soti?

8.   Ki lè l ap
        tounen?

9. Ki lè yo rive?

10. Ki lè y ap wè?

11. Ki lè li ye?

12. Li leve ta?

13. Li leve bònè?

B.   E ou menm?

1. A ki lè ou dòmi yè swa?
2. A ki lè ou leve maten an?
3. A ki lè ou soti maten an?
4. Ki sa ou fè anvan ou ale travay?
5. A ki lè ou ale nan travay jodi a?
6. A ki lè ou soti nan travay jodi a?
7. Ou leve ta?
8. A ki lè ou prale lakay ou?

C.   E zanmi ou?

MODÈL: Mande a ki lè li/ yo dòmi yè swa. →
            A ki lè ou/ nou dòmi yè swa?

1. Mande li si li leve bonè.
2. Mande li ki lè li ye.
3. Mande li a ki lè li/ yo manje maten an.
4. Mande li a ki lè l ap manje aswè a.
5. Mande li a ki lè li prale lakay li.
6. Mande li a ki lè li koumanse travay yè.

GRAMÈ

Other forms of the definite determiner

After a nasal vowel the definite determiner is **an**:

Li nan jaden an.
Yo pran pantalon an.

The definite determiner is **lan** or **nan** after a nasal consonant: **m**, **n**, or **ng**:

Kote plim lan/ plim nan?
Ou konnen madanm lan/ madanm nan.

The form **an** is also used after **i** preceded by a nasal consonant. Compare:

Pran zouti a.
Kote fanmi an?

Many Haitians are likely to use **an** and **lan** where **a** and **la** would be expected. The presence of a nasal segment close to the end of a word favors the use of **an** or **lan**:

> Achte lanp lan.

Annou pratike

A. MODÈL: Ou achte moulen sa a? →
Ou achte moulen an?

1. Ou vann mayi sa a?
2. Ou lave pantalon sa a?
3. Ou konn madanm sa a?
4. Ou wè plim sa a?
5. Ou pote zouti sa a?

6. Ou tande kesyon sa a.
7. Ou gen wou sa a?
8. Ou wè magazen sa a?
9. Ou achte lanp sa a?

B. **Lòd.**

MODÈL: Kenbe →
Kenbe penso a.

1. Pran
2. Manyen
3. Vann
4. Pote

5. Montre
6. Keyi
7. Kenbe

ANNOU TCHEKE

A. **Marye I ak II.**

I	II
1. Poukisa ou mache vit?	a. Non, li bezwen ale lavil.
2. Lapòs louvri?	b. Li dizè mwennka.
3. M bezwen achte yon manchèt.	c. Nou pa gen tan.
4. N ap vin jwenn mwen?	d. Nou pa konnen, non.
5. Ban m yon ti lè.	e. Non, li fèmen a midi.
6. Yo malad.	f. Ale nan magazen sa a.
7. Ki lè li ye, souple.	g. Non, timoun yo ap soti lekòl.
8. Lwi ap ede ou?	h. Genyen yon dispansè nan bouk la.

B.   Ask me:

1.   What time it is.
2.   At what time the stores close.
3.   Whether I'll come to join them.
4.   Whether I need to go to the health center.
5.   Whether they want to get some grass for the horses.
6.   Whether she's sending her daughter to get water.
7.   Whether I can give the time.

C.   Men 'here is, here are'

MODÈL: Ou gen yon plim? →
Men plim nan.

1.   Ou gen yon penso?
2.   Ou gen yon kreyon?
3.   Ou gen yon lanp?
4.   Gen yon flè?
5.   Gen mayi?
6.   Gen yon moulen?
7.   Ou gen yon bokit?
8.   Ou gen yon chapo?

KLE

Mo nouvo

A.   **1.** M prale a dezè. **2.** M soti a sizè eka. **3.** Yo rive a setè mwen dis. **4.** Y ap wè a twazè dis. **5.** Li leve a setè. **6.** Wi, li leve a sizè edmi. **7.** Li soti a inè edmi. **8.** L ap tounen a onzè. **9.** Yo rive a twazè dis. **10.** Y ap wè a dezè senk. **11.** Li setè mwen ven. **12.** Non, li leve bonè. **13.** Non, li leve ta.

Gramè

A.   **1.** Ou vann mayi a? **2.** Ou lave pantalon an? **3.** Ou konnen madanm nan? **4.** Ou wè plim nan? **5.** Ou pote zouti a? **6.** Ou tande kesyon an? **7.** Ou gen wou a? **8.** Ou wè magazen an? **9.** Ou achte lanp la/ lanp lan?

B.   **1.** Pran kwi a. **2.** Manyen pantalon an. **3.** Vann mayi a. **4.** Pote awozwa a. **5.** Montre bokit la. **6.** Keyi flè yo. **7.** Kenbe plim nan.

Annou tcheke

A.   **1.** c **2.** e **3.** f **4.** g **5.** b **6.** h **7.** d **8.** a

B.   **1.** Ki lè li ye? **2.** A ki lè magazen yo fèmen? **3.** Ou ap vin jwenn yo? **4.** Ou bezwen ale nan dispansè a? **5.** Yo ale pran zèb pou chwal yo? **6.** L ap voye pitit fi l nan dlo? **7.** Ou ka ban nou yon ti lè, souple?

C.   **1.** Men penso a. **2.** Men kreyon an. **3.** Men lanp la. **4.** Men flè a. **5.** Men mayi a. **6.** Men moulen an. **7.** Men bokit la. **8.** Men chapo a.

LESON DIS

DYALÒG

Ki sa ou fè deja jodi a?

Lwiz chita nan **pa pòt la**; l ap pran yon
ti repo. Li wè Chimèn k **ap soti nan mache**.

stop; a little rest;
coming home from the market

LWIZ: O! Konmè Chimèn, ou antre ta, wi, jodi a! Ou pase bon jounen? Ou fè bon lavant?

Well! Sister Chimène, you're really returning late today! Did you have a good day? Did you sell a lot?

CHIMÈN: Non, sè m nan. Depi sizè nan maten m anba lavil. M vann pou kenz pyas sèlman. E ou menm, ou pa desann lavil jodi a?

No, sister. I was down in the city since six o'clock in the morning. I sold only 15 gourdes' worth (of merchandise). And how about you, you didn't go down to the city today?

LWIZ: Non, m rete travay nan jaden an. Lè solèy la fin leve, m ale larivyè pou lave rad timoun yo. Demen y ap bezwen rad pwòp pou y al legliz.

No, I stayed to work in the field. When the sun rose fully, I went to the river to wash the children's clothes. Tomorrow they'll need clean clothes to go to church.

CHIMÈN: Kote yo ye? M pa tande bri yo menm.

Where are they? I don't hear them making any noise at all.

LWIZ: Y al mennen bèt nan dlo.

They're taking the animals to the water.

CHIMÈN: Bon, m p ap mize, non. N a wè demen apre lamès.

O.K. I'd better not dally. We'll see each other tomorrow after mass.

LWIZ: Wi, n a wè demen, si Dye vle.

Yes, we'll see each other tomorrow, God willing.

Nòt: 1.   **Pyas**. *An older term for a **gourde**, the Haitian unit of currency. The gourde was formerly pegged to the U. S. dollar (1 gourde = $ .20) but today its value fluctuates and has fallen dramatically.*

2.   **lavant**. *In **lavant** "sale," **lamès, lavil, larivyè, legliz** the first syllable (la, le) is an integral part of the word.*

3.   **Sè m nan**. *As will be explained later (p. 176), a possessive determiner may be made specific by adding the definite determiner.*

Kesyon

1.   Ki kote Chimèn soti?   Li soti nan mache.
2.   Ki jan li pase jounen an?   Li anba lavil depi sizè dimaten.
     Li fè bon lavant?   Non, li pa fè bon lavant.

3. Ki sa Lwiz fè jodi a?   Li travay nan jaden li epi li lave rad.
4. Ki sa Lwiz fè lè Chimèn pase?   Li pran ti repo. Li chita nan pa pòt la.
5. Ki sa timoun yo ap fè?   Y ap mennen bèt nan dlo.
6. Lè Lwiz wè Chimèn nan chemen,   Non, li ta.
    li bonè?

MO NOUVO I

Lave rad

kivèt

digo

batwèl   savon

Nan peyi Ayiti **moun andeyò** ale lave larivyè. Medam yo leve   *country people*
byen bonè. Yo mete rad **sal** nan **kivèt**. Pou lave rad, yo   *dirty; basin*
bezwen **savon**, **digo** ak yon **batwèl**. Lè yo rive larivyè,   *soap; indigo (bleaching*
                                                                       agent); paddle
yo **fwote** rad ak savon. Yo **bat** rad ak batwèl. Yo   *to rub; to beat*
rense rad nan larivyè. Lè rad yo pwòp, yo **tòde** yo epi   *to rinse; to squeeze*
yo **tann** yo sou **wòch**.   *to stretch out; stone*

Annou pratike

A.   **Ki sa nou bezwen pou . . .**

awozwa   batwèl   digo   dlo   kalbas
kivèt   kòd   kreyon   savon   manchèt

MODÈL: . . . pou rad vin blan? →
             Nou bezwen digo.

1. ... pou lave rad.
2. ... pou bat rad.
3. ... pou rense rad.
4. ... pou pote rad sal.
5. ... pou ekri nan kaye.

6. ... pou mennen bèt nan dlo.
7. ... pou rache zèb.
8. ... pou wouze flè.
9. ... pou pote dlo.

B.   Ki sa ou kapab (kab) fè ak

1. Ki sa ou kapab fè ak yon chèz?
2. Ki sa ou kapab fè ak yon bokit?
3. Ki sa ou kapab fè ak savon?
4. Ki sa ou kapab fè ak mayi osnon pwa?

5. Ki sa ou kapab fè ak yon awozwa?
6. Ki sa ou kapab fè ak yon penso?
7. Ki sa ou kapab fè ak yon batwèl?
8. Ki sa ou kapab fè ak yon manchèt?
9. Ki sa ou kapab fè ak yon moulen?

GRAMÈ

Questions

1.   Yes-no questions.

You have seen that in Creole yes-no questions are made by simply changing the intonation: the pitch is raised at the end of the sentence.

Dispansè fèmen a midi.

Dispansè fèmen a midi?
Does the health center close at noon?

Timoun yo lekòl.

Timoun yo lekòl?
Are the children at school?

Yes-no questions may also be formed by adding **èske** at the beginning:

Èske dispansè a fèmen a midi?
Èske timoun yo lekòl?

2.   Negative questions.

These are formed in the same way as yes-no questions:

Ou pa achte lanp lan?
Ou pa rense rad?
Li p ap travay nan jaden l?

Didn't you buy the lamp?
Didn't you rinse the clothes?
Isn't he working his field?

3.   Question words.

Question words appear at the beginning of sentences; the sentence order remains the same otherwise:

Li ekri **lèt la**.

Ki sa li ekri?
'What did she write?'

In Creole question words are as follows:

ki sa   what
ki moun   who, whom
ki kote, ki bò   where
ki lè   when
ki jan   how
poukisa   why

In **ki sa** and **ki kote**, the interrogative marker **ki** may be dropped:

Sa ou ap fè kounye a?   What are you doing now?
Kote li ye?   Where is he?

It is interesting to note that, except for **ki sa** and **poukisa**, interrogative words are composed of an interrogative marker **ki** and an adverb or generic noun:

kote/bò	*place*	ki kote	*where*
lè	*time*	ki lè	*when*
jan	*manner*	ki jan	*how*
moun	*person*	ki moun	*who, whom*

Kouman may also be used for *how*:

Kouman ou ye?
Ki jan ou ye?

Annou pratike

A.   **Ann poze kesyon.** Form questions that will elicit the information contained in the underlined parts of each sentence.

MODÈL: Li achte <u>yon lanp nan magazen an</u>. →
              Ki sa li achte?
              Ki kote li achte yon lanp?

1.   <u>Lwi</u> rive <u>nan dispansè a</u>.
2.   Li <u>uitè mwen ven</u>.
3.   Nou plante <u>mayi nan jaden sa a</u>.
4.   Li mete <u>bèl wòb sa a</u>.
5.   Yo kontre <u>Anita</u> <u>nan chemen</u>.
6.   Madanm sa a rele <u>Chimèn</u>.
7.   Li bezwen yon machin <u>paske li prale lavil</u>.

B.   **Ann poze lòt kesyon.** Form questions that elicit information appropriate for each picture. Try to ask as many questions as possible for each picture.

MODÈL:

Y ap rache zèb?
Yo pa rache mayi?
Ki sa y ap rache?
Kote yo ye?

4.

5.

6.

MO NOUVO II

Ki kote?

Jak **nan** kay la.	Jacques is **in** the house.
Lamèsi kanpe **devan** kay la.	Lamercie is standing **in front of** the house.
Pyebwa a **dèyè** baryè a.	The tree is **behind** the fence.
Kabrit la **devan** baryè a.	The goat is **in front of** the fence.
Ivòn ak Sovè chita **anba** pyebwa a.	Yvonne and Sauveur are sitting **under** the tree.
Gen poul **nan mitan** lakou a.	There are chickens **in the middle of** the yard.
Chen an **sou** chèz la.	The dog is **on** the chair.
Chat la **anba** chèz la.	The cat is **under** the chair.
Sovè chita **kote** Ivòn.	Sauveur is sitting **next to** Yvonne.

Annou pratike

A.   **Kote yo ye?** Answer using the picture from the preceding exercise.

MODÈL: Kote pye bwa a? →
             Li dèyè baryè a.

1.   Kote kabrit la?   7.   Kote Sovè?
2.   Kote chen an?   8.   Kote timoun yo?
3.   Kote chat la?   9.   Kote Lamèsi?
4.   Kote poul yo?   10.   Kote lakou a? Li dèyè kay la?
5.   Kote Ivòn?   11.   Kote baryè a? Li devan kay la?
6.   Kote Ivòn ak Sovè?   12.   Kote Jak? Li nan kay la?

B.   **Gade byen!** Look carefully.

MODÈL: Chal devan kay la? →
             Non, li pa devan kay la.
             Li anndan kay la.

1.   Mèt la dèyè biwo a?
      Li dèyè tablo a tou?

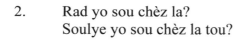

2.   Rad yo sou chèz la?
      Soulye yo sou chèz la tou?

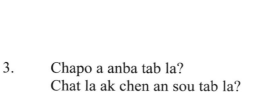

3.   Chapo a anba tab la?
      Chat la ak chen an sou tab la?
      Kote tenis yo?
      Chapo a nan mitan tab la?
      Plim nan sou chapo a?

4.   Kabrit la nan kay la?
      Kote pyebwa a ye?
      Kote Jak?

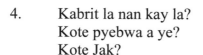

5. Kote poul yo?
Chwal la sou bèf la?
Kote chwal la ak bèf la?
Kote bèt yo?

C.   Lòd

1. Mete liv la anba tab la.
2. Mete kaye a anba chèz la.
3. Al devan biwo a.
4. Al kote pòt la.
5. Kanpe, al chita anba biwo a.
6. Kanpe, al chita sou chèz la.
7. Wete chemiz ou, al mete l sou biwo a.
8. Wete soulye ou, al mete yo anba chèz la.
9. Wete chosèt ou, al mete yo nan mitan tab la.
10. Kanpe, ale bò tablo a, kanpe devan tablo a.
Vire, al kanpe kote fenèt la. Al chita sou chèz ou.

ANNOU TCHEKE

A.   Give the word opposite in meaning:

1. Li vann kabrit la.
2. Li keyi mayi a.
3. Yo travay anpil.
4. Nou antre bonè.
5. Chat la sou chèz la.
6. M mete rad devan kivèt la.
7. Ou bezwen mande.
8. Vini apre midi.
9. Rad yo sal.

B.   Poze kesyon.

MODÈL: Yo prale lapòs. →
            Ki kote yo prale?

1. N ap keyi kèk flè.
2. Li uitè eka.
3. M pa pi mal.
4. L ap rive bò larivyè a.
5. Li soti ta.
6. L ap mete dlo nan kivèt la.
7. M pentire baryè a.
8. M pa achte savon.
9. Nou pa konnen matant li.

C.   Tell me that:

1. You returned late.
2. You stayed in your field.
3. You're going to church tomorrow.
4. Chimèn has been downtown since seven o'clock.
5. You (all) need clean clothes to go to the health center.
6. I shouldn't dally.
7. You'll see them after mass.
8. They sold only five goats and twenty chickens.
9. They're at the river washing clothes.
10. You heard a lot of noise in the yard.

D.   **Nan lakou a.** Poze kesyon epi reponn.

MODÈL: **1.**   **Kote Jak?**

2.   Kote pyebwa a?
3.   Kote Ivòn ak Sovè?
4.   Kote poul yo?
5.   Kote chen an?

6.   Kote chat la?
7.   Kote Ivòn?
8.   Kote Lamèsi?

ANNOU LI

Sa abitan yo konn fè

   Yè maten byen bonè, Chal leve epi l al rele Tidjo pou yo koumanse
travay. Chal ap travay kay Doktè Jozèf, men li **gade** kabrit ak bèf epi li plante   *to watch*
mayi ak pwa.
   Yo desann anba mòn nan, yo mete bèt yo nan manje. Lè fini, Tidjo
monte lakay li al chache, yon bokit, pou l al pran dlo. Chal al lave machin
doktè a. Vè setè, li taye flè, li wouze. Anvan midi li pran kamyonèt pou l al
achte penti pou l pentire baryè kay doktè a. Pita li tcheke jaden l. Lè tout
travay fini madanm li ap fè manje pou tout fanmi an manje **ansanm**.   *together*

Kesyon

1. Ki kote Chal ap travay?
2. Ki kote li mete bèt yo manje?
3. Poukisa Tidjo monte lakay li?

4. Ki sa Chal pral achte? Poukisa?
5. Ki sa li fè lè tout travay fini?

KLE

Mo nouvo I

A.   **1.** Nou bezwen savon. **2.** Nou bezwen yon batwèl. **3.** Nou bezwen dlo. **4.** Nou bezwen yon kivèt. **5.** Nou bezwen yon kreyon. **6.** Nou bezwen yon kòd. **7.** Nou bezwen yon manchèt. **8.** Nou bezwen yon awozwa. **9.** Nou bezwen yon kalbas/ yon bokit.

B.   **1.** Ou kab chita sou li. **2.** Ou kab pote dlo. **3.** Ou kab lave rad. **4.** Ou kab manje yo. Ou kab vann yo. **5.** Ou kab wouze. **6.** Ou kab pentire. **7.** Ou kab bat rad. **8.** Ou kab rache zèb. **9.** Ou kab moulen kafe osnon mayi.

Gramè

A.   **1.** Ki moun ki rive nan dispansè a? Ki kote Lwi rive? **2.** Ki lè li ye? **3.** Ki sa nou plante nan jaden an? Ki kote nou plante mayi? **4.** Ki sa li mete? **5.** Ki moun yo kontre nan chemen? Ki kote yo kontre Anita? **6.** Ki jan madanm sa a rele? **7.** Poukisa sa li bezwen yon machin?

Mo nouvo II

A.   **1.** Li devan baryè a. **2.** Li sou chèz la. **3.** Li anba chèz la. **4.** Yo nan mitan lakou a. **5.** Li anba pyebwa a. **6.** Yo anba pyebwa a. **7.** Li chita sou kote Ivòn. **8.** Yo devan kay la. **9.** Li kanpe devan kay la. **10.** Non, li devan kay la. **11.** Wi, li devan kay la. **12.** Wi, li nan kay la.

B.   **1.** Wi, li dèyè biwo a. Non, li devan tablo a. **2.** Wi, yo sou chèz la. Non, yo anba chèz la. **3.** Non, li sou tab la. Non, yo anba tab la. Yo anba tab la. Wi, li nan mitan tab la. Non, li sou kote chapo a. **4.** Non, li devan kay la. Li dèyè kay la. Li nan kay la. **5.** Yo devan baryè a. Non, li kote bèf la. Yo devan baryè a.

Annou tcheke

A.   **1.** Li achte kabrit la. **2.** Li plante mayi a. **3.** Yo pran yon ti repo. **4.** Nou soti bonè. **5.** Chat la anba chèz la. **6.** M mete rad dèyè kivèt la. **7.** Ou bezwen reponn. **8.** Vini anvan midi. **9.** Rad yo pwòp.

B.   **1.** Ki sa n ap fè?/ Ki sa n ap keyi? **2.** Ki lè li ye? **3.** Ki jan ou ye?/ Kouman ou ye? **4.** Kote l ap rive? **5.** Ki lè li soti? **6.** Ki sa l ap mete nan kivèt la?/ Ki kote l ap mete dlo a? **7.** Ki sa ou pentire? **8.** Ou achte savon?/ Èske ou achte savon? **9.** Nou konnen matant li?/ Èske nou konnen matant li?

C.   **1.** M rantre ta. **2.** M rete nan jaden mwen. **3.** M prale legliz demen. **4.** Chimèn anba lavil depi setè. **5.** Nou bezwen rad pwòp pou n ale nan dispansè a. **6.** Pa mize, non. **7.** M ap wè yo apre lamès. **8.** Yo vann sèlman senk kabrit ak ven poul. **9.** Yo larivyè ap lave rad. **10.** M tande anpil bri nan lakou a.

D.   **1.** Li nan kay la. **2.** Li dèyè baryè a. **3.** Yo chita anba pyebwa a. **4.** Yo nan mitan lakou a. **5.** Li sou chèz la. **6.** Li anba chèz la. **7.** Ivòn kote Sovè. **8.** Li kanpe devan kay la.

Annou li kesyon yo

1. Chal ap travay kay doktè Jozèf. **2.** Li mete bèt yo manje anba mòn nan. **3.** Pou li ale chache yon bokit, pou li ale pran dlo. **4.** Li pral achte penti pou li pentire baryè kay doktè a. **5.** Li tounen lakay li.

LESON ONZ

DYALÒG

Yon moun ap chache Doktè Jozèf

Tidjo ak Jan ap travèse lari devan lakay yo. Gen yon msye k ap pase.

Tidjo and Jan are crossing the street in front of their house. A man is passing by.

MSYE A: Timoun! Èske nou pa rekonèt doktè Jozèf?

Hey kids! Do you know Dr. Joseph?

JAN: Ki moun ki doktè Jozèf la?

Who is that Dr. Joseph?

MSYE A: Se yon gwo msye klè ak tèt swa. Li gen yon machin wouj e blan.

It's a light-skinned man with silky straight hair. He has a red and white car.

TIDJO: An! Milat la! Li rete tou pre la a, nan yon bèl kay jòn e vèt.

Oh! The mulatto! He lives quite near here in a nice house painted yellow and green.

JAN: Ou a wè de ti grimo k ap jwe nan lakou a.

You'll see two light-skinned boys playing in the yard.

MSYE A: Mwen pa moun katye a. N a ban m yon ti esplikasyon souple?

I'm not from this neighborhood. Can you explain, please?

TIDJO: Ou mèt kontinye mache toujou. Lè ou rive nan tèt mòn nan, ou a wè yon gwo kay beton ak yon gran jaden devan l.

You can keep on going. When you get to the top of the hill, you'll see a big concrete house with a big garden in front.

JAN: Wi, epi vè lè sa a, ou ap jwenn bòpè doktè a sou balkon an. Se yon ti tonton tèt grenn.

Yeah, and around this time you'll see the doctor's father-in-law on the balcony. He's an old man with kinky hair.

MSYE A: Se kay ak baryè ble a?

Is it the house with the blue gate?

JAN: Non, se dezyèm kay apre baryè ble a.

No, it is the second one after the blue gate.

MSYE A: Oke, mèsi anpil. M ale!

OK, thanks a lot! I'm off.

Kesyon

1. Ki kote timoun yo ye?
2. Ki sa msye a ap chache?
3. Ki jan kay la ye?
4. Ki koulè doktè Jozèf?
5. Ki sa ki devan kay la?
6. Ki sa ti grimo yo ap fè?
7. Gen lòt kay nan tèt mòn nan?

MO NOUVO I

Kalite cheve

In Haiti, due to the mixture of races, one can find many different skin colors and types of hair.

-- A light-skinned person can be referred to as:

> yon **moun wouj**
> yon **grimo** (gason), **grimèl** (fi) if s/he has kinky hair (**tèt grenn**)
> yon **milat** (gason), **milatrès** (fi) if s/he has silky straight hair (**tèt swa**)

-- Yon **blan** can be either one of the above types or usually a foreigner.

-- Yon **marabou** is a black person with silky straight hair.

A person can have:

tèt or cheve **swa, siwo**	silky straight hair
tèt or cheve **grenn**	kinky hair
tèt **gridap**	
tèt **kwòt**	kinky and very short hair
tèt **graton**	
cheve **long**	long hair
cheve **kout**	short hair

Annou pratike

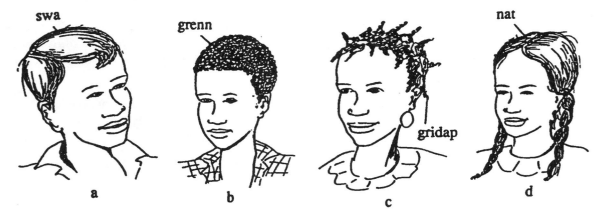

swa   grenn   gridap   nat

a   b   c   d

A.   Ki kalite cheve yo genyen?

1.   Montre yon moun ki gen tèt swa.   4.   Montre yon moun ki cheve kout.
2.   Montre yon moun ki gen tèt gridap.   5.   Montre yon moun ki gen tèt grenn.
3.   Montre yon moun ki gen cheve long.   6.   Montre yon moun ki gen tèt kwòt.

B.   Ki lès sa a . . .

MODÈL: Yon moun ki klè men ki pa blan? →
          Se yon moun wouj.

1.   Yon nèg ki klè ak tèt swa?   4.   Yon fi ki klè ak cheve swa?
2.   Yon fi ki klè ak tèt grenn?   5.   Yon gason ki klè ak tèt grenn.
3.   Yon moun nwa ak cheve swa?

MO NOUVO II

Pre-nominal adjectives:

gran	*big*		ti	*small*
bèl	*beautiful*		bon	*good*
vye	*old*		gwo	*big, fat*

Post-nominal adjectives:

kout	*short*	piti	*small*	pòv	*poor*
long	*long*	mèg	*skinny*	janti	*nice*
lèd	*ugly*	gra	*fat*	mechan	*mean*
wo	*tall*	rich	*rich*		

Annou pratike

A.   **Ki jan bagay la ye?** What is it like?

MODÈL: Ki jan lakou a ye? (gran) →
            Se yon gran lakou.

1. Ki jan kay la ye? (gwo)
2. Ki jan machin nan ye? (bèl)
3. Ki jan jaden an ye? (ti)
4. Ki jan kamyonèt la ye? (vye)

5. Ki jan penti a ye? (bon)
6. Ki jan madanm nan ye? (gwo)
7. Ki jan kivèt la ye? (gran)
8. Ki jan timoun nan ye? (mèg)

B.   **Se pou ou chwazi.** Answer choosing one of the two adjectives provided and putting it in the proper place relative to the noun.

MODÈL: Ki jan kay la ye? (lèd osnon bèl) →
            Se yon bèl kay osnon Se **yon kay lèd.**

1. Ki jan larivyè a ye? (bèl osnon gwo)
2. Ki jan bèf la ye? (mechan, janti)
3. Ki jan msye a ye? (rich, pòv)
4. Ki jan ti gason an ye? (piti, gran)
5. Ki jan chat la ye? (gra, mèg)
6. Ki jan wou a ye? (long, kout)
7. Ki jan machin nan ye? (vye, bon)
8. Ki jan moun nan ye? (wo, piti)

C.   **Answer with an adjective opposite in meaning.**

MODÈL: Madanm nan wo? →
            Non, li kout.

1. Msye a rich?
2. Lekòl la bèl?
3. Chwal la mechan?
4. Pyebwa a piti?

5. Chat la blan?
6. Chen an janti?
7. Monnonk li pòv?
8. Manchèt la long?

GRAMÈ

Adjectives

In Creole, adjectives used as predicates follow the subject directly; no linking verb, such as **to be**, needs to be added:

Li piti.   He/she is small.
Li vèt.   It's green.
Bokit la granmoun.   The bucket is old.

Except for those listed below adjectives follow the noun:

Se yon kay **jòn**.
M gen yon machin **ble**.
Se yon kabrit **mechan**.

Adjectives that occur before the noun are:

gran   ti   gwo   bèl   vye   bon

Note that the adjective *small* occurs in two forms, **ti**, placed before the noun, and **piti**, placed after. **Ti** often occurs in idiomatic expressions or is an integral part of the noun: yon **ti** moun, a child; kote **ti** chat? Where's the kitten?

Annou pratike

A.   **Devan ou dèyè?**

MODÈL: Jaden sa a gran? →
             Wi, se yon gran jaden.

1.   Lakou a bèl?   6.   Batwèl sa a granmoun?
2.   Bèf sa a mechan?   7.   Penso sa a gwo?
3.   Savon an bon?   8.   Nèg la rich?
4.   Manchèt la long?   9.   Moun sa a pòv?
5.   Wou sa a kout?   10. Pitit la lèd?

B.   **Annou fè fraz.** Se pou ou sèvi ak chak adjektif yon sèl fwa.
      wo   kout   long   bèl   mèg   ti   gwo   gran   vye   piti   janti   mechan

MODÈL: Ou achte yon kay? →
             Wi, m achte yon bèl kay.

1.   Ou genyen yon jaden?   6.   Se yon timoun?
2.   Ou vle yon wòch?   7.   Ou pran yon bokit?
3.   Li pran yon manchèt?   8.   Li achte yon wou?
4.   Yo achte yon machin?   9.   Se yon pyebwa?
5.   Se yon kabrit?

C.   **E ou menm?**

1.   Ki koulè cheve ou?   5.   Gen pyebwa devan kay ou? Ki jan
2.   Ki kalite kay ou genyen?   yo ye?
3.   Ou gen yon jaden? Ki jan li ye? 6.   Ou gen yon machin? Ki koulè li ye?
4.   Ou gen yon chat, yon chen? Ki jan   Ki jan li ye?
     yo ye: janti, mechan; ki koulè yo ye?

D.   Reponn kesyon sa yo; gade desen.

1.   Ki jan gason an ye?
2.   E fi a, ki jan li ye?
3.   Kay sa a nèf?

4.   E machin nan?
5.   Msye sa a, ki jan li ye?
6.   E madanm li, li mèg?

MO NOUVO III

Koulè

blan	white	**jòn**	yellow
nwa	black	**jòn abriko**	orange
ble	blue	**vyolèt**	purple
wouj	red	**mawon**	brown
vèt	green	**gri**	gray

Annou pratike

Marye mo nan de kolonn yo. Lè fini, fè yon fraz.

MODÈL: Flè vyolèt →
          Flè yo vyolèt.

cheve	blan
je	vyolèt
machin	nwa
bèf	vèt
flè	mawon
pyebwa	jòn
mayi	gri
chat	tamaren
zèb	ble

ANNOU APRANN EKRI

The vowels i, ou, a

A. **Koute epi repete mo sa yo.**

i	ou	a
piti	bonjou	achte
mayi	wout	chwal
keyi	kout	maten

B. **Ekri twa lòt mo ki gen i, ou, ak a ladan yo; ou pa gen dwa sèvi ak mo ki nan Egzèsis A.**

i: _____ _____ _____

ou: _____ _____ _____

a: _____ _____ _____

C. **Dikte**

Nikòl se yon ti _____. _____ se _____ Lamèsi. _____ pral keyi _____ _____. _____ a twazè. _____ al nan magazen pou li achte yon awozwa. _____ _____, _____ yon batwèl. _____. Ki _____ _____ ye? Ki _____ _____ wouze?

ANNOU TCHEKE

A. **Translation**

1. Ask us if we could recognize Tidjo.
2. Ask me what color the house is.
3. Tell me the goats are white.
4. Tell me they live very close by.
5. Tell me I should keep on walking.
6. Ask us whether we're from this neighborhood.
7. Tell me I'll find the doctor's wife on her balcony.
8. Ask me if it's the high house with a red fence.
9. Tell me that it's not that house but the house after the yellow fence.
10. Ask me if it's not the little old man with kinky hair.
11. Where are the two light-skinned boys with reddish hair?

B. **Pale sou ou menm.**

1. Ou se yon marabou oswa yon blan?
2. Ki koulè cheve ou?
3. Ki koulè je ou?
4. Ki koulè kay ou?
5. Ou wo oswa ou kout?
6. Ou gwo oswa ou piti?
7. Ou mechan oswa ou janti?
8. Ou bèl oswa ou lèd?

C. **Reponn kesyon sa yo.** **Sèvi ak adjektif sa yo.**

gra	gri	janti	long	piti	rich
gran	gwo	kout	nwa	pòv	vèt

MODÈL: Ki koulè cheve l? →
Cheve l gri.

1. Ki jan madanm nan ye?
2. Ki koulè kabrit la?
3. Ki jan jaden an ye?
4. Ki jan ti gason an ye?
5. Ki jan kay la ye?
6. Ki koulè zèb la?
7. Ki jan manchèt la ye?
8. Ki jan magazen an ye?
9. Ki jan chwal la ye?

KLE

Mo nouvo I

A.   **1.** a **2.** c **3.** d **4.** a, b, c **5.** b **6.** b, c

B.   **1.** Se yon milat. **2.** Se yon grimèl. **3.** Se yon marabou. **4.** Se yon milatrès. **5.** Se yon grimo.

Mo nouvo II

A.   **1.** Se yon gwo kay. **2.** Se yon bèl machin. **3.** Se yon ti jaden. **4.** Se yon vye kamyonèt. **5.** Se yon bon penti. **6.** Se yon gwo madanm. **7.** Se yon gran kivèt. **8.** Se yon timoun mèg.

B.   **1.** Se yon bèl larivyè. Se yon gwo larivyè. **2.** Se yon bèf mechan. Se yon bèf janti. **3.** Se yon msye rich. Se yon msye pòv. **4.** Se yon gran ti gason. Se yon ti gason piti. **5.** Se yon chat gra. Se yon chat mèg. **6.** Se yon wou kout. Se yon wou long. **7.** Se yon bon machin. Se yon vye machin. **8.** Se yon moun wo. Se yon moun piti.

C.   **1.** Non, li pòv. **2.** Non, li lèd. **3.** Non, li janti. **4.** Non, li gwo. **5.** Non, li nèf. **6.** Non, li mechan. **7.** Non, li rich. **8.** Non, li kout.

Gramè

A.   **1.** Wi, se yon bèl lakou. **2.** Wi, se yon bèf mechan. **3.** Wi, se yon bon savon. **4.** Wi, se yon manchèt long. **5.** Wi, se yon wou long. **6.** Wi, se yon vye batwèl. **7.** Wi, se yon gwo penso. **8.** Wi, se yon nèg rich. **9.** Wi, se yon moun pòv. **10.** Wi, se yon pitit lèd.

D.   **1.** Li kout. **2.** Li wo. **3.** Wi, li nèf. **4.** Li vye. **5.** Li gra. **6.** Non, li gra tou.

Annou aprann ekri

C.   Nikòl se yon ti fi tou piti. Li se pitit pitit Lamèsi. Li pral keyi mayi pita.

Chal pral travay a twazè. Mari al nan magazen pou li achte yon awozwa. Lamèsi ap lave, li bat rad ak yon batwèl. Wout la kout. Ki moun ou ye? Ki jou Loulou ap wouze?

Annou tcheke

A.   **1.** Èske nou rekonèt Tidjo? **2.** Ki koulè kay la? **3.** Kabrit yo blan. **4.** Yo rete tou pre la a. **5.** Ou mèt kontinye mache toujou. **6.** Nou pa moun katye a? **7.** Ou ap jwenn madan doktè a sou balkon an. **8.** Se kay wo a ak yon baryè wouj la? **9.** Non, se pa kay sa a, se kay apre baryè jòn nan. **10.** Se pa ti tonton tèt grenn nan? **11.** Kote de ti grimo ak cheve kannèl yo?

C.   **1.** Li rich (pòv, janti, gra, gran . . .) **2.** Li gri (nwa) **3.** Li gran. **4.** Li piti (gran, kout, janti) **5.** Li gwo (piti) **6.** Li vèt. **7.** Li long (kout) **8.** Li gwo (piti) **9.** Li nwa (gri, janti, gran, gwo)

LESON DOUZ

DYALÒG

Pou nou mande wout nou

Msye Goldenbè soti nan biwo polis li vle ale lapòs. Li mande msye Jozèf ki wout pou li fè.

Mr. Goldenberg comes from the police station and wants to go to the post office. He asks Mr. Joseph for directions.

GOLDENBÈ: Jozèf, monchè, esplike m wout lapòs la non.

Joseph, man, tell me the way to the Post Office.

JOZÈF: Ou konn ri Monseyè Giyou ki pase dèyè kazèn nan? Bon, suiv wout sa a rive nan ri Pave. Ou a vire agòch nan ri Pave.

Do you know the street named Monseigneur Guilloux that goes behind the barracks? Take it all the way to Pavé Street and then turn left.

GOLDENBÈ: M ap suiv ri Monseyè Giyou, m ap vire agòch nan ri Pave. Ki kote ri Pave sa a ye?

I follow Monseigneur Guilloux Street, and I turn left on Pavé Street. Where is that street?

JOZÈF: Ou konn legliz Sent Trinite a, ak gwo magazen Firèstonn ki anfas li a?

You know the Saint Trinity Church and the big Firestone store across the street from it?

GOLDENBÈ: Wi.

Yes.

JOZÈF: Bon, yo nan ri Pave. Ou ap desann ri Pave, pase devan Famasi Vitalèn, Libreri Estela, yon ponp gazolin, rive sou granri.

They are on Pavé Street. You follow Pavé Street, go by Vital Herne Pharmacy, Stella Bookstore, a gas station, down to the main street.

GOLDENBÈ: M ap desann ri Pave rive sou Granri…

I'll go down Pavé Street to Main Street…

JOZÈF: Ou a vire adwat sou Granri. Lè ou rive nan ri Dèmirak ou a vire agòch.

You'll turn right on Main Street, left on Miracles Street.

GOLDENBÈ: M ap vire agòch sou granri, adwat nan ri Dèmirak…

I'll turn left on Main Street, right on Miracles Street…

JOZÈF: Non, ou ap vire adwat sou Granri, agòch nan ri Dèmirak, pase devan Bank Kanada, Bank Nasyonal. Lè ou jwenn Avni Marijàn nan Bisantnè a, ou a vire adwat.

No, you'll turn right on Main Street, left on Miracles Street, go by the Bank of Canada, the National Bank. When you get to Marie Jeanne Avenue, turn right.

GOLDENBÈ: M ap desann ri Dèmirak, m ap vire adwat nan Bisantnè…

I'll go down Miracles Street, turn right on the Bicentenaire…

JOZÈF:	Se sa! Suiv Avni Marijàn nan jis ou jwenn ri Mateli Seyid. Anpil moun rele ri sa a ri Bònfwa. Ou a vire agòch. Lapòs nan yon gwo kay blan. Li sou men gòch lè ou ap desann ri Bònfwa.	That's right! Follow Marie Jeanne Ave. until you get to Martelli Seide Street, many people call it Bonne-Foi Street, turn left. The Post Office is in a big white building. It's on the left when you're going down Bonne-Foi Street.
GOLDENBÈ:	Mèsi anpil frè m. M vle fè yon ti lapriyè lè m soti Lapòs.	Thanks a lot, brother. I want to go to church after I leave the Post Office.
JOZÈF:	Bon, monte ri Bònfwa toudwat ou ap rive Katedral. Babay!	Well, go up straight on Bonne Foi Street, you'll get to the Cathedral. Bye.
GOLDENBÈ:	N a wè pita.	See you later.

Nòt: **Marijàn nan.** The (ˋ) on the **a** indicates that the combination **àn** stands for the sequences /a/ + /n/ rather than the nasal vowel **an** of **blan**.

Kesyon

1.	Ki kote Goldenbè vle ale?	Li vle ale lapòs.
2.	Ki moun li mande wout li?	Li mande msye Jozèf.
3.	Goldenbè konprann ki wout pou l fè?	Wi, li konprann ki wout pou l fè.
4.	Ki kote Goldenbè vle ale lè li soti lapòs?	Li vle ale legliz.
5.	Ki magazen ki gen nan ri Pave?	Gen yon famasi, yon libreri ak yon ponp gazolin.
6.	Èske gen yon legliz nan ri Pave? Ki non li?	Wi, gen yon legliz nan ri Pave. Li rele Sent Trinite.
7.	Èske gen yon legliz nan ri Dèmirak?	Non, pa gen legliz la.
8.	Nan ki ri Katedral ye?	Li nan kwen ri Bònfwa ak ri Doktè Obri.

MO NOUVO I

Annou konte!

20	ven	27	venn sèt	50	senkant	79	swasann diznèf
21	venteyen	28	vent uit	52	senkann de	80	katreven
22	venn de	29	vent nèf	60	swasant	83	katreven twa
23	venn twa	30	trant	68	swasant uit	90	katreven dis
24	venn kat	33	trann twa	70	swasann dis	93	katreven trèz
25	venn senk	40	karant	71	swasann onz	100	san
26	venn sis	45	karann senk	75	swasann kenz		

Note: For numbers above twenty where in the combined form first number differs from isolation form, the combined number may be written as a single form.
For Example: **ven/vennkat, karant/karannsenk, swasant/swasannde**

Ki laj nou genyen?

M gen trann senk an (35).	I'm 35 years old.
E ou menm, ki laj ou genyen?	And you, how old are you?

Annou pratike

A.   **Li nimewo telefòn sa yo.**

MODÈL: 2-5063 →

de, senkant, swasann twa.

1.	5-7465	5.	6-8295
2.	3-4425	6.	4-9827
3.	2-1836	7.	2-3746
4.	7-2058	8.	5-1019

B.   **Annou fè adisyon**

MODÈL: 15 + 10 = 25 →

Kenz ak dis fè venn senk

1.	20 + 10 =	6.	80 + 11 =
2.	45 + 8 =	7.	60 + 15 =
3.	12 + 12 =	8.	37 + 19 =
4.	18 + 17 =	9.	70 + 8 =
5.	53 + 6 =		

C.   **Reponn kesyon sa yo.**

1. Ki nimewo kay ou?
2. Ki nimewo telefòn ou?
3. Ki nimewo machin ou?
4. Konben frè ak sè ou genyen?
5. Konben neve ou genyen?
6. Konben kòb ou gen kounye a?
   Konben kòb ou genyen labank?
7. Konben moun ki genyen isit la?
8. Ki laj ou genyen? Ki laj papa ou ak manman ou?

MO NOUVO II

Kèk magazen

Yon **famasi**:	Se yon magazen kote yo vann **renmèd**.	It's a store where medicines are sold.
Yon **boulanje**:	Se yon magazen kote yo vann **pen**. Yon **mèt boulanje** se yon moun ki travay nan boulanje.	It's a store where bread is sold. A baker is a person who works in a bakery.
Yon **bouchri**:	Se yon magazen kote yo vann **vyann**. Yon **bouche** se yon moun ki travay nan bouchri.	It's a store where meat is sold. A butcher is a person who works in a butcher's store.
Yon **restoran**:	Se yon kote yo vann manje kwit.	It's a place where they sell prepared food.
Yon **boutik**:	Se yon kote yo vann anpil bagay pou manje.	It's a place (usually small) where food products are sold.
Yon **libreri**:	Se yon magazen kote yo vann **liv**.	It's a store where books are sold.
Yon **ponp gazolin**:	Se yon kote yo vann gazolin.	It's a place where gas is sold.

| Yon **makèt:** | Se yon magazen kote ou kab achte tout kalite bagay. | It's a place where one can buy everything. |

Annou pratike

A.   Ki kote ou ale achte bagay sa yo?

MODÈL: pen →
M al achte pen nan yon boulanje.

osnon   **M al achte pen nan yon boutik.**

1.   vyann
2.   aspirin
3.   gazolin
4.   liv

5.   renmèd
6.   sevennòp
7.   manje kwit
8.   kola

B.   Marye mo nan kolonn I ak mo nan kolonn II. Fè fraz.

MODÈL: Yo vann renmèd nan famasi.

I
1.   renmèd
2.   pen
3.   manje kwit
4.   kola
5.   tilenòl
6.   vyann
7.   liv
8.   aspirin
9.   gazolin

II
a.   bouchri
b.   libreri
c.   famasi
d.   boulanje
e.   ponp gazolin
f.   restoran
g.   boutik

C.   Kilès moun ki vann bagay sa yo?

MODÈL: Kilès moun ki vann renmèd? →
Se famasyen ki vann sa.

1.   Kilès moun ki vann vyann?
2.   Kilès moun ki vann pen?
3.   Kilès moun ki vann aspirin?
4.   Kilès moun ki fè pen?

GRAMÈ I

Pronouns as direct object

1.   You have seen that when pronouns occur before the verb or the predicate, they serve as subjects:

M rele Ajenò.	My name is Agénor.
Ou prale lavil.	You'll go to town.
Li lave rad sal.	She (he) washes dirty clothing.
N ap vann vyann.	We're selling meat.
Nou manje diri?	Did you (all) eat rice?
Yo kontre bòpè doktè a.	They met the doctor's father-in-law.
Yo ble.	They're blue.

2. You have also been introduced to the use of pronouns after nouns. In that position they serve as possessive determiners:

Se magazen li.   It's her (his) store.
Se zanmi nou?   Is it you friend?
Yo pran bèt yo.   They took their animals.

3. The same set of five pronouns is also used as direct objects after the verb. As was the case for the pronouns functioning as possessive determiners, direct object pronouns occur in a short or a long form. Remember that after a consonant, the long form must be used and that after a vowel, except for **yo**, both the short or the long forms are used:

Li wè m/mwen.   S/he sees me.
Li jwenn mwen.   S/he found me.

M pran l/li.   I took it (her, him).
M bat li.   I beat it (her, him).

Yo chache n/nou.   They looked for us.
Yo tann nou.   They waited for us.

M ap mande n/nou.   I'm asking for you (all).
M ap reponn nou.   I'm answering you (all).

Nou achte yo.   We bought them.
Nou vann yo.   We sold them.

4. Creole and English corresponding verbs do not always have matching constructions with object pronouns. For example, the Creole equivalents of **to look for** and **to ask for** do not require prepositions:

Li mande mwen.   S/he asked for me.
Y ap chache n.   They're looking for you (all).

5. Noun phrase direct objects are replaced by **li/l**, if they are singular, and by **yo**, if they are plural:

M achte **bèl kay sa a.**   M achte l.
Li vann **bèf la.**   Li vann li.

Yo tann **pitit yo.**   Yo tann yo.
Yo wè **kabrit yo.**   Yo wè yo.

6. After a nasal consonant **li** usually is pronounced **ni**:   Yo tann **ni**.

Annou pratike

A. **Ki sa nou bezwen di?** Give the appropriate form of the pronoun.
       MODÈL: Yo wè m. (tann) →
                     Yo tann mwen.

1. Yo achte l. (vann)   6. Ou konnen li? (sanble).
2. L ap pote l. (montre)   7. Y ap lave l. (bat)
3. N ap vann li. (achte)   8. Li monte l. (desann)
4. Li chache n. (tann)   9. Li pran yo. (vann)
5. Yo rele m. (reponn)   10. Yo tann nou. (ekri)

B.   **Ranplase non sa yo ak yon pwonon.**

MODÈL: Kote kay la? →
          Kote li?
oswa   **Kote l?**

1.   Ou wè moun nan.
2.   Ou chache timoun yo.
3.   Li achte kay la.
4.   Pran bokit la.

5.   Pote zouti yo.
6.   Li pral chache yon moulen.
7.   L ap wouze jaden an.
8.   Yo manje pen an.
9.   Pran kivèt la ak digo.

C.   **Reponn wi oswa non.**

MODÈL: Ou ap lave rad yo pou mwen? →
          Wi, m ap lave yo pou ou.
oswa   **Non, m p ap lave yo pou ou.**

1.   Ou ap achte liv la pou timoun yo?
2.   Toma ap pran liv la pou ou?
3.   Mari pral chache moulen an?
4.   Lwi ak Toma pral wè Pyè?

5.   Ou ap fè manje pou nou?
6.   Chal bat rad yo?
7.   Sovè mennen bèt yo manje?
8.   Moun sa yo ap tann ou?
9.   Èske sè ou achte rad nèf?

GRAMÈ II

Imperative

1.   You have seen that the imperative (command) form of Creole verbs is formed by simply deleting the subject pronoun; just as it is in English, in fact:

Ou lave rad.   Lave rad!
Nou desann ri sa a.   Desann ri sa a!

2.   A more indirect and polite way to give directives is to use the construction **se pou**:

Ou lave rad.   Se pou ou lave rad.
Nou desann ri sa a.   Se pou nou desann ri sa a.

Annou pratike

A.   **Bay lòd.** Change the following to commands.

MODÈL: Ou chita isit. →
          Chita isit.

1.   Nou vire agòch.
2.   Ou desann ri Pave.
3.   Nou mennen bèf manje.
4.   Nou sakle jaden an.

5.   Ou lave machin yo.
6.   Nou siye tablo a.
7.   Ou pentire baryè a.

B.   **Reponn kesyon yo.** Itilize se pou + vèb.

MODÈL: Ki kamyonèt pou m pran? (vye/wouj) →
          Se pou ou pran vye kamyonèt wouj la.

1. Ki wout pou li suiv? (ri Kapwa)
2. Ki moun pou nou wè? (grann)
3. Ki kote pou yo ale? (legliz)
4. Ki kote pou m vire? (ri Pave)

5. Ki sa pou li fè? (manje)
6. Ki sa pou m pote? (bokit)
7. A ki lè pou n vini? (twazè)
8. A ki lè pou yo dòmi? (dizè)

C.   Di ki sa pou ou fè, lè ou:

MODÈL: malad →
          Se pou ou ale lopital.

1. vle achte renmèd
2. vle manje
3. vle achte yon liv
4. vle achte vyann
5. vle plante mayi

6. vle wouze jaden
7. vle achte pen
8. vle manje kwit
9. vle lave rad sal

ANNOU APRANN EKRI

The consonants and the vowels e. and è

A.   Repete mo ou tande yo.

p	t	k	b	d	g
papa	tab	kabrit	bèf	deyò	degaje
pitit	piti	bokit	bebe	madanm	gen
pen	tout	bank	tab	rad	long

f	v	m	n	è	e
fi	vire	men	non	tèt	leve
bèlfi	lave	timoun	bonè	aswè	mete
bèf	liv	madanm	telefòn	flè	ede

B.   Dikte

1. Ki lè bèlmè ou achte _____ ?
2. Pyè _____ .
3. Monchè, _____ wè li.
4. Meme _____ .
5. Dyevo ede Meme _____ .
6. _____ .

ANNOU TCHEKE

A.   Gade kat la, montre ki wout pou moun sa yo fè, montre tout posibilite yo genyen. On the map indicate the roads that these people need to take to reach their destinations.

1.   Tidjo Osabodò, li vle ale nan famasi Vitalèn, lè li fini li prale Katedral.
2.   Pyè soti Kwaliteks, li pral nan Labwatamizik.
3.   Jan soti Sent Trinite, li pral Katedral.
4.   Nikòl nan Bisantnè, li pral sou Channmas.
5.   Mari soti Libreri Estela, li pral Lapolis.
6.   Pòl soti Labèy, li vle ale Libreri Estela.
7.   Mariz sou plas Jefra, li vle ale Famasi Vitalèn, epi sou Channmas.
8.   M nan Bank Nasyonal, m vle ale Katedral.

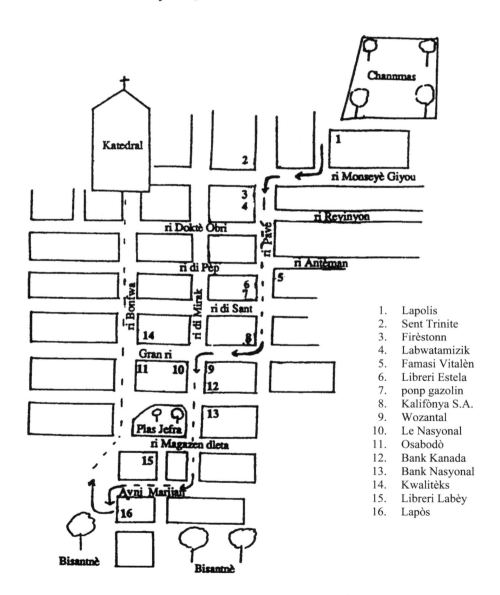

1.   Lapolis
2.   Sent Trinite
3.   Firèstonn
4.   Labwatamizik
5.   Famasi Vitalèn
6.   Libreri Estela
7.   ponp gazolin
8.   Kalifònya S.A.
9.   Wozantal
10.   Le Nasyonal
11.   Osabodò
12.   Bank Kanada
13.   Bank Nasyonal
14.   Kwaliteks
15.   Libreri Labèy
16.   Lapòs

B. **Tradiksyon**

1. Tell me to turn left on Marie Jeanne Avenue.
2. Ask me the way to the Holy Trinity Church.
3. Tell me the post office is quite near here.
4. Tell me to go down Miracles Street until I get to the Bank of Canada.
5. Tell me to go up Pavé Street and to turn right on Main Street.
6. Follow Good Faith Street until you see a gas station, then turn left.
7. Ask me my telephone number.
8. Ask me my address.
9. Ask me my father's age.
10. Ask me how many brothers and sisters I have.
11. Tell me she works in a bakery.
12. Tell me you buy medicine in a pharmacy.

C. **Sèvi ak pwonon.**

MODÈL: Li achte kèk kabrit. →
          Li achte yo.

1. Yo vann kay la.
2. Mwen pran batwèl.
3. Yo montre bèf ak chwal.
4. Li plante flè yo.

5. Se pou tann pitit la.
6. Suiv ri a.
7. Monte avni an.

KLE

Mo nouvo I

A.   **1.** senk, swasann katòz, swasann senk **2.** twa, karann kat, venn senk **3.** de, dizuit, trann sis **4.** sèt, ven, senkant uit **5.** sis, katreven de, katreven kenz **6.** kat, katreven dizuit, venn sèt **7.** de, trann sèt, karann sis **8.** senk, dis, diznèf

B.   **1.** ven ak dis fè tran **2.** karann senk ak uit fè senkann twa **3.** douz ak douz fè venn kat **4.** dizuit ak disèt fè trann senk **5.** senkann twa ak sis fè senkann nèf **6.** katreven ak onz fè katreven onz **7.** swasant ak kenz fè swasann kenz **8.** trann sèt ak diznèf fè senkann sis **9.** swasann dis ak uit fè swasann dizuit

Mo nouvo II

A.   **1.** Nan yon bouchri osnon nan yon makèt. **2.** Nan yon famasi. **3.** Nan yon ponp gazolin. **4.** Nan yon libreri. **5.** Nan yon famasi. **6.** Nan yon makèt, yon boutik osnon nan yon restoran. **7.** Nan yon restoran. **8.** Nan yon boutik osnon nan yon makèt.

B.   **1.** c **2.** d **3.** f **4.** g **5.** c **6.** a **7.** b **8.** c **9.** e

C.   **1.** Se bouche ki vann sa. **2.** Se mèt boulanje ki vann sa. **3.** Se famasyen ki vann sa. **4.** Se mèt boulanje ki fè pen.

Gramè I

A.   **1.** Yo vann li.   **2.** L ap montre l/li.   **3.** N ap achte l/li.   **4.** Li tann nou.   **5.** Yo reponn mwen.
6. Ou sanble l/li.   **7.** Y ap bat li.   **8.** Li desann li.   **9.** Li vann yo.   **10.** Yo ekri n/nou.

B.   **1.** Ou wè l.   **2.** Ou chache yo.   **3.** Li achte l.   **4.** Pran l.   **5.** Pote yo.   **6.** Li pral chache l.
7. L ap wouze l.   **8.** Yo manje l.   **9.** Pran yo.

C.   **1.** Wi, m ap achte l pou yo.   **2.** Non, li p ap pran l pou mwen.   **3.** Wi, li pral chache l.
4. Non, yo pa pral wè l.   **5.** Wi, m ap fè manje pou nou.   **6.** Non, li pa bat yo.   **7.** Wi, li
mennen yo manje.   **8.** Wi, y ap tann mwen.   **9.** Wi, l achte yo.

Gramè II

A.   **1.** Vire agòch.   **2.** Desann ri Pave.   **3.** Mennen bèf manje.   **4.** Sakle jaden an.   **5.** Lave
machin yo.   **6.** Siye tablo a.   **7.** Pentire baryè a.

B.   **1.** Se pou li suiv ri Kapwa.   **2.** Se pou nou wè grann nou.   **3.** Se pou yo ale legliz.   **4.** Se
pou ou vire nan ri Pave.   **5.** Se pou li manje.   **6.** Se pou ou pote yon bokit.   **7.** Se pou nou
vini a twazè.   **8.** Se pou yo dòmi a dizè.

C.   **1.** Se pou ou ale nan famasi.   **2.** Se pou ou kwit manje.   **3.** Se pou ou ale nan libreri.   **4.** Se
pou ou ale nan bouchri.   **5.** Se pou ou ale nan jaden.   **6.** Se pou ou pran awozwa a.   **7.** Se
pou ou ale nan boulanje.   **8.** Se pou ou ale nan restoran.   **9.** Se pou ou ale larivyè.

Annou aprann ekri

B.   **1.** Ki lè bèlmè ou achte chèz sa a?   **2.** Pyè se frè ou.   **3.** Monchè, se pou ou fè doktè a wè
li.   **4.** Meme leve bonè.   **5.** Dyeve ede Meme koule kafe.   **6.** Mesye a vle rele elèv yo.

Annou tcheke

B.   **1.** Vire agòch nan avni Marijàn.   **2.** Esplike m wout legliz Sent Trinite.   **3.** Lapòs tou pre
la a.   **4.** Desann ri Dèmirak jis ou rive Bank Kanada.   **5.** Monte ri Pave epi vire adwat nan
Granri.   **6.** Se pou ou suiv ri Bònfwa jis ou wè yon ponp gazolin, epi ou vire agòch.   **7.** Ki
nimewo telefòn ou?   **8.** Ki kote ou rete?   **9.** Ki laj papa ou genyen?   **10.** Konben frè ak sè
ou genyen?   **11.** Li travay nan boulanje.   **12.** Ou achte renmèd nan famasi.

C.   **1.** Yo vann li/ni.   **2.** Mwen pran li/ni.   **3.** Yo montre yo.   **4.** Li plante yo.   **5.** Se pou ou
tann li/ni.   **6.** Suiv li.   **7.** Monte l/li.

LESON TRÈZ

DYALÒG

Yon vwayaj nan Dominikani

Titsè rankontre Jàn yon lòt madan sara[1] tankou li. Y ap pale de vwayaj yo fè.

Titsè meets Jàn, a madan sara like her. They're talking about Titsè's last trip.

JÀN
Se jodi m pa wè ou!

I haven't seen you for a long time.

TITSÈ
M la. Se yè m soti Dominikani, wi.

I'm OK. It's only yesterday that I came back from the Dominican Republic.

JÀN
Ou jwenn bon jan machandiz?

You found good merchandise?

TITSÈ
Machè, sa k rive n Dominikani, m pa ka pale!

My dear, I can hardly tell you what happened to us in the Dominican Republic!

JÀN
Sa k pase konsa?

What happened?

TITSÈ
Machè, se premye fwa nou vwayaje lannuit. Nou rive nan mitan lannuit. Nou monte nan yon taksi.

Dear, this was the first time we traveled at night. We arrived there in the middle of the night. We took a taxi.

JÀN
Ou menm ak ki moun?

You and who else?

TITSÈ
Mwen ak Erisil. Chofè a manke fè wout kwochi ak nou. Li pas pran de zanmi l.

Erisil and I. The driver tried to drive us in the wrong direction. He went to get two of his friends.

JÀN
Ki sa nou fè?

What did you do?

TITSÈ
Lè Erisil wè y ap fè wout bwa ak nou, li tonbe fè bri, rele anmwe. Chans pou nou yon jandam rete machin nan.

When Erisil realized that they were driving us to the woods, she started to yell and she called for help. Fortunately a policeman stopped the car.

JÀN
Se Bondye ki sove nou! Yo t ap pran tout ti kòb nou genyen.

God saved you! They would have taken all your money.

TITSÈ
Se premye fwa sa rive m! M al Bayamas, m al Kiraso, m al Pòtoriko; m pa janm gen pwoblèm. M ap fè kwa m p ap vwayaje lannuit ankò!

This is the first time that happened to me! I've been to the Bahamas, to Curaçao, to Puerto Rico. I've never had any problem. I swear, I'll never travel at night again.

JÀN
Ou gen rezon machè! M byen kontan ou di m sa. Lè m prale lòt semenn m ap pran vòl lajounen.

You're right, dear! I'm glad that you told me that. When I leave next week, I'll take a day flight.

TITSÈ
Bon, m ale wi!

Well, I'm leaving.

JÀN   Se sa, n a wè pita.   I'll see you later.

¹ *A madan sara is a person (always a woman) who travels, within Haiti or in nearby countries, to buy wholesale merchandise (food products and others) and comes back to Port-au-Prince to sell them in the street or in an open air market. The name derives from that of a small but noisy bird. A madan sara talks a lot!*

Kesyon

1.   Nan ki peyi Titsè soti?   Li soti nan Dominikani.
2.   Èske li kontan vwayaj li a?   Non, li pa kontan.
3.   Ki moun ki vwayaje ak Titsè?   Se yon lòt madan sara ki rele Erisil.
4.   Ki sa Erisil fè nan taksi a?   Li tonbe fè bri; li rele anmwe.
5.   Ki sa ki sove Erisil ak Titsè?   Yon jandam rete machin nan.
6.   Nan ki lòt peyi Titsè ale deja?   L ale Bayamas, Kiraso ak Pòtoriko.

MO NOUVO

1.   Kèk peyi nan Karayib la ak vil prensipal yo.

Ayiti	Pòtoprens	Haiti	Port-au-Prince
Jamayik	Kingstonn	Jamaica	Kingston
Matinik	Fòdefrans	Martinique	Fort-de-France
Gwadloup	Bastè	Guadeloupe	Basse-Terre
Bayamas	Naso	Bahamas	Nassau
Kiba	Laavan	Cuba	Havana
Pòtoriko	Sannwann	Puerto Rico	San Juan
Dominikani	Sendomeng	Dominican Republic	Santo Domingo
Kiraso	Wilemstad	Curaçao	Willemstad
Trinidad	Pòtospenn	Trinidad	Port of Spain

2.   Ki nasyonalite l? Ki lang li pale?

Yon moun ki fèt nan peyi Ayiti, se yon ayisyen, li pale franse ak kreyòl.

Yon moun ki fèt nan peyi Jamayik, se yon jamayiken, li pale angle.

Yon moun ki fèt nan peyi Matinik, se yon matiniken, li pale franse ak kreyòl.

Yon moun ki fèt nan peyi Gwadloup, se yon gwadloupeyen, li pale franse ak kreyòl.

Yon moun ki fèt nan peyi Bayamas, se yon bayameyen, li pale angle.

Yon moun ki fèt nan peyi Kiba, se yon kiben, li pale panyòl.

Yon moun ki fèt nan peyi Pòtoriko, se yon pòtoriken, li pale panyòl.

Yon moun ki fèt nan peyi Trinidad, se yon trinidadyen, li pale angle.

Yon moun ki fèt nan peyi Dominikani, se yon dominiken oswa yon panyòl, li pale panyòl.

Yon moun ki fèt Kiraso, se yon moun Kiraso, li pale papyamento ak olandè.

Nòt: *The term PANYÒL has different meanings. It refers to:*
1.   *The Spanish language*
2.   *Any native speakers of that language*
3.   *More precisely: the Dominican people*
     M pral nan peyi panyòl *means I'm going to the Dominican Republic.*

Annou pratike

A.   **Nan ki peyi moun sa yo fèt?**

       MODÈL: Yon matiniken →
                  Li fèt nan peyi Matinik.

1.   yon trinidadyen
2.   yon pòtoriken
3.   yon jamayiken
4.   yon ayisyen
5.   yon gwadloupeyen
6.   yon dominiken
7.   yon bayameyen
8.   yon kiben

B.   **Ki lang y ap aprann; oswa ki lang yo pale?**

       MODÈL: Mariz rete Ayiti. →
                  Li pale kreyòl ak franse.

               Madan Goldenbè vle ale Ayiti. →
               L ap aprann pale kreyòl.

1.   Msye Jozèf prale Trinidad.
2.   Ti fi a rete Pòtoriko.
3.   Lamèsi vle ale Matinik.
4.   Pyè rete Kiraso.
5.   Madan Pyè vle ale Bayamas.
6.   Ti gason an vle ale Kiba.
7.   Asefi rete Jamayik.
8.   Timafi vle ale Gwadloup.

GRAMÈ I

The linking verb _se_

1.   Recall that in Creole no linking verb is required in predicates consisting of an adjective or a complement of place:

Li bon.	It's good.
Yo grangou anpil.	They're very hungry.
Li nan mòn.	He's in the hills.
Yo nan lakou a.	They're in the yard.

2.   In a few restricted cases Creole uses a linking verb. There are in fact two linking verbs, **se** and **ye**. **Se** is used:

    (a)   When the predicate is an adjective of nationality:

Li se ayisyen.	S/he's Haitian.
Yo se kiben.	They're Cuban.

    (b)   When the predicate is a noun, especially one referring to a profession or a trade:

M se jounalis.	I'm a journalist.
Li se abitan.	He's a farmer.
M se gason.	I'm a man (as opposed to a woman).

3.   **Se** is also used at the beginning of sentences to identify and define:

Se yon chwal.	It's a horse.
Se kabrit.	They're goats.

    Recall that the sequence **se + yon** is pronounced **son**.

Annou pratike

A.   Ki nasyonalite moun yo?

MODÈL: Pyè fèt nan peyi Ayiti. →
               Li se ayisyen.

1. Djonn fè nan peyi Jamayik.
2. David fèt nan peyi Trinidad.
3. Pòl fèt nan peyi Matinik.
4. Perès fèt Sendomeng.

5. Mannwèl fèt nan peyi Kiba.
6. Bòb fèt nan peyi Bayamas.
7. Mari fèt Pòtoriko.
8. Nikòl fèt nan peyi Gwadloup.

B.   MODÈL: Jan rete Fòdefrans. →
               Li se matiniken.

1. Pòl rete Bastè.
2. Mari rete Pòtoprens.
3. Marya rete Laavàn.
4. Pyè rete Kingstonn.

5. Jidit rete Naso.
6. Jozèf rete Sendomeng.
7. Mona rete Sannwann.

C.   Ki sa sa yo ye?
Gade desen yo epi di sa chak bagay, bèt oswa moun, ye.

MODÈL: 1. Se yon chwal.

2.   3.   4.   5.   6.

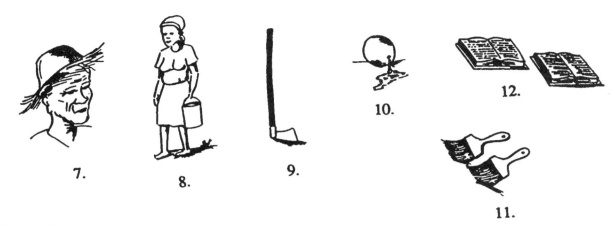

7.   8.   9.   10.   11.   12.

D.   Devine.

MODÈL: Li vann vyann. →
Li se bouche.

1.   Li fè chèz ak tab.
2.   Li travay nan famasi.
3.   Li gen po klè.
4.   Li gen po nwa men cheve l swa.
5.   Li fèt nan peyi Dominikani.
6.   Yo fèt nan peyi Bayamas.
7.   Yo fèt nan peyi Jamayik.
8.   Yo fè pen.
9.   Yo vann vyann.

GRAMÈ II

Relative clauses with <u>ki</u>

1.   Compare the two English sentences below:

I have **a friend** (She speaks Creole).   I have a friend who speaks Creole.
We have **a tree** (it has lots of leaves).   I have a tree that has lots of leaves.

In English the relative pronoun serving as subject of the embedded clause is **who** or **that.**
In Creole, in similar cases, the relative pronoun is **ki**:

M gen yon chanm (Li vid).
M gen yon chanm **ki** vid.   I have a room that's empty.

M konnen **yon moun** (Li
        rete nan katye a).
M konnen youn moun **ki**
        rete nan katye a.   I know someone who lives in this
                neighborhood.

2.   Note the form and place of the definite determiner in the following sentences:

Li mete **wou a** (wou a bon) nan
        machin ni.   Li mete wou **ki bon an** nan machin ni.
                S/he put the hoe that was good in his/her car.

Yo kontre **moun nan** (moun nan
        pale panyòl) nan avyon an.   Yo kontre moun **ki pale panyòl la** nan
                avyon an.
                They met the man who speaks Spanish in
                        the plane.

In Creole a definite determiner modifies the entire noun phrase rather than the noun only. In relative clauses that modify a noun, the determiner will be placed at the end of the relative clause:

Li mete **wou** (ki bon **an**) nan machin ni.

The form of the determiner depends on the last sound of the word that precedes it in the full relative clause, not the last sound of the noun it modifies:

Yo kontre moun **nan**.
Moun yo kontre **a** pale panyòl.

Annou pratike

A.   **Devine**

MODÈL: Ki jan ou rele yon magazen ki gen liv? →
          Se yon libreri.

1.   Yon kote ki gen lajan.
2.   Yon moun ki vann vyann.
3.   Yon ri ki gran.
4.   Yon moun ki nwa ak cheve swa.
5.   Yon moun ki marye ak pitit gason ou.

6.   Yon bagay ki toujou vèt.
7.   Yon bèt ki pote chay.
8.   Yon bagay ki bare jaden.
9.   Yon moun ki travay lopital.
10.   Yon moun ki vann pen.

B.   **Chanje fraz yo pou sèvi ak ki.**

MODÈL: Bourik la dou. →
          Se yon bourik ki dou.

1.   Lanp la piti.
2.   Bokit la pa bon.
3.   Chwal la mechan.
4.   Penti able.
5.   Moulen an nèf.

6.   Kafe a vèt.
7.   Chemiz la sal.
8.   Jip la pwòp.
9.   Machin nan lèd.

C.   **Deskripsyon ak ki**

MODÈL: Yon panyòl. →

          Se yon moun ki pale panyòl.
oswa   **Se yon moun ki fèt nan peyi Dominikani.**

1.   yon ayisyen
2.   yon mèt boulanje
3.   yon famasyen
4.   yon elèv
5.   yon bòfis

6.   yon bòs menizye
7.   yon grimo
8.   yon jaden
9.   yon bouche
10.   yon bourik

GRAMÈ III

The verb form <u>ye</u>

1.   Compare the following paired sentences:

Li nan lakou a.   Se nan lakou a li **ye**.
"S/he's in the yard."   "It's in the yard s/he is."

Yo se abitan.   Se abitan yo **ye**.
"They're farmers."   "It's farmers that they are (not factory
                                       workers)."

Li Pòtoprens.   Kote li **ye**?

Whenever a sentence element is shifted to the front of a sentence leaving the subject potentially stranded at the end, the verbal element **ye** must be added. Typically, **ye** appears in questions:

Ki jan ou ye?   How are you?
Ki lè li ye?   What's the time?
Ki kote li ye (Kote li ye)?   Where is s/he?
Sa li ye?   What is s/he?

or in emphatic sentences where the new or important information is placed at the beginning:

Li se yon grimo.   Se yon grimo li **ye**.

2.   Note that **ye** replaces either zero, as in the case of predicates containing complements of place:

Li nan lakou a.   Nan lakou a li **ye**.

or **se**, in the case of predicates containing a noun:

M **se** yon milat.   Se yon milat m **ye**.

Annou pratike

A.   **Reponn kesyon yo ak <u>ye</u>.**

        MODÈL: Li se lesivèz? →
                    Wi, se lesivèz li ye.

        1.   Aselòm se ayisyen?   6.   Mimoz se yon timoun?
        2.   Msye a se famasyen?   7.   Asefi se bèlfi ou?
        3.   Antwàn se bouche?   8.   Pyè se frè Mari?
        4.   Perès se panyòl?   9.   Pòl se tonton ou?
        5.   Antwaniz se moun andeyò?

B.   **Reponn kesyon yo dapre desen yo.**

        MODÈL: 1. Se yon kalbas! →
                    Non, se yon bokit li ye.

2. Se yon wòch!
3. Se yon plim!
4. Se yon bèf!
5. Se yon chen!
6. Se yon tab!

7. Se moulen!
8. Se chemiz!
9. Se pantalon!
10. Se machin!

ANNOU APRANN EKRI

The vowels o and ò

A.   **Koute:**

o	ò
chofè	chòk
gwo	panyòl
kwochi	Pòl

B.   **Jwenn mo sa yo. Espas vid se konsòn yo ye.**

__ __ o   __ o __ e
__ __ o   __ o __ i
__ ò __   __ e __ ò __
__ ò __   __ e __ ò

C.   **Dikte**

_____.
_____.
_____.
_____.

ANNOU TCHEKE

A.   **Reponn kesyon sa yo.**

1. Nan ki peyi ou fèt? Ki nasyonalite ou?
2. Ki peyi nan Karayib la ou vizite deja? Èske ou renmen li? Poukisa?

3. Ki peyi nan Karayib la ou vle vizite? Poukisa?
4. Ki lang ou konn pale? Ki lè ou aprann li (yo)?
5. Ki lang ou ap aprann kounye a? Poukisa?

B.   Marye kolonn I ak II.

I	II
1. yon mou ki fèt Sendomeng	a. se yon kabrit
2. yon moun ki sè manman ou	b. se yon penso
3. yon bèt ki manje zèb	c. se yon dominiken
4. yon bagay ki sèvi pou pentire	d. se matant ou
5. yon bagay ki sèvi pou pote dlo	e. se yon bokit
6. yon moun ki al achte an gwo pou vin vann an detay	f. se bòpè ou
7. yon moun ki marye ak manman ou	g. se madan sara
8. yon moun ki fèt Kiba	h. se yon panyòl
	i. se yon plim
	j. se yon chen

C.   Ranpli kaz vid yo.

1. M _____ ayisyen. M _____ Okay.
2. Kote yo _____? M pa konnen. _____ nan vye kay sa a yo rete.
3. Ki lè li _____? _____ sètè.
4. Se pa grimèl li _____. _____ yon marabou.
5. _____ dominiken nou _____? Wi, nou fèt nan _____ e _____ panyòl nou pale.

D.   Tradiksyon.

1. Tell me you were born in Trinidad.
2. Ask me who works in a bakery.
3. Tell me that you want to go to Cuba.
4. Tell me that you arrived at Santo Domingo in the middle of the night.
5. Ask me what languages I speak.
6. Ask me to which countries in the Caribbean I went?
7. It's the first time we're going to the Bahamas.
8. What happened in Curaçao?
9. They cried out for help.
10. We were lucky to find good merchandise.

ANNOU LI

Ayiti nan Karayib la

Nan **zòn** Karayib la gen yon bèl **lanmè** (lanmè Karayib ak Atlantik) ak **yon kantite ti zile** sou li. Youn nan gwoup zile sa yo se **Zantiy yo.** — *region, sea / a lot of small islands / West Indies*

Gen gran Zantiy yo, epi gen Ti Zantiy yo. Gran Zantiy yo se Kiba, Ispayola, Jamayik ak Pòtoriko. Zile kote Ayiti ye a gen de peyi sou li. Lòt peyi a rele Dominikani. De peyi sa yo **ansanm,** Ayiti ak Dominikani, sou **yon sèl grenn** zile yo rele Ispayola. — *together / single / which*

Gade sou kat la pou nou wè **kilès** nan Gran Zantiy yo ki pi gwo ak kilès ki pi piti. Nou wè se Ispayola ki pi gwo apre Kiba.

Gade tou pou nou wè kilès zile ki pi **pre** Ayiti ak kilès ki pi lwen. Nou wè nan Gran Zantiy yo, Ispayola nan mitan, Kiba nan **nòdwès bò** Ayiti, Jamayik nan **sidwès bò** Ayiti tou. Pòtoriko li menm nan lès bò Dominikani.

near
far
northwest side; southwest side

Nou wè Ti Zantiy yo menm, **yon ti jan** pi lwen Ayiti toujou. Se yon kantite ti zile ki **fòme** Ti Zantiy yo. Nan Ti Zantiy yo nou kab jwenn Matinik, Gwadloup, Trinidad, Kiraso, Babad.

a little bit
to form

Popilasyon zòn karayib la **mele** anpil. Premye **abitan yo** se te **endyen**. Apre sa, blan yo **parèt** epi yo **voye chache** nèg afriken pou travay pou yo, **paske** endyen yo te vin twò **fèb** epi yo t ap **mouri** akòz maladi yo blan pote ak yo. Kounye a, moun Karayib yo fin mele youn ak lòt.

to mix; inhabitants
Indian; to appear; to import
because; weak
to die

Kesyon

1.   Ki jan yo rele zòn kote Ayiti ye a?
2.   Konben gwoup zile ki gen nan zòn nan?
3.   Nan ki lanmè peyi sa yo ye?
4.   Ki lòt peyi ki gen nan zòn sa a?
5.   Sou ki zile Ayiti ye? Li pou kont li sou zile a?
6.   Kilès nan Gran Zantiy yo ki pi gwo? Kilès ki pi piti?
7.   Ki kalite moun ou jwenn nan Karayib la?

KLE

Mo nouvo

A.   **1.** Li fèt nan peyi Trinidad. **2.** Li fèt nan peyi Pòtoriko. **3.** Li fèt nan peyi Jamayik. **4.** Li fèt nan peyi d Ayiti. **5.** Li fèt nan peyi Gwadloup. **6.** Li fèt nan peyi Dominikani. **7.** Li fèt nan peyi Bayamas. **8.** Li fèt nan peyi Kiba.

B.   **1.** L ap aprann angle. **2.** Li pale panyòl. **3.** L ap aprann franse ak kreyòl. **4.** Li pale papyamento ak olandè. **5.** L ap aprann angle. **6.** L ap aprann panyòl. **7.** Li pale angle. **8.** L ap aprann franse ak kreyòl.

Gramè I

A.   **1.** Li se jamayiken. **2.** Li se trinidadyen. **3.** Li se matiniken. **4.** Li se dominiken/panyòl. **5.** Li se kiben. **6.** Li se bayameyen. **7.** Li se pòtoriken. **8.** Li se gwadloupeyen.

B.   **1.** Li se gwadloupeyen. **2.** Li se ayisyen. **3.** Li se kiben. **4.** Li se jamayiken. **5.** Li se bayameyen. **6.** Li se panyòl/ dominiken. **7.** Li se pòtoriken.

C.   **2.** Se yon kòk. **3.** Se yon kabrit. **4.** Se yon chen. **5.** Se yon ti gason. **6.** Se yon ti fi. **7.** Se yon gran moun. **8.** Se yon madanm. **9.** Se yon wou. **10.** Se yon kalbas. **11.** Se penso. **12.** Se kaye.

D.   **1.** Li se menizye. **2.** Li se famasyen. **3.** Li se grimèl oswa grimo. **4.** Li se marabou. **5.** Li se dominiken oswa panyòl. **6.** Yo se bayameyen. **7.** Yo se jamayiken. **8.** Yo se mèt boulanje. **9.** Yo se bouche.

Gramè II

A. 1. Se yon bank. 2. Se yon bouche. 3. Se yon avni. 4. Se yon marabou. 5. Se bèlfi ou. 6. Se yon pyebwa. 7. Se yon bourik. 8. Se yon baryè. 9. Se yon doktè. 10. Se yon mèt boulanje.

B. 1. Se yon lanp ki piti. 2. Se yon bokit ki pa bon. 3. Se yon chwal ki mechan. 4. Se yon penti ki ble. 5. Se yon moulen ki nèf. 6. Se yon kafe ki vèt. 7. Se yon chemiz ki sal. 8. Se yon jip ki pwòp. 9. Se yon machin ki lèd.

C. 1. Se yon moun ki fèt nan peyi d Ayiti. 2. Se yon moun ki fè pen. 3. Se yon moun ki travay nan famasi. 4. Se yon moun ki lekòl. 5. Se yon moun ki marye ak pitit fi ou. 6. Se yon moun ki fè chèz ak tab. 7. Se yon moun ki klè. 8. Se yon kote ki gen pyebwa. 9. Se yon moun ki vann vyann. 10. Se yon bèt ki pote chay.

Gramè III

A. 1. Wi, se ayisyen li ye. 2. Wi, se famasyen li ye. 3. Wi, se bouche li ye. 4. Wi, se panyòl li ye. 5. Wi, se moun andeyò li ye. 6. Wi, se yon timoun li ye. 7. Wi se bèlfi m li ye. 8. Wi, se frè l li ye. 9. Wi, se tonton m li ye.

B. 2. Non, se penso yo ye. 3. Non, se yon lanp li ye. 4. Non, se yon chwal li ye. 5. Non, se yon chat li ye. 6. Non, se yon chèz li ye. 7. Non, se soulye yo ye. 8. Non, se jip yo ye. 9. Non, se chosèt yo ye. 10. Non, se kay yo ye.

Annou aprann ekri

B. dlo; gwo; pòv; bòs; bonè; soti; lekòl; deyò

C. Aselòm dòmi bonè; Pòl leve bonè pou l ale lekòl; Pòv yo dòmi bò lopital la; Tidjo pote dlo nan yon gwo bokit.

Annou tcheke

B. 1. c 2. d 3. a 4. b 5. e 6. g 7. f 8. h

C. 1. se, fèt 2. ye, se 3. ye, li 4. ye, se 5. se, ye, Dominikani (nan Panyòl), se

D. 1. M fèt nan peyi Trinidad. 2. Kilès ki travay nan yon boulanje? 3. M vle ale nan peyi Kiba. 4. M rive Dominikani nan mitan lannuit. 5. Ki lang ou pale? 6. Nan ki peyi nan Karayib la ou ale? 7. Se premye fwa nou prale Bayamas. 8. Sa k rive Kiraso? 9. Yo rele anmwe. 10. Chans pou nou, nou jwenn bon machandiz.

Annou li – kesyon

1. Zòn kote Ayiti ye a rele Gran Zantiy. 2. Gen de gwoup zile. 3. Peyi sa yo nan lanmè Karayib ak Atlantik. 4. Anpil peyi. Ladan yo, genyen: Kiba, Ayiti, Jamayik, eksetera. 5. Ayiti sou yon zile ki rele Ispayola. Li pa pou kont li: Gen yon lòt peyi ki rele Dominikani. 6. Se Kiba ki pi gwo nan Gran Zanti yo. Se Pòtoriko ki pi piti. 7. Ras yo mele nan Karayib la: Endyen, Nèg afriken, Blan.

LESON KATÒZ

DYALÒG

N ap koumanse jounen nou

Li sizè nan maten. Jan fin pote dlo. Ivòn
ap dòmi toujou. Manman l, Lamèsi reveye l.

It's six o'clock in the morning. Jan
brought in water. Ivòn is still sleeping.
Lamèsi, her mother, wakes her up.

LAMÈSI	Ti fi leve non! Al fè twalèt-ou.	Wake up, girl! Go wash up.
IVÒN	Wi manman. Manman, m reve koulèv. . . Sa koulèv bay[1]?	Yes, mother. Mother, I dreamed of snakes. . . What's the lottery number for snakes?
LAMÈSI	O, o, gade yon timoun! Al bwose bouch ou, tande!	Oh, look at this child! Better go brush your teeth.
IVÒN	Bonjou matant Marya. Ou konn sa koulèv bay?	Good morning, Aunt Maria. Do you know what's the lottery number for snakes?
MARYA	Rete! Se mwen ou vle bay madichon an? Ou poko menm lave je ou, ou ap di m bonjou[2].	Wait a minute! You want to put a curse on me? You haven't even washed your eyes and you're greeting me?

LAMÈSI	Ala timoun antchoutchout, papa! Al lave je ou!	What a turbulent child! Better go wash your face.
IVÒN	M te benyen yè apremidi. M pa bezwen benyen ankò!	I took a bath yesterday noon. I don't need to take another one!
LAMÈSI	Men non, men fè twalèt ou vit pou m kapab penyen tèt ou.	No, but go wash up fast so I can comb your hair.
IVÒN	Wi manman. Inifòm mwen an sal, wi.	Yes mother. My uniform is dirty.
LAMÈSI	M pral nan dlo pita. M ap lave li pou ou.	I'm going to the stream later. I'll wash it for you.
JAN	Mwen menm, m fin lave figi m. M pral achte pen an.	I've washed my face. I'm going to buy some bread.
LAMÈSI	Siye pye ou, ti gason! Met soulye ou anvan ou soti. Men de goud. Pa mize, non!	Dry your feet, boy! Put your shoes on before you go ou. Here is forty cents. Don't dally!

Nòt: [1]*bòlèt: lottery is very popular in Haiti. People base their choice of number on the interpretation of dreams. Koulèv bay 12, 21, 39, 93.*

[2]*Among peasants, it's bad luck to greet somebody in the morning before brushing your teeth and washing your face. If you do that you're calling down curses upon that person.*

Kesyon

1.	Ki sa Jan te fin fè?	Li te fin pote dlo.
2.	Ki sa Ivòn ap fè? E Lamèsi?	Li ap dòmi toujou. Li reveye l.
3.	Ki sa Ivòn reve?	Li reve koulèv.
4.	Ki sa Lamèsi di Ivòn?	Li di l se pou l bwose dan l.
5.	Poukisa Marya rele lè Ivòn pale ak li?	Paske Ivòn poko lave je l.
6.	Poukisa Ivòn pa vle benyen?	Li te benyen yè apremidi.
7.	Ki sa ki sal?	Se inifòm Ivòn nan ki sal.
8.	Ki sa Lamèsi pral fè pita?	Li pral lave inifòm nan.
9.	Ki sa Jan pral fè?	Li pral achte pen an.

MO NOUVO I

Ki sa ou fè lèswa ak lèmaten

Lèswa, m fè twalèt mwen.	I wash myself.
m kouche.	I go to sleep.
m reve.	I dream.
m wonfle.	I snore.

Lèmaten,	m leve.	I wake up.
	m lave figi m.	I wash my face.
	m bwose dan m ak yon bwòsadan.	I brush my teeth with a toothbrush.
	m raze m ak yon jilèt.	I shave with a razor.
	m fè espò.	I exercise.
	m benyen.	I take a bath/ a shower.
	m savonnen kò m ak savon.	I soap my body with soap.
	m rense kò m ak dlo.	I rinse my body with water.
	m siye kò m ak yon sèvyèt.	I dry my body with a towel.
	m abiye.	I get dressed.
	m mete soulye nan pye m.	I put my shoes on.
	m penyen tèt mwen ak yon peny.	I comb my hair with a comb.
	m bwose cheve mwen ak yon bwòs tèt.	I comb my hair with a hairbrush.
	m ranje kabann mwen ak dra.	I make my bed with sheets.
	m bwè kafe.	I drink coffee.
	m manje (ze, pen. . .)	I eat (eggs, bread. . .)

Annou pratike

A.   Sa nou bezwen.

MODÈL: Ki sa nou bezwen pou lave figi n? →
Nou bezwen dlo ak savon.

1.   Ki sa nou bezwen pou bwose dan nou?
2.   Ki sa nou bezwen pou rense kò nou?
3.   Ki sa nou bezwen pou siye figi n?
4.   Ki sa nou bezwen pou penyen tèt nou?
5.   Ki sa nou bezwen pou savonnen kò nou?
6.   Ki sa nou bezwen pou bwose cheve nou?
7.   Ki sa nou bezwen pou raze?

B.   Ki sa l ap fè? Gade desen yo epi reponn.
MODÈL: 1. **L ap reveye.**

2.

3.

4.

5.

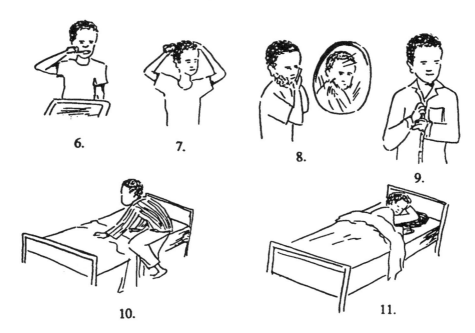

C.   **Ki sa ou fè ak bagay sa yo?**

MODÈL: kafe →
              Mwen bwè.

1.   dlo   5.   yon bwòs tèt
2.   savon   6.   yon peny
3.   yon sèvyèt   7.   yon jilèt
4.   yon bwòsadan   8.   yon wòb

D.   **Reponn kesyon yo.**

1.   A ki lè ou dòmi? Èske ou wonfle?
2.   Ou renmen reve? Poukisa?
3.   A ki lè ou leve?
4.   Ki sa ou fè lè ou leve?
5.   Èske ou ranje kabann ou chak jou?
6.   Ki sa ou manje lèmaten?
7.   Èske ou fè espò chak jou? Poukisa?

GRAMÈ

The anterior marker te

1.   Past actions are usually expressed by the zero verb form. Note, for example, how Titsè narrates her misadventure in the Dominican Republic (see the Dyalòg of Lesson 13):

Se premye fwa nou vwayaje lannuit…   It was the first time we traveled by
Nou rive nan mitan lannuit… Nou   night… We arrived in the middle of
monte nan yon taksi… Chofè a manke   the night… We took a taxi. The driver
pran wout kwochi. Li pase pran de   tried to take us in the wrong direction. He
zanmi l…   went to get two of his friends.

2.   Creole has a verb marker, **te**, which indicates that an action occurred before another past action. It is equivalent to the pluperfect (had + past participle) of English:

M te rive lakay lè li rele m.	I had arrived at the house when s/he called me
Chofè a te pase pran de zanmi l lè jandam rete machin nan.	The driver had gotten two friends when the policemen stopped the car
Al benyen!	Go take a bath!
--M te benyen yè apremidi.	--I already have taken a bath yesterday afternoon
Nou bezwen achte pen.	We need to buy bread.
-- Jan te achte pen an deja.	-- John already bought the bread.

3.   **Te** occurs with predicates containing an adjective or a complement of place, as well as the linking verbs **se** and **ye**:

Li te malad.	He was sick.
Li te mèt lekòl.	He was a school teacher.
Ki kote yo te ye?	Where were they?
-- Yo te lavil.	-- They were in town.

Note that **te** occurs after **se**.
Nèg sa a, se te yon bon moun.

Annou pratike

A.   **Mete fraz sa yo nan tan pase.**
     MODÈL: M manje anpil jodi a. (lendi pase)
                 M te manje anpil lendi pase.

1.   Pòl benyen maten an. (yè swa)
2.   Mariz ap wouze jaden an. (yè maten)
3.   Pyè rive jodi a. (avanyè)
4.   Lwiz pral nan dlo demen. (madi pase)
5.   Bourik la pote anpil chay. (semenn pase)
6.   Aselòm ap plante kafe. (samdi pase)
7.   Grimo a achte yon bèl pen. (yè)
8.   Jan ap lave machin nan. (yè apremidi)
9.   Tidjo pentire baryè a. (semenn pase)
10. Nikòl lave rad yo. (jedi pase)

B.   **Reponn kesyon yo tankou modèl la.**
     MODÈL: Ki sa ou te fè yè maten? (bwè kafe)
                 M te bwè kafe yè maten.

1.   Ki sa ou te fè dimanch pase? (fè espò)
2.   Ki sa ou te fè yè swa? (penyen tèt)
3.   Ki sa ou te fè maten an? (savonnen kò)
4.   Ki sa ou te fè nan nuit la? (dòmi anpil)
5.   Ki sa ou te fè mwa pase? (plante mayi)
6.   Ki sa ou te fè a dizè a? (bwè dlo)
7.   Ki sa ou te fè a uitè maten an? (manje ze ak pen)

MO NOUVO II

1.   **Jou nan semenn nan**

DESANM

dimanch	lendi	madi	mèkredi	jedi	vandredi	samdi
				1	2	3
4	5	6	7	8	9	10
11	12	13	14	15	16	17
18	19	20	21	22	23	24
25	26	27	28	29	30	31

2.   **Kèk mo nou bezwen:**

jodi	*today*	yè	*yesterday*
demen	*tomorrow*	avanyè	*the day before*
lendi pase	*last Monday*		*yesterday*
semenn pwochenn	*next week*	jedi pwochenn	*next Thursday*

Annou pratike

A.   **Reponn kesyon yo.**

1.   Ki jou ki vini
2.   Ki jou ki vini anvan madi?
3.   Ki jou ki vini anvan samdi?
4.   Ki jou ki vini anvan mèkredi?

5.   Ki jou ki vini apre dimanch?
6.   Ki jou ki vini apre lendi?
7.   Ki jou ki vini apre samdi?
8.   Ki jou ki vini apre vandredi?

B.   **Reponn kesyon yo.**

1.   Apre demen ap ki jou?
2.   Avanyè te ki jou?
3.   Ki jou nan semenn nan ou pi renmen? Poukisa?
4.   Ki jou nan semenn nan ou pa renmen? Poukisa?
5.   Ki jou ou al nan mache?

6.   Ki jou ou al legliz?
7.   Ki jou ou al travay?
8.   Ki jou ou repoze ou?
9.   Ki sa ou fè lèjedi?
10.   Ki sa ou fè lèsamdi?
11.   Ki sa ou fè lèdimanch?

ANNOU APRANN EKRI

The consonants <u>s</u>, <u>z</u>, <u>ch</u>, <u>j</u>

A.   **Koute epi repete:**

s	z	ch	j
siye	zouti	chat	jòn
msye	bezwen	mechan	manje
bòfis	legliz	wòch	wouj

B.   **Jwenn twa lòt mo pou chak son:**   /s/   /z/   /ch/   /j/

C.   Dikte

_____ se _____ _____. Tout _____ mwen yo mete rad _____ pou y ale _____. _____ fèmen. Moun _____ ale _____ ak _____. _____ kontan; y ap _____ : y ap _____ anpil _____.

ANNOU TCHEKE

A.   Marye kolonn I ak kolonn II, fè fraz

MODÈL: **L ap penyen tèt li ak peny lan.**

	I		**II**
1.	peny	a.	abiye
2.	savon	b.	rense kò
3.	sèvyèt	c.	penyen tèt
4.	soulye	d.	savonnen kò
5.	dlo	e.	ranje kabann
6.	bwòs dan	f.	siye kò
7.	dra	g.	bwose cheve
8.	rad	h.	mete l nan pye
9.	bwòs tèt	i.	bwose dan

B.   Ki sa l te fè yè?

MODÈL: **Li te lave figi l.**

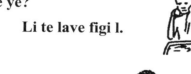

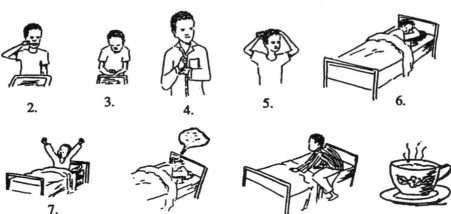

C.   Tradiksyon

1.   Ask me what I've eaten this morning.
2.   Tell me that you had slept well last night.
3.   Ask me what I've dreamed of last night.
4.   Ask me what's the lottery number for horses.
5.   Ask me what day of the week I prefer.
6.   Tell me that you exercise every day.
7.   Tell me that you'll wash my dirty clothes for me.

8. Say that the children are really turbulent.
9. Tell me that you shaved yesterday and that you don't need to shave today.
10. Tell me to brush my hair and wash my face.

KLE

Mo nouvo I

A. **1.** Nou bezwen yon bwòsadan. **2.** Nou bezwen dlo. **3.** Nou bezwen yon sèvyèt. **4.** Nou bezwen yon peny. **5.** Nou bezwen savon. **6.** Nou bezwen bwòs tèt. **7.** Nou bezwen yon jilèt.

B. **2.** L ap leve. **3.** L ap lave figi l. **4.** L ap lave men li. **5.** L ap benyen. **6.** L ap bwose dan l. **7.** L ap penyen cheve l. **8.** L ap raze. **9.** L ap abiye. **10.** L ap kouche. **11.** L ap dòmi.

C. **1.** M rense kò m ak dlo. **2.** M savonnen kò m ak savon. **3.** M siye kò m ak yon sèvyèt. **4.** M bwose dan m ak yon bwòsadan. **5.** M bwose tèt mwen ak yon bwòs tèt. **6.** M penyen tèt mwen ak yon peny. **7.** M raze ak yon jilèt. **8.** M abiye ak yon wòb.

Gramè

A. **1.** Pòl te benyen yè swa. **2.** Mariz te wouze jaden an yè maten. **3.** Pyè te rive anvanyè. **4.** Lwiz te ale nan dlo madi pase. **5.** Bourik la te pote anpil chay semenn pase. **6.** Aselòm te plante kafe samdi pase. **7.** Grimo a te achte yon bèl pen yè. **8.** Jan te lave machin nan yè apremidi. **9.** Tidjo te pentire baryè a semenn pase. **10.** Nikòl te lave rad yo jedi pase.

B. **1.** M te fè espò. **2.** M te penyen tèt mwen. **3.** M te savonnen kò m. **4.** M te dòmi anpil. **5.** M te plante mayi. **6.** M te bwè dlo. **7.** M te manje ze ak pen.

Mo nouvo II

A. **1.** Mèkredi vini anvan jedi. **2.** Lendi vini anvan madi. **3.** Vandredi vini anvan samdi. **4.** Madi vini anvan mèkredi. **5.** Lendi vini apre dimanch. **6.** Madi vini apre lendi. **7.** Dimanch vini apre samdi. **8.** Samdi vini apre vandredi.

Annou aprann ekri

C. Jodi a se jou dimanch. Tout nyès mwen yo mete rad wouj pou y ale legliz. Magazen yo fèmen. Moun rich ale mache ak chen yo. Chwal yo kontan: y ap poze, y ap manje anpil zèb.

Annou tcheke

A. **1.** c **2.** d **3.** f **4.** h **5.** b **6.** i **7.** e **8.** a **9.** g

B. **2.** Li te bwose dan l. **3.** Li te lave men li. **4.** Li te abiye. **5.** Li te penyen cheve l. **6.** Li te dòmi. **7.** Li te reveye. **8.** Li te reve. **9.** Li te ranje kabann li. **10.** Li te bwè kafe.

C. **1.** Ki sa ou te manje maten an? **2.** M te dòmi byen yè swa. **3.** Ki sa ou te reve yè swa? **4.** Ki nimewo bòlèt chwal bay? **5.** Ki jou nan semenn nan ou pi renmen? **6.** M ap fè espò chak jou. **7.** M pral lave rad sal pou ou. **8.** Ala timoun yo antchoutchout, papa! **9.** M te raze yè; m pa bezwen raze jodi a. **10.** Al bwose cheve ou epi lave figi ou.

LESON KENZ

DYALÒG

Pwoblèm sante

Asefi rankontre Pyè nan lari. Y ap pale
sou sante li ak tout lòt pwoblèm li te genyen.

Asefi meets Pye in the street. They're
talking about her health and all the
trouble she's had recently.

PYÈ:	O! Asefi, kote ou ye konsa a? M pa wè ou menm.	Oh! Asefi, where have you been? I haven't seen you at all.
ASEFI:	M te malad.	I was sick.
PYÈ:	Yè m wè matant ou, li pa di m anyen.	I saw your aunt yesterday, she didn't tell me anything.
ASEFI:	Li pa t konnen sa. Se avanyè li soti Naso.	She didn't know it. She came back from Nassau only the day before yesterday.
PYÈ:	Ki sa ou te genyen?	What was wrong with you?
ASEFI:	Monchè, depi m fin akouche, m pa t bon menm. Tout kò m t ap fè m mal, se chak jou m te konn gen mal tèt.	My friend, ever since I gave birth, I haven't been feeling well at all. I was aching all over my body, I used to have headaches every day.
PYÈ:	Ki sa ki te fè sa?	What was the cause?
ASEFI:	Yo di m se yon dan.	They told me it was a tooth.
PYÈ:	Ou pa rache l?	You didn't have it pulled out?
ASEFI:	Men wi. Men se sa k ban m plis pwoblèm. Li pa te byen rache. Li fè enfeksyon. M te gen yon lafyèv byen cho.	Of course. But that's what gave me more problems. It wasn't pulled out well. I had an infection, and I had a terrible fever.
PYÈ:	Ou pa tounen al wè doktè a?	You didn't go back to see the dentist?
ASEFI:	Men wi. Li retire rès dan an epi li ban m kèk piki pelisilin ak yon lòt renmèd pou bwè.	Sure. He pulled out the rest of the tooth and gave me some injections of penicillin and another medicine to take by mouth.
PYÈ:	Kounye a ou anfòm?	Are you all right now?

ASEFI:	M pa pi mal, non. Men m yon ti jan fèb toujou. M ap pran kèk fòtifyan ak bon jan bouyon pye bèf.	I don't feel too bad. But I'm still a little weak. I'm taking some fortifying drinks and some good broth made from beef's foot.
PYÈ:	E ti bebe a, ki jan li ye?	What about the baby, how is he doing?
ASEFI:	Li pa pi mal, non. Pandan m te malad la, li te gen yon grip ak yon dyare. Men, kounye a, Gras a Dye, li refè.	He's not too bad. While I was sick he had a cold and diarrhea. But now, thank God, he has recovered.
PYÈ:	Ou soti nan gwo tèt chaje la a!	You really had a lot of trouble!
ASEFI:	Se pa ti traka, non!	It sure wasn't a small problem!
PYÈ:	M ap pase wè ou demen, lè m soti nan travay.	I'll stop by to see you tomorrow after work.
ASEFI:	Oke, m ap tann ou.	OK. I'll be waiting for you.

Kesyon

1.	Poukisa Pyè pa te wè Asefi depi lontan?	Paske li te malad.
2.	Poukisa matant Asefi a pa te di Pyè Asefi te malad?	Matant Asefi a pa te konnen Asefi te malad.
3.	Ki sa Asefi te genyen?	Li te gen kò fè mal, tèt fè mal ak yon lafyèv byen cho.
4.	Ki jan Asefi santi l kounye a?	Li pa pi mal, men li yon ti jan fèb.
5.	Ki sa doktè a fè pou Asefi?	Doktè a rache rès dan ki te fè enfeksyon an, li ba li kèk piki ak yon renmèd pou li bwè
6.	Ki jan ti bebe a ye?	Ti bebe a byen.
7.	Poukisa bagay yo pa te bon menm pou Asefi?	Paske Asefi ak piti li a te malad.
8.	Ki lè Pyè ap pase wè Asefi?	Pyè ap pase wè Asefi demen, lè li soti nan travay.

MO NOUVO I

Annou gade kò nou

1.   Se kò li.

2.   Se tèt li.

3.   Se kou li.

4.   Se zepòl li.

5.   Se bra li.

6.   Se lestomak li.

7.   Se tete li.

8.   Se koud li.

9.   Se men li.

10. Se ranch li.

11. Se men li.

12. Se kwis li.

13. Se jenou li.

14. Se janm li.

15. Se pye li.

16. Se zòtèy li.

17. Se cheve li.

18. Se figi li.

19. Se manton li.

20. Se machwa li

21. Se do li.

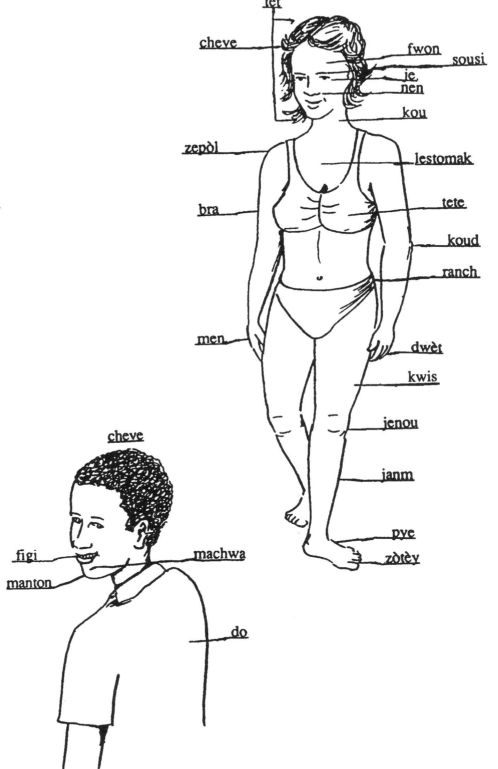

Annou pratike

A. **Gade kò Pyè.**

MODÈL: 1. Se lestomak Pyè.

2. _____

3. _____

4. _____

5. _____

6. _____

7. _____

8. _____

9. _____

10. _____

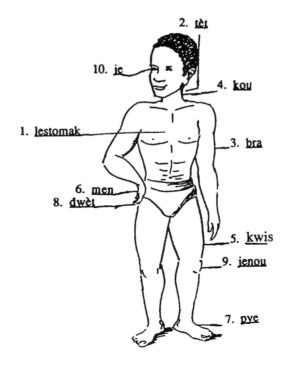

B. **Lòd**

1. Montre tèt ou!
   Montre vant ou!
   Montre koud ou!
   Montre je ou!
   Montre bouch ou!
2. Leve bra ou!
   Leve pye ou!
3. Manyen cheve ou!
   Manyen zepòl ou!
   Manyen kwis ou!
   Manyen lestomak ou!
   Manyen nen ou!

4. Mete men ou
   Mete pye ou sou kwis ou!
   Mete dwèt ou sou jenou ou!
   Mete bra ou dèyè do ou!
5. Louvri je ou!
6. Fèmen je ou!
7. Louvri bouch ou, mete men ou
   nan bouch ou!
8. Wete men ou nan bouch ou epi
   fèmen bouch ou!
9. Mete men ou sou zòrèy ou!
10. Mete men ou sou jenou ou!

GRAMÈ I

Interrogative <u>ki</u> + noun

1. You have seen in Leson Dis that questions requiring an answer other than "yes" or "no" contain interrogative words composed of **ki** plus an element referring to time, place, etc.:

ki moun (person)	*who*
ki lè (time, hour)	*when, what time*
ki kote/ ki bò (place)	*where*
ki jan (manner)	*how*
ki sa (that)	*what*

With **sa** and **kote**, the interrogative marker **ki** may be dropped.

Sa y ap fè?	What are they doing?
Kote ou prale?	Where are you going?

2.   Some interrogative words do not contain **ki**:

Kouman   *how*   Kouman ou?
Konben   *how many*   Konben pitit ou genyen?

3.   **Ki** may also be used as an interrogative adjective equivalent to *which* or *what*:

Ki ti bebe ki malad?   Which baby is ill?
Ki chanm ou pito?   Which room do you prefer?
Ki koulè je li?   What color are his/her eyes?
Ki kalite machin yo genyen?   What kind of car do they have?

Note that in the sentence **Ki ti bebe ki malad?** the second **ki** functions as a relative pronoun. It is equivalent to English *who* or *what* in sentences such as:

M konnen yon timoun ki gen je ble.   I know a child who has blue eyes.
M vle yon bèf ki gwo.   I want a cow that is big.

4.   When a noun modified by the interrogative **ki** is subject of a sentence, the relative pronoun **ki** must be used:

Ki elèv ki konn pale franse?   Which pupil knows how to speak French?
Ki chat ki move?   Which cat is mean?

Annou pratike

A.   **Fè kesyon**

MODÈL: Ou vle konnen koulè cheve yon moun. →
              Ki koulè cheve li?

1. Ou vle konnen koulè je yon moun.
2. Ou vle konnen ki jan yon moun rele.
3. Ou vle konnen si machin mwen ansyen, si li bèl. . .
4. Ou vle konnen si kay nou gwo, si li bèl. . .
5. Ou vle konnen si m se ayisyen osnon kiben. . .
6. Ou vle konnen si yon moun se bayameyen osnon trinidadyen. . .
7. Ou vle konnen si yon timoun gen dizan osnon douzan. . .
8. Ou vle konnen si m gen senkant an osnon swasant an. . . .

B.   **Gade byen!** Gade desen yo epi fè kesyon. Yon lòt moun pral reponn.

MODÈL: rad
              A. Ki rad ki sou tab la?
              B. Se chapo ki sou tab la.

1.

2.

3. -------------------------------------->

4.

MO NOUVO II

Maladi

Ki jan ou santi ou?	How do you feel?
Èske ou an bòn sante?	Are you in good health?
Non.	No.
Ki maladi ou genyen?	What illness do you have?
	(What's wrong with you?)
M gen mal tèt (m gen tèt fè mal).	I have a headache.
M gen mal gòj, m pa ka vale.	I have a sore throat, I can't swallow.
M gen mal do.	I have a backache.
M gen mal dan.	I have a tooth ache.
M gen vant fè mal.	I have a stomach ache.
M gen lafyèv.	I have a fever.
M gen dyare (m gen vant mennen).	I have diarrhea.
M gen doulè.	I have arthritis.
M gripe (m anrimen).	I have a cold.
M ap touse.	I'm coughing.
Larim ap koule nan nen m.	I have a runny nose.
M fè yon aksidan.	I had an accident.
M kase pye m.	I broke my leg.
M kase bra m.	I broke my arm.
M kase tèt mwen.	I hurt my head.
M foule ponyèt mwen.	I twisted my wrist.
M foule pye m (m fè yon antòs)	I sprained my ankle.
M foule ponyèt mwen.	I sprained my wrist.
Ou fimen anpil?	Do you smoke a lot?
Ki sa ou pito fimen: siga, sigarèt,	What do you prefer to smoke: cigars, cigarettes,
yon pip?	a pipe?
Ou gen yon alimèt?	Do you have a match?
Tabak pa bon pou sante.	Tobacco is bad for one's health.

Annou pratike

A.   Reponn kesyon sa yo.
1.   Ki sa pou moun fè lè yo gen lafyèv?
2.   Ki sa pou moun fè lè yo gen dyare?
3.   Ki sa pou moun fè lè yo gen mal tèt?
4.   Ki sa pou moun fè lè yo gen mal gòj?
5.   Ki sa pou moun fè lè yo gen mal dan?
6.   Ki kalite maladi ou konn genyen?
7.   Ou konn gen gwo maladi osnon ti maladi?
8.   Ki dènye maladi ou te fè? Ki jan ou te santi ou?
9.   Ki sa ou te fè pou ou refè?
10.   Èske ou malad souvan?
11.   Èske ou fè yon aksidan deja? Ki sa ki te rive ou?
12.   Ou fimen? Anpil? Ki sa ou fimen?

B.   Marye kolonn I ak kolonn II. Lè fini, fè fraz.
MODÈL: Mari ap touse...
(1) Li gen mal dan.   (2) Li gripe.
Mari ap touse, li gripe.

I		**II**
1. Kò ti bebe a cho	a.	Li foule li.
2. Larim ap koule nan nen li	b.	Li gen dyare.
3. Pyè Pòl ap fè li mal	c.	Li gen lafyèv.
4. Nikòl pa ka vale manje	d.	Li gen mal dan.
5. Manman m al kay dantis	e.	Li gen doulè.
6. Mari mare jenou li	f.	Li fimen yon pip.
7. Monik pran de aspirin	g.	Li anrimen.
8. Tidjo te manje twòp.	h.	Li gen mal gòj.
9. Pyè pa ka ekri	i.	Li kase bra li.
10. Alse pral achte tabak	j.	Li gen mal tèt.

GRAMÈ II

The pronoun li after a nasal sound

1.   You have learned that the definite determiner occurs as **an** after a nasal vowel and as **lan** or **nan** after a nasal consonant (see Leson 9):

dlo a	*but*	tonton an
flè a	*but*	pen an
tèt la	*but*	janm lan/janm nan
nèg la	*but*	moun lan/moun nan

2.   When it occurs after a nasal consonant (**m, n,** or **ng**), the pronoun li may change to ni:

Se bokit li.	*but*	Se machin ni.
Li bat li.	*but*	Li vann ni.

3.   **Li** may also change to ni or n after a nasal vowel:

M wè li.	*but*	M pran ni.
Fòk ou achte li.	*but*	Fòk ou renmen ni.
Se pou louvri li.	*but*	Se pou ou fèmen ni.

Annou pratike

A.   **Reponn pou di ou te fè bagay la deja.**

MODÈL: Se pou ou etenn lanp sa a. →
           M te etenn ni/li deja.

1.   Se pou ou etenn sigarèt la.
2.   Se pou ou vann jaden an.
3.   Se pou ou lave machin nan.
4.   Se pou ou limen lanp la.

5.   Se pou ou pran bokit la.
6.   Se pou ou pentire tab la.
7.   Se pou ou etenn pip la.

B.   **Pou ki moun tout bagay sa yo ye?**

MODÈL: **Se plim li/ni.** →

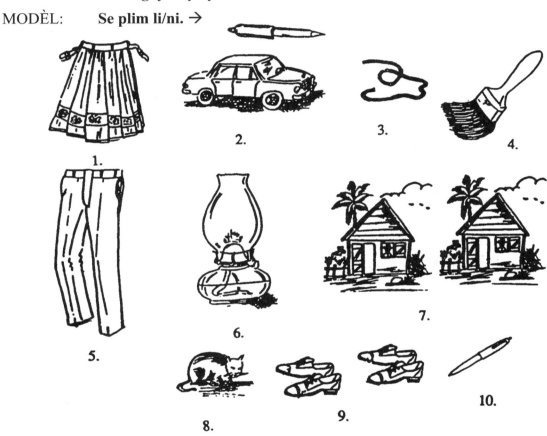

C.   **Fè fraz.**

MODÈL: Manyen tèt (li) →
           Li manyen tèt li.

1.   Lave figi (ou)
2.   Savonnen kò (yo)
3.   Rense bra (mwen)
4.   Siye pye (nou)
5.   Foule ponyèt (Nikòl)

6.   Leve men (Pyè ak Mari)
7.   Penyen tèt (mwen)
8.   Kase janm (li)
9.   Bwose dan (timoun yo)
10. Lave tèt (nou)

D.   **Reponn kesyon yo.**
MODÈL: Ki sa Jak manyen (tèt) →
          Li manyen tèt li.

1. Ki sa ou bwose? (dan)
2. Ki sa li foule? (pye)
3. Ki sa li siye? (janm)
4. Ki sa ou leve? (men)
5. Ki sa Nikòl ak Mari penyen? (tèt)

6. Ki sa Pyè rense? (kò)
7. Ki sa ou louvri? (je)
8. Ki sa yo fèmen? (bouch)
9. Ki sa li foule? (jenou)

ANNOU APRANN EKRI

The nasal vowels e̲n̲, a̲n̲, o̲u̲
There are three nasal vowels in Creole. Compare: e/en, a/an/ o/on

en	**an**	**on**
byen	blan	bon
men	manje	long
demen	dantis	yon

A.   **Devine sou ki mo m ap pale.** Yo tout gen son **en**, **an**, oswa **on** ladan yo.

Ki sa ou reponn lè yo di ou:
Ki jan ou ye?
Yon pati nan kò ou.
Ki koulè dan ou?
Se doktè dan li ye?

Sa ou di moun lè ou leve maten?
Lè yon bagay pa move, li...
Ki sa ou di lè ou pa vle fè yon bagay?
Se frè manman ou osnon frè papa ou?

B.   **Dikte**

1. _____
2. _____
3. _____
4. _____
5. _____
6. _____
7. _____
8. _____

ANNOU TCHEKE

A.   **Marye kolonn I ak kolonn II.** Lè fini, fè fraz.
MODÈL: **1-d   Ti bebe a mete penti nan bouch li, li gen vant fè mal.**

I		**II**
1. Ti bebe a mete penti nan bouch li	a.	Li gen mal gòj
2. Nikòl ale kay dantis	b.	Li foule l
3. Ti Mari fèb apre maladi sa a	c.	Yo gripe
4. Pyè mare ponyèt li	d.	Li gen vant fè mal
5. Ba li de aspirin	e.	L ale rache dan
6. Timoun yo ap touse	f.	Li gen mal tèt
7. Lamèsi fè yon aksidan	g.	Bra l kase
8. Larim ap koule nan nen li	h.	Li gen lafyèv
9. Kò l cho	i.	L ap pran fòtifyan
10. Pòl pa ka vale manje	j.	Li anrimen

B.   **N ap koute.** Ou ap koute yon moun k ap pale nan telefòn. L ap reponn kesyon. Èske ou kapab devine kesyon lot moun nan te mande l?

MODÈL: Li rele Jozyàn. →

        Ki non li?

1. Li gen je nwa.	6. Ou kapab jwenn manje sa a nan yon makèt.
2. Li gen cheve nwa.	7. Se sèlman Bank Kanada ki louvri kounye a.
3. Se mèt lekòl li ye.	8. M te vann chwal nwa a.
4. Li se ayisyen.	9. Doktè Montas se bon dantis.
5. Li te fèt Pòdepè.	10. Li kase bra gòch li.

C.   **Tradiksyon**

1. He had a bad fever last week.	7. How many toes and fingers do you have?
2. How are you feeling now?	8. How many teeth did the dentist pull out?
3. What do you do when you have a cold?	9. The baby has a runny nose.
4. She had an accident, she broke her foot.	10. My grandmother has pains, she stayed in bed.
5. We're going to take some beef broth.	
6. Did you sprain your ankle while walking?	

KLE

Mo nouvo I

A.   **1.** Se lestomak Pyè. **2.** Se tèt Pyè. **3.** Se bra Pyè. **4.** Se kou Pyè. **5.** Se kwis Pyè. **6.** Se men Pyè. **7.** Se pye Pyè. **8.** Se dwèt Pyè. **9.** Se jenou Pyè. **10.** Se je Pyè.

Gramè I

A.   **1.** Ki koulè je l? **2.** Ki non li? **3.** Ki kalite machin ou genyen? **4.** Ki kalite kay nou genyen? **5.** Ki nasyonalite ou? **6.** Ki nasyonalite li? **7.** Ki laj li genyen? **8.** Ki laj ou genyen?

B.   **1.** Ki rad ki anba tab la? **Se soulye yo ki anba tab la.** Ki bèt ki anba tab la? **Se chen ak chat ki anba tab la. 2.** Ki bèt ki devan kay la? **Se kabrit ki devan kay la?** Ki bagay ki dèyè kay la? **Se pyebwa ki dèyè kay la. 3.** Ki rad ki anba chèz la? **Se soulye yo ki anba chèz la.** Ki rad ki sou chèz la? **Se chapo ki sou chèz la. 4.** Ki bèt ki devan baryè a? **Se chwal ak bèf ak poul ki devan baryè a.** Ki bagay ki dèyè baryè a? **Se kay ki dèyè baryè a.**

Mo nouvo II

B.   **1.** c **2.** g **3.** a **4.** h **5.** d **6.** e **7.** j **8.** b **9.** i **10.** f

Gramè II

A.   **1.** M te etenn li/ni deja. **2.** M te vann li/ni deja. **3.** M te lave l deja. **4.** M te limen li/ni deja. **5.** M te pran li/ni deja. **6.** M te pentire l deja. **7.** M te desann li/ni deja. **8.** M te etenn li/ni deja.

B.   **1.** Se jip li. **2.** Se machin li/ni. **3.** Se kòd li. **4.** Se penso l. **5.** Se pantalon ni/pantalon l. **6.** Se lanp li. **7.** Se kay li yo. **8.** Se chat li. **9.** soulye li yo. **10.** Se plim li/ni.

C.   **1.** Ou lave figi ou. **2.** Yo savonnen kò yo. **3.** M rense bra m. **4.** Nou siye pye nou. **5.** Nikòl foule ponyèt li. **6.** Pyè ak Mari leve men yo. **7.** M penyen tèt mwen. **8.** Li kase janm li/ni. **9.** Timoun yo bwose dan yo. **10.** Nou lave tèt nou.

D.   **1.** Mwen bwose dan m. **2.** Li foule pye li. **3.** Li siye janm li/ni. **4.** M leve men mwen. **5.** Yo penyen tèt yo. **6.** Pyè rense kò li. **7.** M louvri je mwen. **8.** Yo fèmen bouch yo. **9.** Li foule jenou li.

Annou aprann ekri

A.   **1.** byen **2.** nen, men **3.** blan **4.** dantis **5.** bonjou **6.** bon **7.** non **8.** tonton, monnonk

B.   **1.** Li manje anpil pen. **2.** Ban m yon bon lanp. **3.** Jan renmen pran leson. **4.** Nou bezwen plante jaden an. **5.** Vye tonton an se monnonk li. **6.** M pran kafe anvan m soti. **7.** Madan Antwàn gen yon bon machin. **8.** Avanyè yo rankontre matant mwen.

Annou tcheke

A.   **2-e** Nikòl ale kay dantis, l ale rache dan. **3-i** Ti Mari fèb apre maladi sa a, l ap pran fòtifyan. **4-b** Pyè mare ponyèt li, li foule l. **5-f** Ba li de aspirin, li gen mal tèt. **6-c** Timoun yo ap touse, yo gripe. **7-g** Lamèsi fè yon aksidan, bra l kase. **8-j** Larim ap koule nan nen li, li anrimen. **9-h** Kò l cho, li gen lafyèv. **10-a** Pòl pa ka vale manje, li gen mal gòj.

B.   **1.** Ki koulè je l? **2.** Ki kalite cheve li genyen? **3.** Ki kalite travay l ap fè? **4.** Ki nasyonalite li? **5.** Nan ki vil li te fèt? **6.** Nan ki kalite magazen m kapab jwenn manje sa a? **7.** Ki ban ki louvri kounye a? **8.** Ki chwal ou te vann? **9.** Ki dantis ki bon? **10.** Ki bra li kase?

C.   **1.** Li te gen yon lafyèv byen cho semenn pase. **2.** Ki jan ou santi ou kounye a? **3.** Ki sa ou fè lè ou grip? **4.** Li fè yon aksidan, li kase pye li. **5.** Nou pral pran yon bouyon bèf. **6.** Ou foule pye ou pandan ou ap mache. **7.** Konben zòtèy ak dwèt ou genyen? **8.** Konben dan dantis la rach? **9.** Larim ap koule nan nen ti bebe a. **10.** Grann mwen gen doulè, li rete nan kabann li.

LESON SÈZ

DYALÒG

Ann achte rad

Michèl Jozèf ak Joslin, sè li, nan yon magazen pou yo achte yon kostim ak yon wòb.

VANDÈ	Bonjou msye dam. Ki sa m kab fè pou nou?	Good morning sir and madam. What can I do for you?
MICHÈL	M bezwen yon kostim. Madmwazèl la vle wè wòb abiye yo. Montre nou bèl bagay, paske nou vle abiye byen bwòdè.	I need a suit. The lady wants to see the formal dresses. Show us nice things because we want to dress up.
VANDÈ	Ou vle achte yon kostim, oubyen ou vle nou fè yon modèl pou ou?	Do you want to buy a suit, or do you want a custom-made one?
MICHÈL	Fòk m al nan yon maryaj apre demen. Nou kab pare pou demen?	I have to go to a wedding the day after tomorrow. Can you have it ready for tomorrow?
VANDÈ	Non, nou pa kapab. Al gade kostim yo. Gen anpil!	No, we won't be able to. Go and look at the suits. There are many of them.
JOSLIN	Konben wòb sa a?	How much is this dress?
VANDÈ	Trann senk dola, wi. Ou ap pran sa a?	Thirty-five dollars. Are you taking this one?
JOSLIN	M te vle yon konplè ak jip, kòsaj jilè ak vès, men m jwenn bèl wòb sa a.	I wanted an outfit with skirt, blouse, vest and jacket, but I found this nice dress.
VANDÈ	Gen yon bèl soulye ak tout bous li nan vitrin sa a, yo prale byen ak wòb ou chwazi a.	There is a nice pair of shoes with a matching purse in that window, they'll match the dress you chose.
MICHÈL	Enben! Fè nou wè yo, non!	Well! Show them to us.
JOSLIN	O! Yo te fèt pou wòb la! Ban ma mezire soulye a! Li bon pou mwen wi! Ki jan ou twouve l, Michèl?	Oh! They were made for the dress! Let me try on the shoes. They fit. How do you like them Michel?
MICHÈL	Nou gen rezon! Y ale byen. Msye, nou gen soulye pou gason tou?	You're right! They match. Sir, do you have men's shoes also?
VANDÈ	Nou gen kèk grenn, yo pa anpil. Gade agòch kostim yo.	We have a few, not many. Look to the left of the suits.

MICHÈL	M pa wè sa m renmen, ann al peye Joslin.	I don't see any I like, let's go and pay, Joslin.
JOSLIN	Ban m mande si yo pa gen bagay pou makiyaj anvan.	Let me ask if they have anything for make up first.
VANDÈ	Nou pa genyen non! Men, ale Gepari sou Granri a, ou a jwenn tout sa ou bezwen: pafen, woujalèv, kitèks, poud…	We don't have any. However, go to Gay Paris on Main Street, you'll find everything you need: perfumes, lipsticks, nail polish, powder…
JOSLIN	Nou pa gen ba ak gan, non plis?	You don't have stockings and gloves either?
VANDÈ	Wi, men yo bò kès la.	Yes, we do. There they are near the cash register.
MICHÈL	Kounye a ou fini? Ann al peye.	Are you finished now? Let's go and pay.
KESYE:	Wòb pou trann senk dola, soulye: ven, bous: dis, ba: de, gan: uit… Sa fè swasann kenz dola.	A dress for thirty-five dollars, a pair of shoes: twenty, a purse: ten, stockings: two, gloves: eight… That's a total of seventy-five dollars.
MICHÈL	E kostim nan? N ap peye ansanm.	What about the suit? We're paying together.
KESYE:	Eskize m! M pa t konnen. Sa fè san senkann senk dola. Nou jwenn tout sa nou te bezwen?	Sorry. I didn't know. That makes one hundred and fifty-five dollars. Did you find everything you need?
JOSLIN:	Non, men msye a di nou ki kote pou nou jwenn lòt bagay yo.	No, but the salesman told us where to find the other things.
KESYE:	Men monnen nou. Mèsi. Orevwa!	Here is your change. Thank you. Good-bye!
MICHÈL	Orevwa!	Good-bye!

Kesyon

1.	Ki kote Michèl ye? Ak ki moun?	Michèl nan magazen ak sè l Joslin.
2.	Poukisa yo al nan magazen an?	Y al nan magazen an pou y achte rad.
3.	Poukisa yo bezwen rad yo?	Yo bezwen rad yo pou y al nan yon maryaj.
4.	Ki lè yo pral met rad yo?	Yo pral met rad yo apre demen.
5.	Konben wòb Joslin nan vann?	Li vann trant senk dola.
6.	Ki sa Michèl te achte?	Michèl te achte yon kostim.
7.	Ki sa Joslin te achte?	Li te achte wòb, soulye, bous, ba ak gan.
8.	Joslin te jwenn tou sa li te vle?	Non.
9.	Ki kote li pral achte lòt bagay yo?	Li pral achte yo Gepari.
10.	Konben kòb yo depanse nan magazen sa a?	Yo depanse san senkann senk dola.

MO NOUVO I

Rad

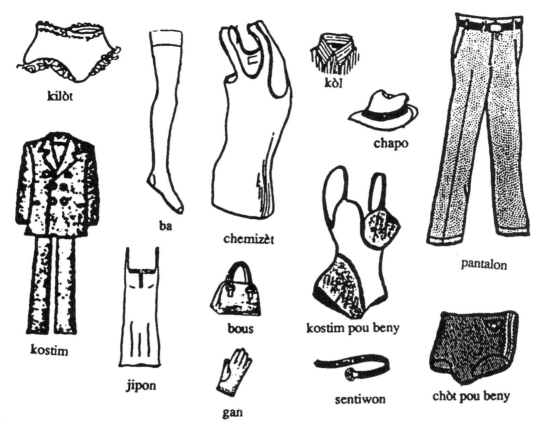

kilòt

ba

chemizèt

kòl

chapo

kostim

jipon

bous

kostim pou beny

pantalon

gan

sentiwon

chòt pou beny

N ap mete rad

Ki rad ou ap mete?	What are you going to put on?
Ki rad ou ap mezire (ki rad ou ap eseye)?	What are you trying on?
M ap eseye kostim nan.	I'm trying on the suit.
Kostim nan twò piti (kostim nan twò jis).	The suit is too small, too tight.
L ap eseye yon jipon.	She's trying on a slip.
Jipon an bon.	The slip fits.
M te eseye kostim pou beny sa a.	I tried on that bathing suit.
Li te twò gwo.	It was too large.
Ki jan nou fèmen rad nou?	How do you fasten/secure your clothes?
Nou boutonnen/deboutonnen chemiz.	We button/unbutton our shirt.
Nou zipe/dezipe pantalon.	We zip up/unzip our pants.
Nou boukle/deboukle sentiwon nou.	We buckle/unbuckle our belt.
Nou mare/demare lasèt soulye nou.	We tie/untie our shoe laces.
Nou tache/detache kòsaj nou.	We fasten our blouse.

Annou pratike

A.   Di non rad sa yo. Ki sa sa a ye?

MODÈL: **Sa a se yon pantalon.**

1.   2.   3.   4.   5.   6.

7.   8.   9.   10.   11.   12.

B.   Marye kolonn I ak kolonn II.

MODÈL: Ki sa ou mete anba jip? →
            Mwen mete kilòt.

	I		**II**
1.	Ki sa ou mete anba pantalon?	a.	Mwen mare lasèt li.
2.	Ki sa ou mete ak yon jip?	b.	Kilòt
3.	Ki sa ou mete sou chemiz?	c.	Mwen tache l.
4.	Ki sa ou mete anba chemiz?	d.	Mwen zipe l.
5.	Ki jan ou fèmen chemiz?	e.	Chemizèt
6.	Ki jan ou fèmen pantalon?	f.	Mwen deboukle l.
7.	Ki jan ou louvri sentiwon?	g.	Vès
8.	Ki jan ou fèmen soulye ou?	h.	Kòsaj
9.	Ki jan ou fèmen yon kòsaj?	i.	Mwen boutonnen

C.   Devine ki rad sa a.

MODÈL: Yon bagay gason mete ki kouvri do, lestomak ak bra. →
            Yon chemiz.

1.   Yon bagay yo met nan pye.
2.   Yon bagay yo met nan tay.
3.   Yon bagay yo met anba jip.
4.   Yon bagay yo met anba chemiz.

5. Yon bagay yo met sou tèt.
6. Yon bagay yo met nan men.
7. Yon bagay fi met nan pye ki kouvri janm ak kwis.
8. Yon bagay gason mete lè y ap abiye bwòdè.
9. Yon bagay fi mete ak kòsaj.
10. Yon bagay yo met nan pye ki rive nan janm.

D. Lòd

1. Wete soulye ou, epi mete l sou chapo a.
2. Mete soulye a anba chapo a.
3. Wete chosèt ou epi mete l nan soulye a.
4. Si ou gen yon mayo anba chemiz ou, deboutonnen chemiz ou.
5. Boutonnen chemiz ou, epi mete l nan pantalon ou.
6. Mezire soulye moun ki chita kote ou a. Èske li bon pou ou?
7. Deboukle sentiwon ou, boukle sentiwon ou.
8. Siye chemiz ou oswa jip ou.

GRAMÈ I

Complex sentences

1. You have learned to use two types of complex sentences in Creole. First, you can use sentences containing the relative pronoun **ki,** where **ki** serves as subject of a relative clause that modifies a phrase of the main clause:

Li achte **yon kostim ki** twò jis.	He bought a suit that is to tight.
Ou konnen **moun nan ki** rete nan gwo kay jòn sa a?	Do you know this person who lives in that big yellow house?

Second, you have used complex sentences with pou indicating obligation:

Se pou **ou lave rad sa yo**.	You have to wash these clothes.
Ki kote m kapab jwenn yon restoran pou **m manje**?	Where can I find a restaurant where I can eat?

2. A third--and frequently used--way to build complex sentences is to have a clause serve as direct object of the main clause. In such cases, the main clause often contains a verb of assertion (to say, to claim, to observe, to see, etc.) or a verb of perception and knowing (to see, to believe, to think, etc.). Whereas in English, one may join the two clauses with that or simply place one after the other, in Creole no linking word is used:

Li soti.	M kwè **li soti**.	I think s/he left.
Sa yo bezwen.	M konn **sa yo bezwen**.	I know what they need.

Creole verbs of assertion are **di** "to say", **vle** "to want"; verbs of perception and knowing are **wè** "to see", **kwè** "to believe", **konnen** "to know" (often occurring in the short form **konn**).

Annou pratike

A. Di ki travay ou <u>kwè</u> moun sa yo fè.

MODÈL: Mari ap travay nan faktori? →
Wi, m kwè l ap travay nan faktori.

1. Li travay lopital?
2. Pyè se machann?
3. Asefi se madan sara?
4. Mimoz ap travay kay Brant?
5. Jan se famasyen?

6. Jozèf se bouche?
7. Mariz ap vann liv?
8. Nikòl ap travay nan yon biwo?
9. Pòl ap travay nan restoran?

B. **Ki sa y ap fè?** Ki sa moun sa yo ap fè kounye a. Gade desen an epi sèvi ak youn nan vèb sa yo.

konn   kwè   wè

MODÈL: Jak →

M wè l ap plante diri.

oswa   **M kwè l ap plante diri.**

1. Lamèsi _____

2. Asefi

3. Chal _____

4. Ivòn

5. Tidjo _____

6. De medanm sa yo

7. Timoun nan _____

8. Wòzlò

9.   Pòl

10.   Moun sa yo _____

11.   Vye tonton an

C.   **Ki sa ou kapab fèk sa?**

MODÈL: yon bwòsadan →
            M kwè se pou bwose dan nou.
oswa: **M konn se pou bwose dan nou.**

1. savon	7. yon batwèl
2. yon wou	8. yon chifon
3. yon sèvyèt	9. yon kivèt
4. yon bokit	10. kòd
5. yon peny	11. yon mayo
6. yon awozwa	12. bouton

MO NOUVO II

Mwa nan ane a

janvye	January	jiyè	July
fevriye	February	dawou	August
mas	March	sektanm	September
avril	April	oktòb	October
me	May	novanm	November
jen	June	desanm	December

Ki dat jodi a ye?	What's the date today?
-Se venn senk desanm.	It's December 25.
-Se fèt Nwèl.	It's Christmas.
Ki dat ou fèt?	What's your birth date?
-Kenz mas mil nèf san senkant.	March 15, 1950.

In Haiti there are many holidays (religious and national). Here are some of the most important:

Premye janvye: Endepandans	January 1st: Independence day
2 janvye: Jou dèzaye	January 2: Forefathers' day
Madigra: 3 jou anvan mèkredi dèsann	Mardi gras: 3 days before Ash Wednesday
7 avril: Tousen Louvèti	April 7: Toussaint Louverture day

Pak
18 me: fèt drapo ayisyen
dènye dimanch me: fèt dè mè
17 oktòb: Desalin
premye novanm: Latousen
2 novanm: Lèmò
18 novanm: batay Vètyè

25 desanm: Nwèl

Easter
May 18: Flag day
Last Sunday in May: Mother's day
October 17: Dessalines day
November 1: All Saints' day
November 2: All Souls' day
November 18: Vertières (an important
          battle in the war for Independence)
December 25: Christmas

Annou pratike

A.   **Reponn kesyon yo.**

1.   Ki mwa ki vini anvan oktòb?   Ki mwa ki vini apre mas?
2.   Ki mwa ki vini anvan jen?   Ki mwa ki vini apre me?
3.   Ki mwa ki vini anvan fevriye?   Ki mwa ki vini apre sektanm?
4.   Ki mwa ki vini anvan dawou?   Ki mwa ki vini apre janvye?
5.   Ki mwa ki vini anvan desanm?   Ki mwa ki vini apre jiyè?

B.   **Ki fèt ki gen:**

1.   premye janvye?   5.   disèt oktòb?
2.   dizuit novanm?   6.   venn senk desanm?
3.   dizuit me?   7.   sèt avril?
4.   de novanm?   8.   dizuit me?

GRAMÈ II

Complex sentences: relative clauses with direct object

1.   Another type of complex sentence involves using a relative clause to modify **sa** functioning as direct object:

M konn **sa**. Li vle **sa**.
M konn sa **li vle**.   I know what s/he wants.
Li gen sa. Ou mande **sa**.
Li gen sa **ou mande**.   S/he has what you asked for.

2.   A relative clause may also be used to modify a specified noun:

Yo montre **kay la**.
Yo te achte **kay la**.
Yo montre **kay** yo te achte **a**.   They showed the house they had bought.

A specified noun is followed by a definite determiner. When a specified noun is modified by a relative clause, the definite determiner is usually placed at the end of the clause rather than after the noun:

Kote **pitimi** ou te keyi **a**?   Where is the millet you had bought?

3.   The form of the definite determiner depends on the last sound of the word that precedes it, not on the last sound of the noun it specifies. Compare:

Kote **machin nan**?   Kote machin ou te **achte a**?
Li mete **chemizèt la**.   Li mete chemizèt yo te **lave a**.

4.   In the frenchified style of Creole, the linking word **ke** is used to connect a relative clause to the direct object it modifies:

Se yon bagay **ke** yo di m.   It's a thing they told me.

We will not use such forms; instead, we will use the more general forms without the linking word:

Se on bagay yo di m.

Annou pratike

A.   **Kreyòl natif natal!** Wete **ke.**
     MODÈL: Se wòb ke m te wè nan vitrin nan. →
                 Se wòb m te wè nan vitrin nan.

1.   Se fenèt ke yo te louvri a.
2.   Se tonton ke nou konnen an.
3.   Li pran kostim ke mwen te achte a.
4.   Yo vann pitimi ke nou te plante a.
5.   Se pa doktè ke nou te wè nan lopital la.
6.   Se pa chemiz ke li te lave a.
7.   Li vle sentiwon ke ou te mete a.

B.   **Fè fraz.**
     MODÈL: Se machin nan; m te lave machin nan. →
                 Se machin m te lave a.

1.   Se jipon an; li te lave jipon an.
2.   Se pòt la; li te fèmen pòt la.
3.   Se fenèt la; yo te louvri fenèt la.
4.   Se soulye yo; li te mete soulye yo.
5.   Se flè yo; li te taye flè yo.
6.   Se kabrit la; m te achte kabrit la.
7.   Se chwal la; yo te vann chwal la.
8.   Se moun nan; ou te kontre moun nan.

C.   **Marye mo ak fraz.** Men kèk mo ak yon bann fraz. Se pou chwazi mo ki kapab marye ak fraz la.
     MODÈL: woujalèv →
                 Kote woujalèv li chwazi a?

baryè	bous	chemiz	flè	jaden
pitimi	vyann	woujalèv	zèb	

1.   Li chwazi l.
2.   Yo taye yo.
3.   Yo lave yo.
4.   Yo keyi l.
5.   Y ap manje l.
6.   Yo rache l.
7.   Y ap wouze l.
8.   Ou pentire l.
9.   Li achte l.

GRAMÈ III

The modal auxiliary verbs <u>kapab</u> and <u>vle</u>

In addition to particles, such as the progressive **ap** and the anterior **te**, Creole also uses a variety of modal auxiliary verbs to convey various semantic notions associated with verbs. Modal auxiliaries occur immediately before the main verb and may be preceded by verb particles. Two such modal auxiliaries are **kapab** "to be able to" and **vle** "to want, to wish."

Kapab usually occurs in the shortened forms **kab** or **ka**.

Ou **kab** dim ki lè li ye?	Can you tell me what time it is?
Yo **te kab** achte tout rad sa yo?	Were they able to buy all these clothes?
Li pa **vle** mennen bèt yo bwè larivyè.	S/he doesn't want to take the animals to drink at the river.
M pa **te vle** leve bonè.	I didn't want to get up early.

Vle also occurs as a main verb:

Ki sa ou **vle**?	What you want?
Vle pa **vle,** se pou ou fè 1.	Whether or not you want to, you have to do it.

Annou pratike

A.   **Ki sa nou kab fè ak bagay sa yo?**

     MODÈL: ak savon →
                  Nou kab lave kò nou oswa rad nou.

1.	ak jilèt	6.	ak yon peny
2.	ak bokit	7.	ak yon sèvyèt
3.	ak kòd	8.	ak yon manchèt
4.	ak bouton	9.	ak yon penso
5.	ak yon règ	10.	ak yon kreyon oswa yon plim

B.   **Èske ou kab fè bagay sa yo epi èske ou vle fè yo?**

     MODÈL: pote dlo sou tèt ou →
                  M pa kab pote dlo sou tèt mwen.

                  moulen kafe →
                  M kab moulen kafe men m pa vle fè sa.

                  lave machin ou →
                  M kab lave machin mwen epi m vle fè sa.

1.	benyen	5.	jwe bòlèt
2.	kwit manje	6.	rete nan dlo lontan
3.	pote dlo	7.	leve bonè
4.	plante pitimi	8.	bay madichon

ANNOU APRANN EKRI

Nasal vowels plus nasal consonants

Nasal vowels also occur before nasal consonants, such as **n** and **m**. Compare:

yon pon	a bridge	**reponn**	to answer
yon chen	a dog	**yon chenn**	a chain
van	wind	**vann**	to sell

Combinations of nasal vowels + **n** or **m** also contrast with combinations of non-nasal vowel + **n** or **m**:

yon kòn	a horn	**konn**	to know
yon pàn	a breakdown	**pann**	to hang
vè n	our, your glass	**yon venn**	a vein

The sequence **a** + **n** is written **àn** so as to differentiate it from **an**.

Annou pratike

A.   **Annou li**

enn	**ann**	**onn**
chenn	vann	ponn
grenn	tann	konn
jwenn	desann	reponn

B.   **Devine mo sa yo.**

1. Se nan yon bouchri ou achte l.   — — — — —
2. Ou kab mare yon bagay ak yon kòd oswa yon ____.   — — — — —
3. Lè yo mande ou yon kesyon, se pou ou _____.   — — — — — —
4. Lè ou ale nan mache ou kab achte oswa ou kab _____.   __ a __ __
5. Se kote nou dòmi.   yon __ __ __ __ __ __
6. Se bèt ki pa renmen chat menm.   yon __ __ __ __ __
7. Se nan men pou ou mete bagay sa a.   — — — —
8. Lè yon bagay pa kout, li _____.   — — — —
9. Se sa nou bezwen pou pale.   yon __ __ __ __ __
10. Lè yon machin pa kab mache, nou di li pran _____.   — — — —
11. Se nan yon boulanje ou kab achte l.   — — — —
12. Se sa nou jwenn lè nou mete dis sou douz.   — — — — — —

C.   **Dikte.**

1.   Lè panyòl rive _____.
2.   _____ lè l ap desann.
3.   Konben ou _____.
4.   _____ ak yon chenn.

ANNOU TCHEKE

A.   **Reponn kesyon sa yo**

1.   Ki dat ou fèt?
2.   Ki mwa nan ane a ou renmen anpil? Poukisa?

3.   Ki mwa nan ane a ou pa renmen? Poukisa?
4.   Nan ki mwa li fè cho anpil?
5.   Nan ki mwa li fè frèt anpil?
6.   Ki dat yo fete endepandans peyi ou? Ki jan yo fete?
7.   Ki dat fèt drapo nan peyi ou?
8.   Ki fèt nan ane a ou renmen anpil?
9.   Pou ki fèt ou achte anpil bagay, ou bay moun kado?
10. Ki jan ou vle fete pwochen fèt ki ap vini an?
11. Nan ki mwa ou renmen vwayaje? Poukisa?
12. Nan ki mwa ou renmen fè jaden? Poukisa?
13. Ki lè ou renmen al achte rad? Èske ou achte rad souvan?
14. Ki sa ou pito (pi renmen) achte rad toufèt oswa bay fè rad ou? Poukisa?

B.   **Mary I ak II epi fè fraz.**
MODÈL: **M kwè sentiwon sa a prale byen ak pantalon an.**

I	II
sentiwon	soulye
bous	pantalon
kravat	jip
chosèt	wòb
kòsaj	chemiz
jipon	kostim
kòl	soulye
	gan

C.   **Fè fraz.**
MODÈL: Se machin/li lave l →
              Se machin li lave a.

1.   Se bèf/yo te mare a
2.   Se chèz/Bòs Albè ap repare l
3.   Se lèt/nou te ekri l
4.   Se liv/m ap li yo
5.   Se kay/yo pentire l
6.   Se kostim pou beny/m bezwen l
7.   Se chwal/li mennen l lavil
8.   Se rad/ou ap achte yo

D.   **Ki jan nou kab di sa an kreyòl?**
1.   She says she wants to buy a green dress.
2.   She doesn't think she'll find that dress in the store.
3.   She can try on the red hat but she can't try on the slip.
4.   The shoes are too tight but the stockings fit.
5.   They are going to a party at Lamèsi's.
6.   Everybody will dress up.
7.   January is her favorite month.
8.   I was born in July. It's very hot during that month.
9.   I know Mary can't sell that purse.
10. The children have to take a shower before they go to school.
11. I see that you don't like to work hard.
12. I want Aselòm to wash the car well.

KOUTE BYEN

This comprehension exercise is in the form of Haiti's oldest and most popular Creole song: **Choukoun**, *"Yellow bird" in the English translation. It was composed in the late 19th century by the Haitian poet Oswald Durand.* **Choukoun** *(Choucoune) was originally written in a spelling patterned on that of French (see the original text). The spelling, although it follows the French representation of Creole words that correspond to French equivalents, does attempt to indicate the pronunciation.*

First study the written representation of the song, and then follow the music with the text.

Choukoun

Dèyè yon gwo **touf pengwen**,	*pinguin bush*
Lòt jou, mwen **kontre** Choukoun	*to meet*
Li **souri** lè li wè mwen,	*to smile*
Mwen di: "**Syèl!** ala bèl moun!"	*Heavens!*
Li di: "Ou twouve sa, **chè**?"	*=***monchè**
Ti **zwazo** nan bwa ki **t ape koute** m,	*bird; were listening*
Kon mwen **sonje** sa mwen genyen **lapenn**	***kon***=*lè; to remember; sorrow*
Ka depi jou sa a, de pye mwen nan **chenn**!	*for; since; chain*

Choukoun se yon marabou:	*to shine like a candle*
je li **klere kou chandèl**	*firm breasts*
Li genyen **tete doubout**...	*faithful*
-Ah! Si Choukoun te **fidèl**!	*to speak*
-Nou rete **koze** lontan...	*even; to appear happy*
Jis zwazo nan bwa te **parèt kontan**	*to forget*
Pito **bliye** sa, se twò gran lapenn,	
Ka depi jou sa a, de pye mwen nan chenn!	

Ti dan Choukoun blan kou **lèt**,	*milk*
Bouch li koulè **kayimit**;	*star apple*
Li pa gwo fanm, li **gwosèt**:	*shapely*
Fanm konsa **plè** mwen **touswit**...	*to please; immediately*
Tan pase pa tan jodi!...	*Times have changed!*
Zwazo te **tande** tout sa li te di...	*to hear*
Si yo sonje sa, yo **dwe** nan lapenn	*to must, to have to*
Ka depi jou sa a, de pye mwen nan chenn!	

N ale lakay manman li;	*proper*
-yon granmoun ki byen **onèt**!	*as soon as*
Sito li wè mwen, li di:	*I'm really happy about this one*
"Ah! **mwen kontan sila a nèt**!"	*nut flavored chocolate*
Nou bwè **chokola o nwa**	*wood*
Èske tout sa fini, ti zwazo nan **bwa**?	
Pito bliye sa, se two gran lapenn,	
Ka depi jou sa a, de pye mwen nan chenn!...	

Yon ti blan **vini rive**:	*to come along*
ti **bab** wouj, bèl figi **wòz**	*beard; pink*
Mont sou kote, bèl **chive**...	*watch; =* **cheve**
Malè mwen, li ki **lakòz**!...	*misfortune; cause*
Li twouve Choukoun joli:	
Li pale franse, Choukoun renmen li...	

Pito bliye sa, se twò gran lapenn,
Choukoun kite mwen, de pye mwen nan chenn!...

Oswald Durand

Choucoune (*original*)

Dèriè yon gros touff' pingoin,
L'aut jou, moin contré, Choucoune;
Li sourit l'heur' li ouè moin,
Moin dit: "Ciel! à la bell' moune!"
Li dit: "Ou trouvez ça, cher?"
P'tits oéseaux ta pé couté nou lan l'air...
Quand moin songé ça moin gagnin la peine,
Car dimpi jou là, dé pieds moin lan chaîne!

Choucoune cé yon marabout:
z'yeux li clairé com' chandelle
Li gangnin tété doubout,...
-Ah! si Choucoun' té fidèle!
-Nou rété causer longtemps...
Jusqu'z'oéseaux lan bois té paraîtr' contents!...
Pito blié ça, cé trop gran la peine,
Car dimpi jou là, dé pieds moin lan chaîne!

P'tits dents Choucoun' blanch com' lait,
bouch li couleur caïmite;
Li pas gro femm', li grossett':
Femm' com'ça plai moin tout d'suite...
Temps passé pas temps jodi!...
Z'oéseaux té tendé tou ça li té dit...
si yo songé ça, yo doué lan la peine,
Car dimpi jou là, dé pieds moin lan chaîne!

N'allé la caze maman li;
-Yon grand moun' qui bien honnête!
Sitôt li ouè moin, li dit:
"Ah! moin content cilà nette!"
Nous bouè chocolat aux noix...
Est'c' tout ça fini, p'tits z'oéseaux lan bois?
Pitôt blié ça, cé trop grand la peine,
Car dimpi jou là, dé pieds moin lan chaîne

Yon p'tit blanc vini rivé:
P' tit' barb' roug', bell' figur' rose
Montr' sous côté, bell' chivé...
Malheur moin, li qui la cause!...
Li trouvé Choucoun' joli;
Li palé francé, Choucoun' aimé li...
Pitôt blié ça cé trop grand la peine,
Choucoun' quitté moin, dé pieds-moin lan chaîne!...

Oswald Durand

Kesyon

1. Ki kote moun nan te rankontre Choukoun?
2. Ki kote touf pengwen an ye, lavil oswa nan bwa?
3. Ki kalite zannimo ki genyen nan bwa?
4. Poukisa moun nan genyen lapenn e li vle bliye Choukoun?
5. Ki jan manman Choukoun twouve moun nan?
6. Ki koulè li, ki kalite cheve li genyen?
7. Choukoun gwo?
8. Ou kwè Choukoun te bèl?
9. Poukisa Choukoun kite moun nan?
10. Ki kalite cheve blan an genyen: cheve kwòt, cheve swa, cheve kout, cheve long?
11. Ki koulè bab li?
12. Ki lang li konn pale?
13. Moun ki gen lapenn nan, èske li kab pale franse tou?

ANNOU LI

Peyi Ayiti

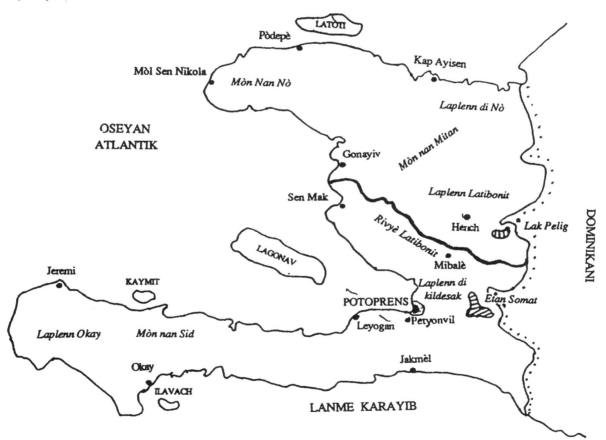

Gade kat Ispayola a. Nou kab wè peyi Ayiti pi piti pase Dominikani. Li mezire 27.750 kilomèt **kare**. Dominikani, li menm, mezire 48.442 kilomèt kare.

square

Alantou Ayiti gen **plizyè** ti zile ki se tè Ayiti tou: sa ki pi gwo yo, se Lagonav (**anfas** Pòtoprens, nan lwès la), Latòti nan nò a, Ilavach nan sid la.

next to; several across from

Si nou gade ki jan peyi a fèt, n ap wè Ayiti gen anpil mòn. Gen twa gran **ran** mòn ki **travèse** peyi a: mòn nan nò yo, mòn nan mitan yo, epi mòn nan sid yo.

line; to cross

Gen mòn tout kote nan Ayiti men anba chak gwoup mòn gen **plenn**: laplenn nan nò (gade sou kat la pou nou wè kote li ye), laplenn Latibonit nan mitan peyi a ak laplenn Kildesak ki dèyè Pòtoprens. Nan sid la gen laplenn Okay. Nan mòn tankou laplenn, gen anpil rivyè ki wouze peyi a. Pi gwo rivyè a rele Latibonit.

plain

Nan Ayiti li pa **janm** fè frèt anpil. Si ou monte sou tèt mòn yo ou a jwenn fredi. Men pi gwo **chanjman** ki fèt nan ane a, se lè **sezon** sèk oubyen sezon lapli ap koumanse. **Sòt** nan avril **rive** nan oktòb, lapli tonbe. Sòt nan mwa novanm rive nan mas **ankò**, pa gen anpil lapli ki tonbe.

never change; season from...to again

Nan ane 1975 la, yo **kalkile** gen senk milyon senk san mil moun nan Ayiti. Se la ki gen plis moun nan Zanti yo.

to count

Gouvènman peyi a, se nan kapital la li ye. Pòtoprens kapital la, se pi gran vil ki gen nan Ayiti. Gen lòt vil nan peyi a ki **enpòtan** tou. Plizyè **ladan yo** sou **bòdmè**: Senmak, Gonayiv, Okap nan nò a, Jeremi, Okay ak Jakmèl nan sid la. Gen vil tou ki **anndan** peyi a (yo pa bò lanmè); tankou Hench ki bò **fwontyè** Dominikani a. Nan vil sa yo, kapab gen **izin** tou, men se Pòtoprens ki gen plis.

important among these; seaboard; interior border factory

Kesyon

1. Ki mezi Ayiti ak Dominikani? Kilès ki pi gwo?
2. Pran bato sòt Pòtoprens: Ki sa ou a jwenn nan lanmè a, anfas Pòtoprens?
3. Ki jan figi Ayiti ye? Bay non mòn ak plenn ki pi enpòtan yo.
4. Sa ki wouze peyi a? Ki jan yo rele pi gwo a?
5. Pale sou sezon yo.
6. Gen anpil moun nan Ayiti?
7. Ki vil ki kapital Ayiti?
8. Ki lòt vil ou konnen nan Ayiti? Ki kote yo ye?

KLE
Mo nouvo I

A. **1.** Sa a se yon jipon. **2.** Sa a se yon kostim. **3.** Sa a se yon chapo. **4.** Sa a se yon kanson. **5.** Sa a se yon ba. **6.** Sa a se yon kòsaj. **7.** Sa a se yon chemizèt. **8.** Sa a se yon mayo. **9.** Sa a se yon chòt pou beny. **10.** Sa a se yon kilòt. **11.** Sa a se yon kòl. **12.** Sa a se yon kostim pou beny.

B. **1-b. 2-h** Mwen mete yon kòsaj. **3-g** Mwen mete yon vès. **4-e** Mwen met yon chemizèt. **5-i** Mwen boutonnen l. **6-d** Mwen zipe l. **7-f** Mwen deboukle l. **8-a** Mwen mare lasèt li. **9-c** Mwen tache l.

C. **1.** yon soulye **2.** yon sentiwon **3.** yon jipon **4.** yon chemizèt **5.** yon chapo **6.** yon gan **7.** yon ba **8.** yon kostim, yon kòl **9.** yon jip **10.** yon chosèt

Gramè I

A.   1. Wi, m kwè li travay lopital. **2.** Wi, m kwè li se machann. **3.** Wi, m kwè li se madan sara. **4.** Wi, m kwè l ap travay kay Brant. **5.** Wi, m kwè li se famasyen. **6.** Wi, m kwè li se bouche. **7.** Wi, m kwè l ap vann liv. **8.** Wi, m kwè l ap travay nan yon biwo. **9.** Wi, m kwè l ap travay nan restoran.

B.   1. … keyi kafe. **2.** ... ap kwit manje. **3.** ... l ap mennen chwal la. **4.** ... l ap pran leson. **5.** .... l ap manje. **6.** ... y ap pote dlo. **7.** ... l ap lave machin nan. **8.** ... l ap keyi kafe. **9.** … l ap pentire baryè a. **10.** … y ap rache zèb. **11.** ... l ap wouze.

C.   1. M konn se pou lave kò nou. **2.** M kwè se pou sakle. **3.** M konn se pou siye kò. **4.** M kwè se pou pote dlo. **5.** M konn se pou penyen cheve nou. **6.** M kwè se pou wouze. **7.** M kwè se pou bat rad sal. **8.** M kwè se pou siye tablo lè gen bagay ekri sou li. **9.** M kwè se pou pote rad sal oswa pou lave rad. **10.** M konn se pou mennen bèt. **11.** M konn se pou met anba chemiz. **12.** M kwè se pou fèmen yon chemiz oswa yon wòb oswa yon kòsaj.

Mo nouvo II

A.   1. sektanm **2.** me **3.** janvye **4.** jiyè **5.** novanm **6.** avril **7.** jen **8.** oktòb **9.** fevriye **10.** out (dawou)

B.   1. Endepandans **2.** Vètyè **3.** Drapo ayisyen **4.** Lèmò **5.** Desalin **6.** Nwèl **7.** Tousen Louvèti **8.** Fèt drapo ayisyen

Gramè II

A.   1. Se fenèt yo te louvri a. **2.** Se tonton nou konnen an. **3.** Li pran kostim m te achte a. **4.** Yo vann pitimi nou te plante a. **5.** Se pa doktè nou te wè nan lopital la. **6.** Se pa chemiz li te lave a. **7.** Li vle sentiwon ou te mete a.

B.   1. Se jipon li te lave a. **2.** Se pòt li te fèmen an. **3.** Se fenèt yo te louvri a. **4.** Se soulye li te mete yo. **5.** Se flè li te taye yo. **6.** Se kabrit m te achte a. **7.** Se chwal yo te vann nan. **8.** Se moun ou te kontre a.

C.   1. Kote woujalèv li chwazi a? **2.** Kote flè yo taye yo? **3.** Kote chemiz yo lave yo? **4.** Kote pitimi yo keyi a? **5.** Kote vyann y ap manje a? **6.** Kote zèb yo rache a? **7.** Kote jaden y ap wouze a? **8.** Kote baryè ou pentire a? **9.** Kote bous li achte a?

Gramè III

A.   1. Nou kab raze n. **2.** Nou kab pote dlo. **3.** Nou kab mennen oswa mare bèt. **4.** Nou kab fèmen yon kòsaj oswa yon chemiz. **5.** Nou kab mezire. **6.** Nou kab penyen tèt nou. **7.** Nou kab siye kò nou oswa figi n oswa men nou. **8.** Nou kab rache zèb oswa taye flè. **9.** Nou kab pentire. **10.** Nou kab ekri.

Annou aprann ekri

B.   1. vyann **2.** chenn **3.** reponn **4.** vann **5.** kabann **6.** chen **7.** gan **8.** long **9.** lang **10.** pàn **11.** pen **12.** vennde

C.   1. Lè Panyòl rive, yo jwenn anpil mòn. **2.** Ann reponn grann lè l ap desann. **3.** Konben ou vann vyann nan? **4.** Chen an byen mare ak yon chenn.

Annou tcheke

B.   **1.** M kwè sentiwon sa a prale byen ak pantalon an. **2.** M kwè bous sa a prale byen ak gan yo. **3.** Kravat sa a prale byen ak kostim nan. **4.** Chosèt sa a prale byen ak soulye yo. **5.** Kòsaj sa a prale byen ak jip la. **6.** Jipon sa a prale byen ak wòb la. **7.** M kwè kòl la prale byen ak chemiz la.

C.   **1.** Se bèf yo te mare a. **2.** Se chèz bòs Albè ap repare a. **3.** Se lèt nou te ekri a. **4.** Se liv m ap li yo. **5.** Se kay yo pentire a. **6.** Se kostim pou beny m bezwen an. **7.** Se chwal li mennen lavil la. **8.** Se rad ou ap achte yo.

D.   **1.** Li di li vle achte yon wòb vèt. **2.** Li pa kwè l ap jwenn wòb sa a nan magazen an. **3.** Li mèt eseye chapo wouj la, men li pa kapab mezire jipon an. **4.** Soulye a twò piti, men ba yo bon **5.** Yo prale nan fèt kay Lamèsi. **6.** Tout moun ap abiye bwòdè. **7.** Janvye se mwa li pi renmen. **8.** M fèt nan jiyè. Li fè cho anpil pandan mwa sa a. **9.** M konnen Mari pa kab vann bous sa a. **10.** Se pou timoun yo benyen anvan y ale lekòl. **11.** Mwen wè ou pa renmen travay di. **12.** M vle Aselòm lave machin nan byen pwòp.

Koute byen - kesyon

1. Dèyè yon gwo touf pengwen. **2.** Li nan bwa. **3.** Gen zwazo. **4.** Paske li renmen Choukoun men Choukoun pa fidèl, li kite l. **5.** Li twouve l byen, li renmen li pou Choukoun. **6.** Choukoun se yon moun nwa ak cheve swa. **7.** Non, li pa gwo. **8.** Wi, li te bèl anpil. **9.** Paske yon blan te vini rive epi Choukoun renmen l. **10.** Li gen cheve ki long e ki swa tou. **11.** Li gen bab wouj. **12.** Li konn pale franse. **13.** Non, li pa kapab, se sèlman kreyòl li pale.

Annou li - kesyon

1. Ayiti mezire 27.750 kilomèt kare. Dominikani mezire 48.442 kilomèt kare. Se Dominikani ki pi gwo. **2.** Anfas Pòtoprens, ou ap jwenn yon zile ki rele Lagonav. **3.** Genyen laplenn nan nò, laplenn Latibonit, laplenn Kildesak ak laplenn Okay. **4.** Genyen anpil rivyè ki wouze peyi a. Pi gwo rivyè a rele Latibonit. **5.** Genyen de gwo sezon: sezon lapli (sòt nan avril rive nan oktòb) ak sezon sèk (sòt nan novanm rive nan mas). **6.** Nan tout Zantiy yo, se Ayiti ki gen plis moun: senk milyon senk san mil moun. **7.** Kapital Ayiti rele Pòtoprens. **8.** Genyen Okap nan nò, Gonayiv nan Latibonit, Ench nan sant, Okay nan sid.

LESON DISÈT

DYALÒG

Nan restoran an

Manno mennen mennaj li nan restoran.		Manno takes his girl friend to a restaurant.
GASON:	Bonjou mesyedam. M gen yon bon plas byen trankil pou nou nan kwen sa a. Ki sa n ap pran jodi a?	Good morning, M'am, Sir. I have a nice quiet place for you in that corner. What do you want today?
MANNO:	Ban nou wè meni an, non!	Let us see the menu!
GASON:	Men li! Pla dijou a se konsonmen.	Here it is! Our special today is stew.
JOSLIN:	Ki sa ki nan konsonmen an?	What's in the stew?
GASON:	Li gen sirik, vyann, doumbrèy ak kèk ti mòso bannann.	There are small crabs, meat, dumplings, and a few pieces of plantain.
JOSLIN:	E diri ak pwa sa a, ak ki pwa li fèt?	How about this rice with beans? With what type of beans is it cooked?
GASON:	O, sa a! Se koupe dwèt! Se diri ak pwa wouj, men jodi a nou met tritri ladan l, epi yo sèvi l ak griyo ak bannann peze.	Oh, this one! It's delicious. This is rice with red kidney beans, but today we added small dry crayfish, and it is served with fried pork and fried plantain.
MANNO:	Gen lè li bon, papa!	It sounds good!
GASON:	Ou ap mande! M di ou: Se koupe dwèt. Bon, n ap pase kòmann nou? Ki sa nou vle?	No wonder! I told you it's so delicious you'll bite your fingers. Now, are you ready to order? What would you like?
MANNO:	Ki sa ou ap pran, cheri? Ou vle poul?	What do you want, dear? You want chicken?
JOSLIN:	Non, m pito pran pla dijou a ak yon ti salad. E ou menm?	No, I'd rather have the special of the day and a small salad. How about you?
MANNO:	M kwè m ap pran diri ak pwa a. Li pi bon pase konsonmen an.	I think I'll take the rice with beans. It tastes better than the stew.
GASON:	O.K. Yon pla dijou, yon ti salad ak yon diri ak pwa. Bon, ki sa n ap bwè?	O.K. A special, a small salad and a rice with beans. Good, what would you like to drink?
JOSLIN:	Ki sa nou genyen?	What do you have?
GASON:	Nou gen kola, tim, sevennòp, koka. . .	We have cola, Teem, Seven Up, Coke...

MANNO:	Nou pa gen okenn ji?	You don't have any juice?
GASON:	Men wi! Nou gen ji mango, papay, chadèk, kachiman ak kowosòl.	Of course! We have mango, papaya, grapefruit, custard apple and soursop.
JOSLIN:	M anvi yon ji kowosòl, men l ap fè m dòmi tout apremidi a.	I'd like a soursop juice, but it will make me sleep all afternoon.
GASON:	Enben, pran yon kachiman, li tankou kowosòl la, men li p ap fè ou anyen.	Then, take a custard apple juice, it's like the soursop juice but it won't do you any harm.
MANNO:	Li menm pi gou pase kowosòl la. M ap pran yon kachiman byen glase. E ou menm Joslin?	It even tastes better than the soursop. I'll take a custard apple quite chilled. What about you Joslin?
JOSLIN:	M poko janm goute ji papay, kite m pran youn.	I've never tasted papaya juice, let me take one.
GASON:	Yon ji kachiman ak yon ji papay?	A custard apple juice and a papaya juice?
MANNO:	Se sa.	That's right.

GASON:	N ap pran desè? Nou gen pen patat, pen mayi, poudin kasav ak krèm.	Do you want some dessert? We have sweet potato bread, cornmeal bread, cassava pudding and ice cream.
JOSLIN:	M vle pen patat la.	I'd like the sweet potato bread.
MANNO:	Mwen menm, m vle yon poudin kasav.	For myself, I'd like a cassava pudding.

Kesyon

1.	Ki kote Joslin ak menaj li ye?	Yo nan restoran.
2.	Ki sa ki genyen nan pla dijou a?	Gen sirik, vyann, doumbrèy ak kèk ti moso bannann.
3.	Ki sa Manno ap pran? Poukisa?	Manno ap pran diri ak pwa. Paske gen lè li bon anpil.
4.	Poukisa Joslin pa pran ji kowosòl la?	Paske l ap fè l dòmi tout apremidi a.
5.	Poukisa Joslin pa pran poul?	Paske li pito pran yon konsonmen ak yon ti salad.
6.	Ki lòt ji ki sanble ak ji kowosòl?	Se ji kachiman ki sanble ak ji kowosòl.
7.	Joslin renmen ji papay?	Li poko janm goute l.
8.	Ki desè Joslin ak Manno chwazi?	Joslin chwazi yon pen patat; Manno li menm chwazi yon poudin kasav.

MO NOUVO I

Kalite manje

1.   Vyann

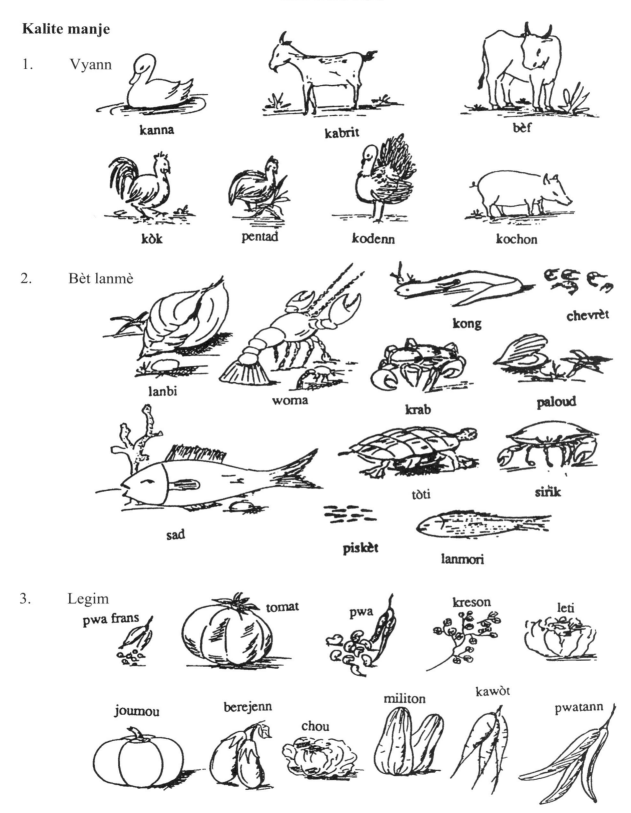

kanna

kabrit

bèf

kòk

pentad

kodenn

kochon

2.   Bèt lanmè

kong

chevrèt

lanbi

woma

krab

paloud

sad

tòti

sirik

piskèt

lanmori

3.   Legim

pwa frans

tomat

pwa

kreson

leti

joumou

berejenn

chou

militon

kawòt

pwatann

4.   Manje toufe

5.   Viv

6.   Fwi

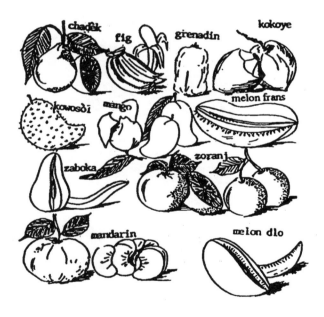

7.   Desè

8.   Lòt manje

9.   Bweson

10.   zepis
echalòt kannèl lay luil
miskad pèsi piman pwav
sèl siv vinèg zonyon

spices
scallion cinnamon garlic oil
nutmeg parsley peppers pepper
salt chives vinegar onion

Annou pratike

A.   **Annou pale sou ki sa Manno ak menaj li manje osnon bwè.**

MODÈL: Ki sa Manno ap pran? →
          L ap pran diri ak pwa.
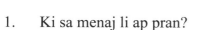

1.   Ki sa menaj li ap pran?

2.   Ki sa Manno ap manje?
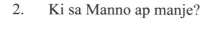

3.   Ki sa menaj li ap manje?

4.   Ki sa Manno ap bwè?

5.   Ki sa Joslin pito?

6.   Ki kalite legim Manno ap pran?

7.   E Joslin, ki kalite legim li pito?

8.   Ki kalite ji Joslin renmen anpil?

B.   Men kèk kalite manje. Se pou ou reponn ak kalite manje ki marye ak kesyon an.

chadèk	ji kowosòl	kafe	lanmori	luil ak vinèg	zonyon
militon	pen patat	pitimi	poul	yanm	

MODÈL: Ki sa ou manje ak pen? →
          Mwen manje manba ak pen.

1.   Ki vyann ou ap pran?
2.   Ki kalite bèt lanmè ou pito?
3.   Ki legim ou renmen?
4.   Ki manje toufe ou pito?
5.   Ki sa ou mete nan salad la?
6.   Ki kalite ji ou pran?

7.   Ki sa ou ap bwè?
8.   Ki kalite fri yo genyen?
9.   Ki kalite viv yo sèvi ak griyo?
10.   Ki kalite zepis yo mete nan sòs la?
11.   Ki desè y ap fè?

C.   Reponn kesyon yo.

1.   Ki sa yon moun ka manje lèmaten?
2.   Ki sa yon moun ka bwè lèmaten?
3.   Ki sa moun konn bwè lèswa?
4.   Ki sa moun manje a midi?

Ou ka manje pen, ze, fri, labouyi ...
Ou ka bwè ji, lèt, kafe, te, akasan ...
Yo konn bwè wonm, byè, ji, chokola cho.
Yo manje manje toufe ak vyann oswa
pwason ak viv.

D.   Kesyon pèsonèl.

1.   Ki manje toufe ou pi renmen?
2.   Ki bweson ou pi renmen?
3.   Ki sa ou te manje maten an?
4.   Ki sa ou te manje yè swa?
5.   Ki sa ou renmen manje lèmaten?
6.   Ki sa ou renmen bwè oswa manje lèmidi?
7.   Ki manje ou pa renmen? Poukisa?
8.   Ki sa ou vle bwè aswè a?

GRAMÈ I

Comparison of adjectives

1.   Equality (as, like) is expressed by **tankou**:

Dan li blan tankou lèt.
Ou pale franse tankou blan franse.

Her teeth are as white as milk.
You speak French like a Frenchman.

2.   Comparison is expressed with **pi** *more* and **mwen** *less*

Kilès ki pi gwo: yon chadèk   What's bigger: a grapefruit or an orange?
      oswa yon zoranj?
Chadèk pi gwo.   A grapefruit is bigger.
Kilès ki mwen mechan: yon chat   What's less mean: a cat or a bull?
      oswa yon towo?
Yon chat mwen mechan.   A cat is less mean.

3.   When two terms are compared, the element **pase** is used to set them off:

Yon chadèk pi gwo pase yon zoranj.   A grapefruit is bigger than an orange.
Yon chat mwen mechan pase yon towo.   A cat is less mean than a bull.

4.   **Tankou** also occurs in the reduced form **kou/ kouwè**:

Ti dan Choukoun blan kou lèt.   Choucoune's teeth are as white as milk.
Je li klere kou chandèl.   Her eyes are as bright as candles.
Li travay kouwè yon vre bòs.   He works like a real artisan.

Annou pratike

A.   **Konpare de bagay sa yo.** Se pou ou sèvi ak **tankou/ kou/ kouwè.**

MODÈL: Mari gra. Chat gra. →
            Mari gra tankou chat.

1.   Dan ou blan. Lèt blan.   5.   Ze sa yo gwo. Yon chadèk gwo.
2.   Kò li frèt. Glas frèt.   6.   Rad la ble. Digo ble.
3.   Je li ble. Syèl la ble.   7.   Li sòt. Bouki sòt.
4.   Ti fi a bèl. Flè bèl.   8.   Bourik la gwo. Yon chwal gwo.

B.   **Kilès ki pi gwo; kilès ki pi piti.**

MODÈL: Yon kay ak yon machin? →
            Yon kay pi gwo pase yon machin.

            Yon machin ak yon kamyonèt? →
            Yon machin pi piti pase yon kamyonèt.

1.   Yon granmoun ak yon ti moun.
2.   Yon machin ak yon kamyonèt.
3.   Yon pyebwa ak yon pye mayi.
4.   Yon kabrit ak yon bèf.
5.   Yon chen ak yon chat.
6.   Yon jip ak yon wòb.
7.   Yon chadèk ak yon mandarin.
8.   Yon woma ak yon chevrèt.
9.   Yon sirik ak yon krab.
10. Yon poul ak yon kochon.

C.   **Reponn kesyon yo.**

MODÈL: Kilès ki mwen gra: yon kochon oswa yon kabrit? →
            Yon kabrit mwen gra.

1.   Kilès ki pi gwo: yon bourik oswa yon chwal?
2.   Kilès ki pi gra: yon kochon oswa yon chen?
3.   Kilès ki mwen bon, ble oswa pitimi?
4.   Kilès ki pi fòtifyan, yon konsonmen oswa yon byè?
5.   Kilès ki pi pòv, yon lesivèz oswa yon bouche?
6.   Kilès ki pi rich: yon madan sara oswa yon doktè?
7.   Kilès ki mwen gwo: Gwadloup oswa Kiba?
8.   Kilès ki pi piti: Ayiti oswa Dominikani?

D.   Konpare bagay oswa moun ki nan desen yo.

MODÈL: **Mari pi wo pase Pyè.**

GRAMÈ II

Comparison of verbal expressions

1.   *More* and *less* are expressed by **plis** and **mwens**, respectively:

Ki moun ki travay plis: yon abitan oswa yon etidyan?	Who works more: a student or a farmer?
Yon abitan travay plis.	A farmer works more.
Kilès ki manje mwens: yon kochon oswa yon poul?	What eats less: a pig or a chicken?
Yon poul manje mwens.	A chicken eats less.

2. The **pase** construction is also used for verbal comparisons:

Li kouri pi vit pase mwen.
Blan sa a konnen lavil pi byen
    pase moun Pòtoprens.
Li pa te rete pi lwen pase mòn nan.

He runs faster than I do.
That foreigner knows the city better than
    the people of Port-au-Prince.
He didn't live farther away than the hill.

Annou pratike

A. **Reponn kesyon yo.**

MODÈL: Kilès ki manje plis, yon kabrit oswa yon kochon? →
                Yon kochon manje plis.

1. Ki moun ki travay mwens, yon granmoun oswa yon timoun?
2. Ki moun ki jwe plis, yon timoun oswa yon granmoun?
3. Ki moun ki kwit manje plis, yon fi oswa yon gason?
4. Ki moun ki dòmi plis, yon ti bebe oswa yon granmoun?
5. Ki moun ki li mwens, yon pwofesè oswa yon bouche?
6. Ki moun ki etidye plis, yon elèv lekòl oswa yon machann?
7. Ki moun ki manje mwens, yon moun ki an sante oswa yon moun ki malad?
8. Ki moun ki wonfle plis, yon moun k ap dòmi oswa yon moun ki leve?
9. Ki moun ki ekri mwens, yon madmwazèl lekòl oswa yon mèt boulanje?
10. Ki moun ki mache mwens, yon machann oswa yon famasyen?

B. **Konpare bagay oswa moun sa yo.**

MODÈL: Ki sa ki kouri pi vit: yon bourik oswa yon chwal? →
                Yon chwal kouri pi vit pase yon bourik.

1. Ki sa ki kouri pi vit: yon kanna oswa yon poul?
2. Ki sa ki chante pi byen: yon zwazo oswa yon poul?
3. Kilès ki kab mache pi vit: yon granmoun oswa yon jenn gason?
4. Kilès ki konn travay pi di: yon abitan oswa yon machann?
5. Ki sa ki kab travay pi di: yon bèf oswa yon kabrit?
6. Kilès ki kab li pi vit: yon madmwazèl lekòl oswa yon elèv?
7. Kilès ki konn pale kreyòl pi byen: yon blan oswa yon natif natal peyi Ayiti?

MO NOUVO II

Men kèk mo negatif:

anyen	nothing	**ditou**	at all	**janm**	never
okenn	not any	**pèsonn**	no one	**pyès**	not at all

Men ki jan pou n sèvi ak mo negatif sa yo:

1. Ak **anyen, pèsonn, janm,** nou bezwen **pa:**

Li pa wè pèsonn nan boutik la.
Li pa wè anyen nan jaden an.
Timoun sa yo p ap janm etidye.

She didn't see anyone in the shop.
He didn't see anything in the fields.
These children are never studying.

2.   Nou bezwen **pa** ak **okenn, pyès, menm,** ak **ditou:**

Pa te gen pyès moun.	There wasn't anyone at all.
Li pa wè okenn chat.	He didn't see any cat.
Li pa vini menm.	She didn't come at all
Li pa vini ditou.	

3.   Nou pa bezwen **pa** ak **poko:**

Yo poko manje.	They haven't eaten yet.

4.   Pinga melanje **poko** ak **ankò:**

Yo pa manje ankò.	They didn't eat anymore.
Li pa vini ankò.	He didn't come anymore.

5.   Nou mèt sèvi ak **pèsonn** epi **anyen** tankou tout kalite non:

Pèsonn poko rive.	No one arrived yet.
Anyen pa te rive yè.	Nothing happened yesterday.

Annou pratike

A.   Marye chak fraz nan kolonn I ak yon fraz nan kolonn II.

MODÈL: M pa wè kreyon m. →
M pa ekri anyen.

I		**II**	
1.	M pa renmen manje.	a.	M pa wè pèsonn nan pòt la.
2.	M pa wè liv la.	b.	M p ap janm gra.
3.	Telefòn nan sonnen anpil.	c.	M pa manje okenn vyann menm.
4.	Ou pran kaye a deja?	d.	M poko menm kòmande manje.
5.	Pèsonn poko rive?	e.	Pèsonn pa reponn.
6.	Ki kalite vyann ou manje?	f.	M p ap etidye okenn leson.
7.	Ou gen yon bèl chen.	g.	M pa wè okenn moun.
8.	Vant mwen vid.	h.	M pa janm gen chen.
9.	Ki moun ki nan pòt la?	i	M pa ekri anyen.
		j.	Non, m poko pran li.

B.   Reponn kesyon yo ak youn nan mo sa yo: poko, anyen, pèsonn, okenn, janm.

MODÈL: Apa ou dòmi? →
Non, m poko dòmi

1.	Apa timoun yo al lavil?	6.	Apa ou vann liv la?
2.	Apa n ap manje diri?	7.	Apa tout moun la?
3.	Apa yo lave machin blan an?	8.	Apa ou ap bwè wonm?
4.	Apa y ap bwè konsonmen?	9.	Apa ou sòt keyi mayi?
5.	Apa nou rive?	10.	Apa ou ale larivyè?

GRAMÈ III

Emphatic constructions

1.   On page 87 we pointed out that sentence elements referring to place may be emphasized or underscored by moving them to the front of the sentence and inserting **ye** at the end of the sentence:

Yo nan jaden.   They're in the garden.
Nan jaden yo **ye**.   It's in the garden that they are.

This construction applies widely to all sorts of sentence elements. However, in most cases the fronted element must be introduced by **se**. **Se** may be used optionally with locative expressions such as that illustrated above:

Se nan jaden yo ye.

Li rele Selyaniz.   Her name is Sélianise.
Se Selyaniz li rele.

Li te machann.   She was a vendor.
Se machann li te ye.

2.   Verbs may also be emphasized by using this construction. But a verb and its markers (**te**, **ap**, etc.) cannot be fronted. Instead, a copy is fronted, leaving the original verb and its markers, if any, in its normal position in the sentence:

Si m pran ji kowosòl, m ap **dòmi**   If I take soursop juice, I'll sleep all
   tout apremidi a.   afternoon.
Si m pran ji kowosòl, se **dòmi**
   m ap **dòmi** tout apremidi a.

3.   Generally, the meaning of a reduplicated verb is something like: "what I'm doing is ...ing."

Sa ou ap fè la a, ti gason?   Little boy, what are you doing there?
--Se chita m ap **chita**, wi.   --What I'm doing is sitting.

4.   Fronting of sentence elements introduced by **se** and reduplication of verbs is frequent in colloquial Creole. Its use will introduce a flavor of authenticity in one's speech. Additional uses of the construction will be pointed out in subsequent lessons.

Annou pratike

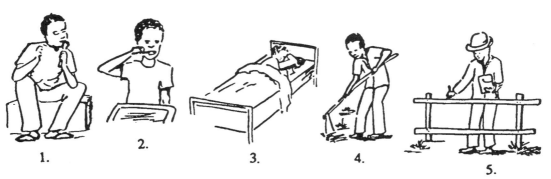

1.   2.   3.   4.   5.

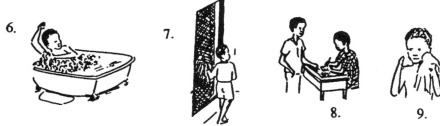

A. **Gade desen yo epi di ki sa moun sa yo ap fè.**
    MODÈL: 1. **Se manje l ap manje.**

B. **Konplete fraz yo lojikman.**
    MODÈL: Pyè chita devan tab la. →
                 Se manje l ap manje.

                 Pòl antre nan yon magazen. →
                 Se achte li pral achte.

1. Tidjo gen yon liv nan men li.
2. Mari mete rad yo nan yon kivèt.
3. Pyè te sou kabann li.
4. Mariz ak Nikòl te devan kesye a.
5. Lamèsi sòt nan jaden ak mayi nan men li.
6. Aselòm devan baryè a ak yon penso nan men li.
7. Madmwazèl la devan tablo a ak yon chifon nan men li.
8. Joslin ak Manno gen kaye ak kreyon nan men yo.

KOUTE BYEN

Manje san ou pa bezwen peye

N a pral ban nou yon ti istwa. Se yon bagay ki pase nan yon restoran. Se de nèg ki te grangou epi ki te jwenn yon fent (*trick*) pou manje san yo pa bezwen peye.

Men mo nèf nou poko konnen:

Sa ki pase devan je ou se sa ou kab wè.	It's only what occurs in front of your own eyes that you can see.
yo manje vant deboutonnen	= manje anpil anpil (until the belly becomes unbuttoned)
plede	to argue
tonbe fè yon bagay	to begin doing something (= koumanse)
yo tonbe plede	they began to argue
bande je yon moun	to blindfold someone
vire	to turn
yon baton	a stick
sou moun baton an tonbe	the person on whom the stick falls.
yo kouri ale fè wout yo	they ran off
yon fent	a trick
kenbe yon moun	to catch someone
mete men sou yon moun	to catch someone
sove	to escape
lave asyèt	to wash dishes

Kesyon

1. Konben kòb de (2) nèg yo te genyen?
2. Ki kote yo te ale? Poukisa?
3. Ki jan yo te manje?
4. Ki sa yo fè lè yo fin manje?
5. Poukisa nèg yo di mèt restoran an pou bande je l?
6. Ki moun ki pou peye?
7. Ki sa de (2) nèg yo fè lè mèt restoran an vire ak baton an?
8. Ki sa ki rive yo?
9. Èske ou kwè de (2) nèg yo se moun onèt? Poukisa?

ANNOU TCHEKE

A. **Devinèt: Ki sa ki ekri ak lèt sa yo?**
   MODÈL: Non yon fwi ki ekri ak 2 o. →
              Kokoye, kowosòl.

1. Yon bèt lanmè ki gen **p** ak **t**
2. Yon legim ki gen **k** ak **w**
3. Yon viv ki gen **p** ak **t**
4. Yon fri vèt ki gen **k**
5. Yon bweson ki gen **b**
6. Yon manje toufe ki gen 2 **m**

B. **Devinèt.** Jwenn bagay sa yo.
   MODÈL: Yon bagay yo mete sou pen. →
              Se bè, konfiti oswa manba.

1. Se yon fri blan ameriken konn manje lèmaten. Li sanble ak yon zoranj.
2. Ayisyen yo konn manje manje toufe sa a ak pwa.
3. Se yon ji fwi ki fè ou dòmi.
4. Se yon bweson ou kab jwenn tout kote; ou pa bezwen peye anpil pou li.
5. Se yon viv ki sanble ak fig men fò ou kwit li anvan ou kab manje l.
6. Se de zepis ou bezwen pou fè yon salad.
7. Se yon kalite desè yo fè ak patat.
8. Se yon bèt lanmè ki sanble ak kribich men li pi gwo epi li koute anpil kòb.

C. **Tradiksyon.**
1. Nobody has come yet.
2. A goat eats less than a pig.
3. Soursop juice makes you sleepy.
4. If you don't eat, you'll never be fat.
5. An orange is bigger than a tangerine.
6. I like to eat rice with fish.
7. Mango juice tastes better than papaya juice.
8. My younger sister is as pretty as a flower.
9. What she's doing is buying fruit.
10. The baby doesn't want to eat any vegetable.
11. Her mother doesn't want to see anything on the bed.
12. He wants a slice of sweet potato bread and a glass of grapefruit juice.

D.   **Kesyon pèsonèl.**

1.   Ki fri ou poko janm goute? Ou kwè l gen bon gou?
2.   Gou ki zepis ou renmen pran nan manje?
3.   Dapre ou menm, ki vyann ki pi bon?
4.   Ki vyann ou pi renmen, vyann bèf oswa vyann kochon? Poukisa?
5.   Ak ki sa ou renmen manje pen?
6.   Ki jan ou renmen manje bannann?
7.   Ki bèt lanmè ou renmen manje? Poukisa? Èske li koute chè?
8.   Nan ki restoran ou renmen al manje? Poukisa?
9.   Chwazi yon pla ou renmen manje, di ki sa yo mete ladan li. Ki jan yo prepare l?

KLE

Mo nouvo I

A.   **1.** L ap pran woma. **2.** L ap manje zaboka. **3.** L ap manje pwason. **4.** L ap bwè lèt. **5.** Li pito mayi. **6.** L ap pran berejenn. **7.** Li pito chou. **8.** Li renmen ji kachiman.

B.   **1.** M ap pran poul. **2.** Mwen pito lanmori. **3.** Mwen renmen militon. **4.** Mwen pito pitimi. **5.** Mwen mete luil ak vinèg. **6.** Mwen pran ji kowosòl. **7.** M ap bwè kafe. **8.** Yo genyen chadèk. **9.** Yo sèvi yanm. **10.** Yo mete zonyon. **11.** Y ap fè pen patat.

Gramè I

A.   **1.** Dan ou blan tankou lèt. **2.** Kò li frèt tankou glas. **3.** Je li ble tankou syèl la. **4.** Ti fi a bèl tankou flè. **5.** Ze sa yo gwo tankou yon chadèk. **6.** Rad la ble tankou digo. **7.** Li sòt tankou Bouki. **8.** Bourik la gwo tankou yon chwal.

B.   **1.** Yon granmoun pi gwo pase yon timoun. **2.** Yon machin pi piti pase yon kamyonèt. **3.** Yon pyebwa pi gwo pase yon pye mayi. **4.** Yon kabrit pi piti pase yon bèf. **5.** Yon chen pi gwo pase yon chat. **6.** Yon jip pi piti pase yon wòb. **7.** Yon chadèk pi gwo pase yon mandarin. **8.** Yon woma pi gwo pase yon chevrèt. **9.** Yon sirik pi piti pase yon krab. **10.** Yon poul pi piti pase yon kochon.

C.   **1.** Yon chwal pi gwo. **2.** Yon kochon pi gra. **3.** Pitimi mwen bon. **4.** Yon konsonmen pi fòtifyan. **5.** Yon lesivèz pi pòv. **6.** Yon doktè pi rich. **7.** Gwadloup mwen gwo. **8.** Ayiti pi piti.

Gramè II

A.   **1.** Yon ti moun travay mwens. **2.** Yon ti moun jwe plis. **3.** Yon fi kwit manje plis. **4.** Yon ti bebe dòmi plis. **5.** Yon bouche li mwens. **6.** Yon elèv lekòl etidye plis. **7.** Yon moun ki malad manje mwens. **8.** Yon moun k ap dòmi wonfle plis. **9.** Yon mèt boulanje ekri mwens. **10.** Yon famasyen mache mwens.

B.   **1.** Yon poul kouri pi vit pase yon kanna. **2.** Yon zwazo chante pi byen pase yon poul. **3.** Yon jenn gason kab mache pi vit pase yon granmoun. **4.** Yon abitan konn travay pi di pase yon machann. **5.** Yon bèf kab travay pi di pase yon kabrit. **6.** Yon madmwazèl lekòl kab li pi vit pase yon elèv. **7.** Yon natif natal peyi Ayiti konn pale kreyòl pi byen pase yon blan.

Mo nouvo II

A.   **1.** b **2.** f **3.** e **4.** j **5.** g **6.** c **7.** h **8.** d **9.** a

B. 1. Non, pèsonn pa ale lavil. 2. Non, nou p ap manje anyen. 3. Non, yo pa lave okenn machin. 4. Non, yo pa janm bwè konsonmen. 5. Non, nou poko rive. 6. Non, m pa vann okenn liv. 7. Non, pèsonn pa la. 8. Non, m p ap bwè anyen. 9. Non, m pa janm keyi mayi. 10. Non, m poko ale larivyè.

Gramè III

A. 2. Se bwose l ap bwose dan li. 3. Se dòmi l ap dòmi. 4. Se plante l ap plante. 5. Se pentire l ap pentire. 6. Se benyen l ap benyen. 7. Se louvri l ap louvri pòt la. 8. Se ekri l ap ekri. 9. Se siye l ap siye figi li.

B. 1. Se li l ap li. 2. Se lave li pral lave. 3. Se dòmi li t ap dòmi. 4. Se peye yo t ap peye. 5. Se keyi li t ap keyi mayi. 6. Se pentire l ap pentire. 7. Se efase l ap efase. 8. Se ekri y ap ekri.

Koute byen (Manje san ou pa bezwen peye)

Sa ki pase devan je ou se sa ou kab wè. Se te yon fwa de nèg ki pa te genyen kòb pou yo manje. Yo rantre nan yon restoran, epi yo manje vant deboutonnen. Lè yo fin manje, toulede tonbe plede. Yo plede, yo plede, yo plede. Youn di: "Se mwen menm k ap peye." Lòt la reponn: "Non, se mwen menm k ap peye, monchè." Mèt restoran an ki wè sa di: "fò nou fè yon bagay." Mesye yo di li: "Bande je ou, epi ou a vire ak yon baton." Sou moun baton an tonbe a, se li k a peye. Mèt restoran an fè sa yo di li a. Li bande je li. Lè li vire ak baton an nèg yo kouri ale fè wout yo.

Men nan pòt la yo kontre ak pitit mèt restoran an ki t ap gade fent yo. Li eseye kenbe yo. Men youn gen tan sove. Li met men sou lòt la epi li fè l lave asyèt yo pou peye pou manje pa li a ak pa zanmi li a.

Koute byen -- kesyon

1. Yo pa te gen kòb ditou. 2. Yo te ale nan restoran pou yo manje pase yo te bezwen manje. 3. Yo manje byen manje. Yo te manje vant deboutonnen. 4. Yo koumanse plede. 5. Pou yo ka sove san yo pa peye. 6. Se moun baton an tonbe sou li a ki pou peye. 7. Yo kouri al fè wout yo. 8. Pitit mèt restoran an kenbe youn ladan yo, li fè l lave asyèt pou peye pou manje yo te manje a, lòt la gen tan sove. 9. Non, yo pa onèt (yo malonèt) paske yo te vle sove san yo pa peye pou manje yo.

Annou tcheke

A. 1. piskèt. 2. kawòt. 3. ponmdetè. 4. zaboka. 5. byè. 6. mayi moulen.

B. 1. Se yon chadèk. 2. Se diri. 3. Se ji kowosòl. 4. Se dlo. 5. Se bannann. 6. Se luil ak vinèg. 7. Se pen patat. 8. Se woma.

C. 1. Pèsonn poko vini. 2. Yon kabrit manje mwens pase yon kochon. 3. Ji kowosòl fè moun dòmi. 4. Si ou pa manje ou p ap janm gra. 5. Yon zoranj pi gwo pase yon mandarin. 6. Mwen renmen manje diri ak pwason. 7. Ji mango pi gou pase ji papay. 8. Ti sè m nan bèl tankou yon flè. 9. Se achte l ap achte fri. 10. Ti bebe a pa vle manje okenn legim. 11. Manman li pa vle wè anyen sou kabann nan. 12. Li vle yon mòso pen patat ak yon vè ji chadèk.

LESON DIZUIT

DYALÒG

Nan mache a

Madan Pòl voye Anita nan mache. Anita pral achte diri, pwa, legim, zepis ak zoranj. Anita abitye machande, li konn fè pri byen.

Mrs. Paul is sending Anita to the market. Anita is going to buy rice, beans, vegetables, spices and oranges. Anita is used to bargaining, she knows how to buy things at a good price.

MACHANN:	Bonjou pratik. Apa ou pa gade bò kote m nan?	Good morning. How come you're not looking my way?
ANITA:	M pa kwè ou gen okenn sa m bezwen.	I don't think you have any of the things I need.
MACHANN:	O, O! M gen patat, diri, zaboka, zoranj, pwa, ak zepis. Men, makomè, m gen anpil lòt bagay. Ou ap jwenn tout sa ou bezwen isit la.	Oh, Oh! I have sweet potatoes, rice, avocadoes, oranges, beans, and spices. But, dear, I have a lot of other things. You'll find everything you need here.
ANITA:	Konben gwo mamit diri a?	How much is that big "mamit" of rice?
MACHANN:	Karant goud, m ap ba ou l pou diznèf.	Forty gourdes, I'll let you have it for nineteen.
ANITA:	Ou ap bay li pou kenz goud?	Would you let me have it for fifteen gourdes?

MACHANN:	Machè, se touye ou touye m. M pa kapab. Se diri siperyè wi. Ban m dizuit edmi.	My dear, you're really killing me. I can't This is high quality rice. Give me eighteen and a half.
ANITA:	Li twò chè. Si ou bay li pou disèt, m ap achte yon mamit edmi nan men ou.	It's too expensive. If you let me have it for seventeen I'll buy a "mamit" and a half from you.
MACHANN:	Kòm ou se bon pratik, m ap ba ou l pou disèt edmi, dènye pri. Ki sa ou vle ankò?	Since you're a good regular customer I'll let you have it for seventeen and a half, final price. What else do you want?
ANITA:	M bezwen de ti mamit pwa nwa, yon pake kawòt, yon tèt chou, yon lo zoranj, de pil patat, yon douzenn ze.	I need two small "mamit" of black beans, a bunch of carrots, a head of cabbage, a pile of oranges, two piles of sweet potatoes, a dozen eggs.
MACHANN:	M pa gen ze jodi a. Ou a jwenn pi devan nan men manzè Deniz. Ou pa bezwen zepis?	I don't have any eggs today. You'll find some a little further in Denise's stand. Don't you need spices?
ANITA:	Konben pake pèsi sa a?	How much is the bunch of parsley?
MACHANN:	Senkant kòb.	Ten cents.
ANITA:	M ap ba ou twaka pyas pou de. Lè fini ban m pou yon goud nan lòt zepis yo.	I'll give you fifteen cents for two. In addition give me twenty cents worth of the other spices.
MACHANN:	M mèt rele yon moun pou pote pou ou?	May I call somebody to carry it for you?
ANITA:	Non, poko. M ap kite pwovizyon yo kote ou pou m ka al achte de (2) glòs luil, senkant kòb bè ak twaka pyas pat tomat. Ki kote m ka jwenn bagay sa yo?	No, not yet. I'll leave my groceries with you so that I can buy two "glòs" of oil, margarine for ten cents, and fifteen cents worth of tomato paste. Where can I find these items?
MACHANN:	Ou ap jwenn yon ti boutik kou ou janbe lari a. Yo vann tout bagay la.	You'll find a small store as soon as you cross the street. They sell everything there.
ANITA:	Se sa. M p ap mize.	All right. I won't be long.

Nòt:
1. **Pratik** - *name given to a regular customer or vendor.*
2. **Mamit** - *Informal unit of measure:* **ti mamit** = *more or less 1 pound;* *a* **gwo mamit** = *more or less 5 pounds.*
3. *A* **glòs** *is a container measuring one deciliter. It is used mainly to sell cooking oil.*
4. *Most people do not distinguish between butter and margarine. They're both called* **bè**.

Kesyon

1. Ki sa yo voye Anita achte?

    Yo voye l achte diri, pwa, legim, zepis ak zoranj.

2. Poukisa Anita pa gade bò kote pratik li a?

    Paske li pa te kwè li t ap jwenn sa li te bezwen yo.

3. Èske ou kwè machann nan konn Anita? Poukisa?

    Wi, machann nan konn Anita paske Anita abitye achte nan men li.

4. Konben machann nan mande pou mamit diri a? Konben Anita peye l?

    Machann nan mande ven goud pou li. Anita peye l disèt edmi.

5. Ki lòt bagay Anita achte nan men pratik li a?

    Li achte pwa nwa, kawòt, chou, zoranj, patat, pèsi ak kèk lòt zepis.

6. Poukisa Anita pa rele moun pou pote pwovizyon li yo?

    Paske li bezwen al achte kèk lòt bagay tankou luil, bè, pat tomat.

7. Ki kote Anita kite pwovizyon li yo?

    Li kite yo bò kote pratik li a.

8. Ki kote Anita pral achte lòt bagay li bezwen yo? Èske li lwen?

    Li pral achte yo nan yon ti boutik ki tou pre mache a.

MO NOUVO I

MEZI   *measures*

Yon gwo **sak** sik gen san liv sik ladan l.   *bag*

Sak sik **vid** la sèvi pou vann lòt bagay tou.   *empty*

Yo vann pwa, diri, pitimi... pa sak, pa gwo mamit, pa ti mamit, pa gode, pa **vè.**   *glass*

Yo vann luil pa **glòs**, pa **demi lit**, pa **lit**, pa **galon**, pa **dwoum.**   *deciliter; half liter; liter; gallon; drum*

Yo vann tafya, kleren pa **boutèy**; kola, pa **ka**, pa lit, pa galon.   *bottle; quart*

Yo vann fri, legim tankou kawòt, zoranj pa **pil**, pa **lo** oswa pa **grenn**. Yo achte yo pa **panyen** tou.   *pile; lot; piece; basket*

Yo vann zepis, legim, fèy pa **pake.**   *packet, bunch*

Yo vann chou, leti pa **tèt.**   *head*

Yo vann savon pou fè lesiv pa **ba.**   *bar*

Yo vann **papye** pa **men** oswa pa **ram.**   *paper; handful; ream*

Yo vann **twal** pa **lonn**, pa **koupon.**   *cloth; aune (approx. a yard); piece*

Yo vann ze pa pil oswa pa douzenn.

Annou pratike

A.   **Reponn kesyon yo.**

1.   Ki jan yo ka vann diri?
2.   Ki jan yo ka vann lèt?

   3.   Ki jan yo ka vann twal?
   4.   Ki jan yo ka vann mango?
   5.   Ki jan yo ka vann chou?
   6.   Ki jan yo ka vann zonyon?
   7.   Ki jan yo ka vann ze?
   8.   Ki jan yo ka vann mayi moulen?
   9.   Ki jan yo ka vann luil?
   10.   Ki jan yo ka vann sik?
   11.   Ki jan yo ka vann savon lesiv?
   12.   Ki jan yo ka vann pèsi?

B.   Di yon bagay yo ka vann pa . . .

1.	lo	7.	douzenn
2.	sak	8.	men
3.	pake	9.	ka
4.	mamit	10.	glòs
5.	lit	11.	tèt
6.	lonn	12.	galon

GRAMÈ I

The superlative

There are several ways to express the superlative:

1.   The use of **pase** and some expression indicating totality:

Anemiz pi bèl pase **tout lòt fi yo.**   Anemiz is the prettiest of all the girls.

2.   The use of **pi** plus adjective and the basis of comparison; the latter may be introduced in a phrase introduced by **nan** *in* or by a relative phrase with **ki**:

Se bèf ki pi gwo **nan bèt sa yo.**   The cow is the largest among these animals.
Bèt **ki pi gwo a** se bèf.   The largest animal is the cow.

3.   Only **pi** and the adjective:

Se Jera ki **pi** fò.   Gerard is the strongest.
Se machann sa a ki **pi** rèd.   That vendor is the toughest (bargainer).

Annou pratike

A.   Annou konpare bèt. Nan bèt ou kab jwenn nan yon abitasyon (chwal, bèf, towo, milèt, bourik, kabrit, kochon, poul, kodenn, kòk, chen, chat, rat)...

MODÈL: Ki sa ki pi wo? →
           Se chwal ki pi wo.

1.	Ki sa ki pi gwo?	6.	Ki sa ki pi move?
2.	Ki sa ki pi piti?	7.	Ki sa ki pi parese (*lazy*)?
3.	Ki sa ki pi bèl?	8.	Ki sa ki pi visye (*greedy, gluttonous*)?
4.	Ki sa ki pi lèd?	9.	Ki sa ki pi voras (*gluttonous*)?
5.	Ki sa ki pi dou (*docile*)?	10.	Ki sa ki pi saf (*gluttonous*)?

B. **Annou konpare yon bagay ak lòt bagay.** Sèvi ak mo nan parantèz yo pou fè fraz.

MODÈL: Machin sa a piti. (Machin sa yo) →
Se li ki pi piti nan tout machin sa yo.

1. Kay sa a gwo. (katye a)
2. Rad sa a bèl. (magazen an)
3. Zepina vèt. (legim)
4. Diri bon. (manje toufe)
5. Chen an mechan. (bèt)
6. Msye a gra. (kay la)
7. Ti fi a mèg. (lekòl la)
8. Leson sa a difisil. (liv la)
9. Machann nan rich. (riyèl la)
10. Pòl pòv. (frè m yo)
11. Pitit la malad. (moun sa yo)
12. Lèt blan. (bweson)

C. **Dapre ou menm, ki kalite machin ki ...**

MODÈL: pi piti →
Dapre mwen menm, machin ki pi piti a se Honda Civic.

1. pi bèl
2. pi lèd
3. pi gwo
4. pi chè
5. pi bon mache
6. pi solid

D. **Dapre ou menm, ki peyi nan Karayib la ki...**

MODÈL: pi lèd →
Dapre mwen menm, se . . . ki pi lèd.

1. pi gwo
2. pi pwòp
3. pi rich
4. pi endepandan
5. pi frèt
6. pi bèl
7. pi cho
8. pi pòv

MO NOUVO II

Expressions of quantity

twòp	too much	**yon ti gout**	a little drop
anpil	a lot	**yon ti tak**	a little bit of liquid
yon pakèt	a bunch	**yon ti kras**	a little crumb
yon chay	a load	**yon ti mòso**	a little piece
yon bann	a bunch	**kèk**	a few, some
ase	enough	**enpe**	a little bit

In addition to the primary adverbs of quantity **twòp** *too much*, **anpil** *a lot*, **ase** *enough*, **enpe** *a little*, and **kèk** *a few, some*, there are many metaphorical expressions for a lot and a little.

Annou pratike

A. **Refè fraz yo tankou modèl la; se pou sèvi ak mo yo te ban nou an.** Jodi a tout moun ap chanje abitid yo.

MODÈL: Jak pa konn gen kòb. (anpil) →
Jodi a, li gen anpil kòb.

1. Ti moun yo pa konn manje legim. (yon bann)
2. Elèv yo pa janm gen kreyon. (yon pakèt)
3. Machann yo pa konn gen machandiz. (ase)
4. Avyon yo pa konn gen moun. (twòp)
5. Pyè pa janm poze kesyon. (anpil)
6. Matant li a pa janm pote pwovizyon. (twòp)
7. Nikòl pa janm bwè lèt. (yon ti gout)
8. Li pa konn vann zoranj pouri. (yon bann)
9. Yo pa konn pote zepis. (yon pakèt)
10. Pòl pa konn bwè wonm. (yon ti gout)

B.   Zepis. Ou fin fè manje. Sèvi ak youn nan mo sa yo epi mo pou yon zepis pou ou fè yon fraz tankou modèl la.

Mo pou kantite: anpil   twòp   ase   enpe   yon bann   yon pakèt
                  yon chay   ti gout

MODÈL: Konsonmen an   lay →
         Mwen mete twòp lay nan konsonmen an.

1. berejenn nan   pwav
2. ze a   sèl
3. konfiti a   sik
4. pwason an   zonyon
5. pitimi an   luil
6. krèm nan   lèt
7. pwatann nan   bè
8. griyo a   piman
9. lanbi a   siv
10. salad la   pèsi
11. labouyi a   miskad

GRAMÈ II

Complex sentences with dependent clauses

In addition to the three types of complex sentences mentioned on page 117 there is another type that involves modifying the direct object of the main clause with a dependent clause. This type occurs in two forms.

1.   The dependent clause modifies the pronominal **sa**:

M konnen sa (yo vle bagay la)   I know what they want.
M konnen sa **yo vle.**

Èske ou te ba li sa (li mande bagay la)?   Did you give her what she asked for?
Èske ou te ba li sa **li mande**?

2.   The dependent clause modifies a noun or noun phrase:

Kote bokit la (m te pote bokit la)?   Where's the bucket I bought?
Kote bokit **m te pote a**?

L ap pote valiz la (li te bliye valiz la).   He's bringing the suitcase he had
L ap pote valiz **li te bliye a.**   forgotten.

Note that the determiner is placed not after the noun it determines but at the end of the unit noun + dependent clause. Its form depends not on the noun, but on the word that precedes it.

3.   In frenchifying styles of Creole the conjunction **ke** is used to link the noun and the dependent clause that modifies it:

L ap pote valiz **ke** li te bliye a.

Annou pratike

A.   **Ki sa li ye?** Se pou ou di ou pa te fè bagay la.

MODÈL: Li mande yon bagay. Ou te pote l? →
M pa te pote sa li mande a.

1.   Li te achte yon bagay. Ou manje l?
2.   Yo vann yon bagay. Ou te achte l?
3.   Yo pèdi yon bagay. Ou jwenn li?
4.   Li rache yon bagay. Ou wè l?
5.   Yo keyi yon bagay. Ou pran li?
6.   Yo te lave yon bagay. Ou pote l?
7.   Yo te fè yon bagay. Ou bwè l?

B.   **Di nan ki mwa oswa ki jou yo fè bagay sa yo.**

MODÈL: Yo fè mache Pòtoprens. →
Samdi se jou yo fè mache Pòtoprens.

1.   Lapli tonbe anpil.
2.   Moun al legliz.
3.   Yo fete drapo ayisyen.
4.   Yo fete Pak.
5.   Timoun antre lekòl.
6.   Timoun al nan vakans.
7.   Lapli pa tonbe anpil.
8.   Yo vann plis liv ak kaye pou timoun lekòl.
9.   Elèv lekòl pa manyen liv yo.

C.   **Reponn kesyon yo.**

MODÈL: Ki peyi ki kole ak Ayiti? →
Dominikani se peyi ki kole ak Ayiti a.

1.   Ki manje ki pi fòtifyan?
2.   Ki vyann ki mwen bon pou sante?
3.   Ki vyann ki bon mache anpil?
4.   Ki bèt ki bay ze?
5.   Ki bèt ki bay lèt?
6.   Ki bèt ki pote anpil chay?
7.   Ki bèt ki manje anpil?
8.   Ki zile nan Karayib la ki pi gwo pase Ayiti?
9.   Ki moun ki pale kreyòl?

KOUTE BYEN

Jou mache Kenskòf

Lè madi ak lè vandredi se jou mache Kenskòf. Lè lendi ak lè jedi tout moun nan zòn nan travay anpil. Yo bezwen prepare bagay pou vann. Jou mache tout moun leve bonè. Gen moun ki ale vann nan mache Kenskòf, gen lòt ki desann Petyonvil oswa lavil Pòtoprens. Gen lot ankò ki vann ak revandè.

Men mo nèf nou poko konnen:

lavèy	day or evening before
fouye viv	to dig up root plants
ranmase	to gather
yon nich	a nest
nan nich poul yo	in the hen's nests
kon kòk chante	with the crowing of the roosters = byen bonè
yo pote machandiz yo desann	they carry down goods
vann an gwo	to sell wholesale
sitou	especially
vann an detay	to sell retail
yo bay rès machandiz pou bon mache	they give the rest of the merchandise for cheap
yon revandè, yon revandèz	a retailer
twaka	three quarter, most
sou wout Boudon	on the road to Bourdon
rès yo desann jis anba lavil	the others go down as far as downtown

Kesyon

1. Ki jou ki jou mache Kenskòf?
2. Ki lè machann yo ak fanmi yo prepare yo pou yo al nan mache?
3. Ki jan yo prepare yo.
4. Vè ki lè yo leve jou mache a?
5. Ki sa yon revandè ye?
6. Ak ki moun machann yo vann sitou?
7. Vè ki lè machann yo tounen lakay yo?
8. Ki moun ki vann pi bon mache, machann yo oswa revandè yo?
9. Ki kote revandè yo ale vann?

ANNOU TCHEKE

A.   Marye kolonn I ak kolonn II.

1.	Se yon bèt ki manje anpil.	a. diri
2.	Se yon bagay ki sèvi pou fè manje toufe.	b. zepina
3.	Se yon legim ki vèt.	c. madan sara
4.	Se yon bagay ki mennen moun nan lòt peyi.	d. kochon
5.	Se yon moun ki vwayaje anpil.	e. pwav
6.	Se yon zepis ki ka fè manje twò pike.	f. avyon
7.	Se yon bèt ki ponn ze.	g. zepis
8.	Se yon bagay ki bay manje bon gou.	h. sik
9.	Se yon bagay yo vann pa liv.	i. luil
10.	Se yon bagay yo vann pa lit.	j. poul

B.   **Tradiksyon.**

1.   Mrs. Pòl is used to bargaining.
2.   How come you're not looking at my stand?
3.   Would you let me have it for twenty dollars?
4.   You're really killing me.
5.   It's too expensive, I won't buy it.
6.   She'd like a bunch of carrots, a pile of oranges, a head of lettuce and a dozen eggs.
7.   They sell sugar by pounds and by bags.
8.   This skirt is the nicest in the whole store.
9.   Today he's asking a lot of questions.
10. This morning the baby drank a little bit of milk.
11. They put too much hot pepper in the stew.
12. Friday is one of the market days in Kenskoff.
13. A goat is an animal which eats a lot of green leaves.

KLE

Mo nouvo I

A.   **1.** Yo ka vann li pa sak, pa mamit oswa pa gode. **2.** Yo vann li pa lit. **3.** Yo vann li pa lonn. **4.** Yo vann li pa grenn. **5.** Yo vann li pa tèt. **6.** Yo vann li pa lo. **7.** Yo vann li pa douzenn. **8.** Yo vann li pa mamit. **9.** Yo vann li pa glòs. **10.** Yo vann li pa liv. **11.** Yo vann li pa ba. **12.** Yo vann li pa pake.

B.   **1.** Yo ka vann zoranj, kawòt pa lo. **2.** Yo ka vann ble, pwa pa sak. **3.** Yo ka vann pèsi, zepina pa pake. **4.** Yo ka vann pitimi, sik pa mamit. **5.** Yo ka vann luil, lèt pa lit. **6.** Yo ka vann twal pa lonn. **7.** Yo ka vann ze, chadèk pa douzenn. **8.** Yo ka vann papye pa men. **9.** Yo ka vann kleren pa ka. **10.** Yo ka vann luil pa glòs. **11.** Yo ka vann leti oswa chou pa tèt. **12.** Yo ka vann lèt, luil, kleren pa galon.

Gramè I

B.   **1.** Se li ki pi gwo nan katye a. **2.** Se li ki pi bèl nan magazen an. **3.** Se li ki pi vèt nan tout legim. **4.** Se li ki pi bon nan tout manje toufe. **5.** Se li ki pi mechan nan tout bèt. **6.** Se li ki pi gra nan kay la. **7.** Se li ki pi mèg nan lekòl la. **8.** Se li ki pi difisil nan tout liv la. **9.** Se li ki pi rich nan riyèl la. **10.** Se li ki pi pòv nan tout frè m yo. **11.** Se li ki pi malad nan tout moun sa yo. **12.** Se li ki pi blan nan tout bweson.

Mo nouvo II

A.   **1.** Jodi a yo manje yon bann legim. **2.** Jodi a yo gen yon pakèt kreyon. **3.** Jodi a yo gen ase machandiz. **4.** Jodi a yo gen twòp moun. **5.** Jodi a li poze anpil kesyon. **6.** Jodi a li pote twòp pwovizyon. **7.** Jodi a li bwè yon ti gout lèt. **8.** Jodi a li vann yon bann zoranj pouri. **9.** Jodi a yo pote yon pakèt zepis. **10.** Jodi a li bwè yon ti gout wonm.

Gramè II

A.   **1.** M pa manje sa li te achte a. **2.** M pa te achte sa yo te vann nan. **3.** M pa jwenn sa yo pèdi a. **4.** M pa wè sa li rache a. **5.** M pa pran sa yo keyi a. **6.** M pa pote sa yo te lave a. **7.** M pa bwè sa yo fè a.

B.   **1.** Jen se mwa lapli tonbe anpil.   **2.** Dimanch se jou moun al legliz.   **3.** Me se mwa yo fete drapo ayisyen.   **4.** Dimanch se jou yo fete Pak.   **5.** Oktòb se mwa timoun antre lekòl. **6.** Jen se mwa timoun al nan vakans.   **7.** Janvye se mwa lapli pa tonbe anpil. **8.** Sektanm se mwa yo vann plis liv ak kaye pou timoun lekòl.   **9.** Jiyè se mwa elèv lekòl pa manyen liv yo.

C.   **1.** Se konsonmen ki pi fòtifyan.   **2.** Se vyann kochon ki mwen bon pou sante.   **3.** Se vyann poul ki bon mache anpil.   **4.** Se poul ki bay ze.   **5.** Se bèf ki bay lèt.   **6.** Se bourik ki pote anpil chay.   **7.** Se kochon ki manje anpil.   **8.** Se Kiba ki pi gwo pase Ayiti.   **9.** Se ayisyen ki pale kreyòl.

Koute byen (Jou mache Kenskòf)

Lè madi ak lè vandredi se jou mache Kenskòf. Depi lavèy tout moun ale nan jaden. Genyen k al keyi fri, legim tankou pwa, zaboka... Gen lòt k al fouye viv tankou ponmdetè, patat, yanm... Sa ki gen poul pou vann, al kenbe yo.   Timoun yo ede granmoun yo anpil nan tout travay sa yo.   Yo ranmase viv yo lè granmoun yo fin fouye, y al pran ze nan nich poul yo.

Jou mache a, tout moun leve kon kòk chante, yo pote machandiz yo desann nan mache a. Yo vann sitou an gwo ak revandè yo, men yo vann an detay tou.   Kon li fè midi yo fè vit bay rès machandiz yo pou bon mache pou yo ka retounen lakay yo.   Apremidi, se revandè sèlman ki nan mache a; yo vann tout bagay pi chè.

Men, twaka revandè yo pa rete nan mache Kenskòf la.   Enpe al vann Petyonvil, oswa sou wout Boudon, Lali, Dèlma.   Rès yo desann jis anba lavil Pòtoprens.

Koute byen - kesyon

1. Madi ak vandredi se jou mache Kenskòf.   **2.** Lavèy jou mache a.   **3.** Y ale nan jaden, yo keyi fri, legim, yo fouye ponmdetè, patat... yo kenbe poul yo, yo ranmase ze.   **4.** Jou mache a yo leve bonè anpil.   Vè twazè oswa katrè nan maten.   **5.** Se yon moun ki achte machandiz pou l al revann.   **6.** Yo vann sitou ak revandè yo.   **7.** Yo tounen lakay yo vè midi oswa inè.   **8.** Machann yo vann pi bon mache.   **9.** Genyen ki rete nan mache Kenskòf la, genyen ki desann Petyonvil, genyen ki sou wout Boudon, Lali, Dèlma.   Rès yo desann lavil Pòtoprens.

Annou tcheke

A.   **1.** d   **2.** a   **3.** b   **4.** f   **5.** c   **6.** e   **7.** j   **8.** g   **9.** h   **10.** i

B.   **1.** Madan Pòl abitye fè pri.   **2.** Apa ou p ap gade bò kote m nan?   **3.** Ou ap ban mwen l pou ven dola?   **4.** Se touye ou ap touye m.   **5.** Li twò chè, m p ap achte l.   **6.** Li vle yon pake kawòt, yon pil zoranj, yon tèt leti ak yon douzenn ze.   **7.** Yo vann sik pa liv ak pa sak.   **8.** Se jip sa a ki pi bèl nan tout magazen an.   **9.** Jodi a l ap poze anpil kesyon. **10.** Maten an ti bebe a bwè ti gout lèt.   **11.** Yo met twòp pwav nan konsonmen an. **12.** Vandredi se youn nan jou mache Kenskòf.   **13.** Kabrit se yon bèt ki manje anpil fèy vèt.

LESON DIZNÈF

DYALÒG

Annou pare manje a

Anita ap pare manje, Sentaniz ap ede 1.		Anita is preparing the meal, Sentaniz is helping her.
ANITA:	Sentaniz, ou te met pwa a kreve?	Sentaniz, did you put up the beans for boiling?
SENTANIZ:	Madanm nan pa t di mwen mete anyen nan dife non!	The mistress didn't tell me anything about it.
ANITA:	Enben, pito ou al gade si li pa t mete l, paske li te di mwen m t ap jwenn pwa a kwit lè m fin fè mache	Well, you'd better go and look to see if she didn't do it, because she told me that I would find the beans ready when I return from the market.
SENTANIZ:	M wè yon pwa wouj nan ti bonm nan. Men li p ap ase pou fèt an sòs, non. Ak ki sa l ap kwit li, ak pitimi?	I saw some red beans in the little pot. But it won't be sufficient to make a sauce. What is she going to cook it with, millet?
ANITA:	M pa konn wè yo prepare pitimi ak pwa wouj. M pi kwè l ap kwit li ak diri oswa ble.	I've never seen millet prepared with red beans. I rather think that she's going to cook it with rice or wheat.
SENTANIZ:	Kite m al mande li!	Let me go and ask her!
ANITA:	Pinga ou mize, non! M bezwen ou pou pile yon zepis pou m tranpe pwason an. Lè ou ap tounen, pote kèk sitwon, pou m ka byen lave yo.	Don't stay too long, you hear! I need you to pound some spices so that I can soak the fish. On your way back, bring me some limes so that I can clean them well.
SENTANIZ:	Madanm nan di se diri ak pwa l ap fè.	The mistress said that it's rice and beans she's preparing.
ANITA:	Kote sitwon yo? M prèske fin koupe pwason an.	Where are the limes? I'm almost finished cutting the fish.
SENTANIZ:	Men yo, wi! Ki sa pou mwen met nan zepis la?	Here they are! What sort of spice combination should I prepare?
ANITA:	Pran senk dan lay, de pye siv ak yon kal pèsi. Ou mèt mete yon ti sèl tou. M ap bezwen yon ti pwav byen fen tou, pile 1 apa.	Take five cloves of garlic, two chives and a little bit of parsley. You can add a little bit of salt also. I'll need a pinch of black pepper also, pound it separately from the other spices.

SENTANIZ:	Ki jan ou ap kwit pwason an, fri oswa an sòs?	How are you going to prepare the fish, fried or in a sauce?
ANITA:	Madanm nan te di m fri l. Se poutèt sa fòk m fè vit fin tranpe l, pou li ka gen tan pra gou. Kounye a, annou met diri a nan dife.	The mistress told me to fry it. This is the reason why I have to hurry with the seasoning so that it has time to marinate. Now, let's put the rice on the fire.
SENTANIZ:	Kite m netwaye l pandan ou ap ri pwa a. M te pile zepis pa li a deja, wi.	Let me clean it while you're frying the beans. I've already pounded its spices.
ANITA:	Mèsi, m wè l. Lè ou fini, vante dife a pou diri a pa trennen. M bezwen l byen grennen.	Thank you, I see it. When you finish, fan the fire so that the rice doesn't lag. I need it flaky.

Kesyon

1. Ki sa Anita ak Sentaniz ap fè?   Y ap pare manje.
2. Poukisa Sentaniz pa t met pwa a nan dife?   Paske madanm nan pa t di li mete l.
3. Ki sa Sentaniz wè nan ti bonm nan?   Li wè yon pwa wouj.
4. Ki lòt bagay yo gen pou yo kwit?   Yo gen pou yo kwit diri ak pwa a, pwason fri.
5. Ki lòt jan yo ka kwit pwason an?   Yo ka kwit li an sòs.
6. Ki sa Sentaniz met nan zepis pwason an?   Li met lay, pèsi, siv, sèl. Li gen pou li pile yon ti pwav tou.
7. Ki sa pou yo fè ak diri a anvan yo kwit li? Fòk yo netwaye l, lave l anvan yo kwit li.
8. Ki jan Anita vle diri a?   Li vle l byen grennen.

MO NOUVO

1.   **Annou pare manje. Ki jan nou pare vyann osinon pwason?**

Fòk ou netwaye li.   Fòk ou tranpe li.   Fòk ou koupe li.

Fòk ou sizonnen li.   Fòk ou met zepis.   Fòk ou bat li.

2. **Annou kwit manje. Ki jan nou kwit diri oswa ble oswa pitimi?**

Anvan nou kwit manje a, fòk nou limen dife ak chabon. Pou dife a pran, fòk nou vante l.

Fòk nou met luil nan chodyè a.

Fòk nou brase l ak yon kiyè bwa.

Fòk nou met zepis

Fòk nou kouvri l ak yon kouvèti.

Fòk nou bouyi li.

Fòk nou toufe li.

3. **Ki jan nou sizonnen?**

Fòk ou pile zepis yo nan yon pilon.

Fòk ou fri zepis yo.

Fòk ou met sitwon.

Fòk ou met luil ak vinèg.

4. **Ki jan nou kapab kwit legim?**

Nou kapab bouyi yo.

Nou kapab fri yo.

Nou kapab manje yo kri.

5. **Ki jan nou kapab kwit vyann?**

Nou kapab griye l.

Nou kapab fri li.

Nou kapab fè l an sòs.

6. **Ki jan nou fè ji?**

Nou pran yon kouto pou kale fri yo.

Nou prije yo nan yon gode.

Nou kapab met sik.

Nou kapab met dlo.

Nou ka koule ji a nan paswa.

Annou pratike

A.   Annou pare manje! Marye fraz nan kolonn I ak sa k nan kolonn II ki makonnen avè l.

I	**II**
1. Ki jan pou m kwit pwason an?	a. Kounye a fòk ou vante li.
2. Ki jan pou m kwit ble a?	b. Fòk ou sizonnen l.
3. Ki sa m bezwen fè anvan m bouyi woma a?	c. Ou bezwen toufe l.
4. Ki sa m bezwen fè ak dan lay la?	d. Se pou ou prije l.
5. M te koupe kowosòl la. Ki sa pou m fè avè l kounye a?	e. Ou mèt manje yo kri.
6. M te limen dife a.	f. Ou kab fri l.
7. Èske m bezwen fri tomat yo?	g. Kounye a annou brase l.
8. Diri a bouyi, wi.	h. Ou kab pile l.

B.   Di ki sa Jaklin ap fè.

MODÈL: **Jaklin ap kouvri manje a.**

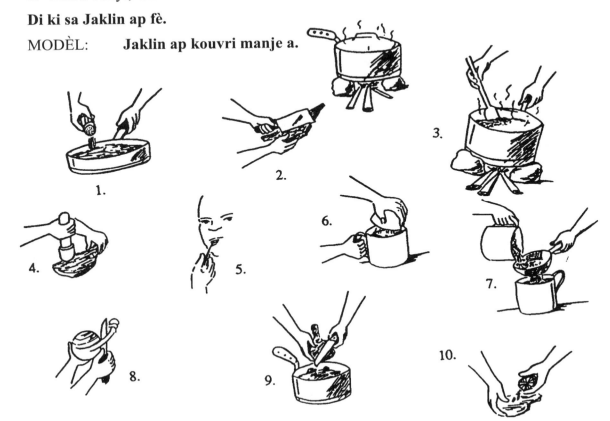

C.   **Annou prepare manje.**

   MODÈL: Ki jan ou sizonnen poul? →
                  Mwen mete zepis ak sitwon ladan l.

1. Ki jan ou ka kwit legim?
2. Ki jan ou ka kwit vyann?
3. Ki jan ou fè ji?
4. Ak ki sa ou koule ji?
5. Ak ki sa ou koupe vyann?
6. Ak ki sa ou brase manje?
7. Ak ki sa ou pile zepis?
8. Ak ki sa ou kouvri manje?
9. Nan ki sa ou kwit manje?
10. Ki sa ou met nan chodyè a pou ou fri pwason?

GRAMÈ I

Modal verbs

In addition to **kapab** and **vle** (see page 122), Creole has a variety of modal verbs that add various semantic notions to a main verb.

1.   mèt

   This modal occurs in the same position as **kapab** and **vle**; it is used to grant permission:

Èske m kab pran kribich sa yo?	May I take these shrimps?
Ou mèt pran yo.	You may take them.
Nou vle al chache milèt la nan jaden an.	We'd like to get the mule in the field.
Ou mèt al chache l.	You may go get it.

2.   kite

   Like the construction **se pou** *obligation*, **kite** occurs before the subject; it is used to request permission or to volunteer a service:

Kite m lave pwason an pou ou.	Let me wash the fish for you.
Ou mèt lave l.	You may wash it.
Kite nou al lapòs.	We'd like to go to the post office.

3.   pito

   This modal has two different meanings, depending on its position. When it occurs as a straight forward modal before the verb, it means *to rather, to prefer*:

M pito bwè dlo.	I'd rather drink water.
Li pito rete lakay li.	He would prefer to stay home.

   When it occurs before the subject, like **se pou** and **kite**, it means to *have better*:

Pito nou voye Manno.	We had better send Manno.
Pito mwen pile zepis yo.	I'd better pound the spices.

   Pito may also be used as main verb, in which case it means *to prefer*:

M pito diri ak pwa.	I prefer rice and beans.
Ki sa ou pito: ji chadèk oswa ji grenadin?	What do you prefer: grapefruit juice or granadilla juice?

4.   **annou**

This verbal expression, equivalent to English *let us, let's*, precedes the verb immediately and is used without a subject:

Annou bwè yon ti gwòg.   Let's have a little drink.
Annou chita anba pyebwa a.   Let's sit under the tree.

5.   **pinga**

This verbal expression occurs in the same position as **kite**; it expresses an admonishment, a warning or a request not to do something:

Pinga ou pran zafè m.   Watch out not to take my things.
Pinga nou boule vyann nan.   Don't let the meat burn.
Pinga chen an mode ou.   Watch out that the dog doesn't bite you.
Pinga m wè nou jwe nan rivyè a.   I'd better not see you play in the river.

Annou pratike

A.   **Sentaniz vle ede Anita fè travay Madan Pòl vle li fè yo.**

MODÈL: MADAN PÒL: Anita, lave rad sal yo. →
            SENTANIZ: **Annou lave yo.**

1.   Netwaye kay la.   5.   Lave rad.
2.   Ale larivyè.   6.   Keyi kèk flè.
3.   Kwit manje a.   7.   Wouze jaden an.
4.   Achte de glòs luil.

B.   **Sentaniz vle fè travay yo pou Anita.**

MODÈL: MADAN PÒL: Anita, limen dife a. →
            SENTANIZ: **Kite m limen dife a.**

1.   Vante dife a.   5.   Fri ze yo.
2.   Tranpe vyann nan.   6.   Bouyi bannann yo.
3.   Lave kawòt yo.   7.   Koule ji a.
4.   Pile zepis yo.

C.   **Di ki sa ou pito fè.**

MODÈL: Manje tomat yo kri oswa kwit. →
            M pito manje yo kri.
oswa   **M pito manje yo kwit.**

1.   Bouyi kawòt yo oswa fri yo.   5.   Manje fri yo oswa fè ji ak yo.
2.   Ale Dominikani oswa Pòtoriko.   6.   Brase manje a oswa kouvri l.
3.   Fouye patat oswa keyi mayi.   7.   Vann liv la oswa li l.
4.   Pentire kay la oswa lave machin nan.

D.   **Matant timoun yo ap di sa yo kab fè ak sa yo pa ka fè.**

MODÈL: Dòmi bonè →   Ale dòmi ta. →
            Nou mèt dòmi bonè.   **Pinga nou ale dòmi ta.**

1. Jwe nan lakou a.
2. Jwe nan larivyè a.
3. Rache zèb yo.
4. Rache flè yo.
5. Bwè lèt la.
6. Jwe ak chat la.
7. Jwe ak towo a.
8. Bwè anpil wonm.
9. Soti nan fènwa.
10. Lave asyèt yo.
11. Kraze boutèy la.

GRAMÈ II

The definite future particle a/ava/va

1. In Creole future events may be expressed with the particle **ap** or the combination **ap + ale**, which occurs as **pral** or **prale**:

   Alèkile m **ap** veye li.
   Jodi a m **ap** wè sa ki genyen.
   Li di: demen ou **prale** nan mache.

   This time I'll watch her.
   Today I'll see what's going on.
   He said: tomorrow you'll go to the market.

2. Future events may also be expressed with the **pou** construction whose usual meaning is obligation:

   Se ou menm ki **pou** kwit manje.

   You're the one who will cook food.

3. There exists another particle which, unlike **ap** and **pral**, is used only to refer to future events. However, it seems that the use of this particle is relatively rare and that it conveys other meanings, for example intention and definiteness:

   Se byen, m **a** regle sa.

   O.K., I intend to take care of that.

   This particle generally occurs as **a**. There are also two rarer variants: **va** and **ava**.

   Li di: demen ou prale nan mache.

   He said: tomorrow you'll go to the market.

   Li reponn: wi, Papa, m **ava** ale.
     Ou **va** vin leve m.

   She answered: Yes, Father, I'll go.
     You'll come to wake me.

4. A frequent use of the particle **a/ava** is in complex temporal sentences where the dependent time clause is introduced by **lè** or **kon** *when*. The verb of the main clause contains the particle **a/ava** whereas that of the dependent clause may contain **a/ava** or zero particle.

   Lè midi **sonnen**, ou **a gade** nan yon mouchwa. Ou **a wè** twa gout san. Ou **a konnen** se mwen ki mouri.

   When noon will ring, you'll look into a handkerchief. You'll see three drops of blood. You'll know then that it is I who died.

   Lè jennonm nan **a vin** pare, li **va achte** yon machin a koud pou li.

   When the young man will become trained, she'll buy a sewing machine for him.

   The dependent time clause may precede or follow the main clause:

   M a vin rele ou **kon li rive**.
   Kon ou tande kòk chante, ou va vin leve m.

   I'll get you when he comes.
   When you'll hear the cock crow, you'll come to wake me.

Annou pratike

A.   Pale sou sa ou ka fè dimanch pwochen.

MODÈL: dòmi anpil →

M a dòmi anpil.

ale kouche bonè →

M ava al kouche bonè.

1. leve ta
2. ranje kabann ou
3. benyen
4. abiye ou
5. soti ak frè ou yo
6. ale kay zanmi ou yo

7. mache nan lavil la
8. tounen lakay ou
9. ede manman ou kwit manje
10. manje ak tout moun
11. fè twalèt ou

B.   Reponn kesyon yo. Sèvi ak mo osinon fraz ki makonnen ak fraz la.

Men mo ak fraz yo:

manje	pase rad yo	penyen tèt li
plante	repoze l	revann yo
siye kò l	tounen lakay yo	vann nan mache
wouze jaden an		

MODÈL: Ki sa ou a fè lè ou a fin dòmi? →

Lè m a fin dòmi m ava ranje kabann mwen.

1. Ki sa l a fè lè l a fin benyen?
2. Ki sa l a fè lè l a fin lave cheve l?
3. Ki sa l a fè lè l a fin kwit manje?
4. Ki sa l a fè lè l a fin fè lesiv?
5. Ki sa l a fè lè l a fin sakle?
6. Ki sa l a fè lè l a fin plante?
7. Ki sa l a fè lè l a fin fouye patat?
8. Ki sa y a fè lè y a fin vann nan mache?
9. Ki sa y a fè lè y a fin achte machandiz an gwo?
10. Ki sa l a fè lè l a fin travay?

KOUTE BYEN

Resèt pou diri ak pwa wouj

Men yon resèt pou fè diri ak pwa wouj. Ou konnen se sa ayisyen yo renmen manje anpil.

Men sa nou bezwen pou resèt la
twaka ti mamit pwa wouj **sèch**   *dry*
yon ti mamit diri
yon glòs luil
enpe **andui**   *chitterlings*
dlo
zepis: pèsi, lay, ti gout pwav fen, sèl
Men mo nou poko konnen:
wete   to remove
wete wòch ladan li   remove the stones from it

kole

pou li pa kole

wete gwo dife a anba li

to stick

so that it doesn't stick

remove the big flame from it

pwa wouj sèch   diri   luil   andui

pèsi   siv   lay   Pwav fen   sèl

Kesyon

1. Pou kwit diri ak pwa, nou bezwen plis pwa wouj pase diri?
2. Konben luil nou bezwen?
3. Ki sa andui ye?
4. Ki jan pou nou kwit pwa?
5. Ki sa nou fè ak andui?
6. Nou bezwen mete anpil dlo pou kwit diri a?
7. Poukisa nou bezwen brase diri a?
8. Lè dlo a prèske fini, nou bezwen wete l sou gwo dife a?

ANNOU TCHEKE

A.   **Marye kolonn I ak II.** Di ki sa ou ka fè ak bagay sa yo.

MODÈL: **Nou ka tranpe pwason.**   oswa   **Nou bezwen tranpe pwason.**

I		II	
1.	pwason	a.	prije
2.	diri	b.	tranpe
3.	zepis	c.	toufe
4.	chadèk	d.	pile
5.	ji	e.	bat
6.	vyann	f.	koule
7.	chodyè a	g.	vante
8.	dife	h.	fri
9.	legim	i.	kouvri

B. **Bay timoun yo konsèy.** Di yo ki sa yo ka fè, ki sa yo pa ka fè. Di ki sa ou ka fè pou yo tou. Sèvi ak: **kite, pinga, annou, mèt, pito.**

MODÈL: Jwe nan lakou a. →
Nou mèt jwe nan lakou a.

Pran mango pou nou. →
Kite m pran mango pou nou.

Janbe lari a ansanm. →
Annou janbe lari a ansanm.

1. Jwe ak renmèd yo.
2. Fèmen baryè a.
3. Leve bonè pou ale lekòl.
4. Soti nan fènwa.
5. Lave tèt nou pou nou.

6. Rache zèb ansanm.
7. Pran kèk kokonèt.
8. Pile zepis ansanm.
9. Kouvri chodyè a.
10. Manyen machin nan.

C. **Tradiksyon.**
1. When you will have finished preparing the food, call me.
2. Let's carry our goods to the market.
3. Let me help her pound the spices.
4. Let me give twenty cents to the poor.
5. You may open the gate early this morning.
6. You'd better season the fish well.
7. Let us gather the eggs for you.
8. Let us go to the drugstore with the children.
9. You'd better tell them not to play in the garden.
10. She may plant some flowers near the gate.
11. Don't stay too long in the house.
12. Don't eat too many avocadoes, you'll get sick.
13. When you arrive at the market, you'll have to buy twenty cents' worth of tomato paste.
14. I intend to tell them I'd rather stay home.

ANNOU LI

Ayiti anvan tan panyòl

Gen senk gran **peryòd** nan istwa Ayiti:
Premye peryòd la, anvan 1492 se peryòd endyen. Dezyèm peryòd la, **sòt** nan 1492 **rive** nan ane 1700 yo, se tan **lakoloni** ak esklavaj. Twazyèm peryòd la, sòt nan fen ane 1700 yo rive nan 1804, se tan endepandans. Katriyèm peryòd las, sòt nan 1915 rive nan 1934, se tan **okipasyon** ameriken. Senkyèm peryòd la se tan n ap viv kounye a.

period

from...to
colony

occupation

Endyen yo

Si nou **vire gade**[1] istwa peyi Ayiti, n a wè te gen yon lè, tout **abitan** peyi a t ap viv byen. Lè sa a, endyen te **mèt** peyi a. Se te **ras** endyen Tayino ak Arawak. Yo t ap viv **piti piti** nan kèk vil kote 2, 3 mil moun te rete, epi kote yo te fè jaden yo. Lè

to look back;
inhabitant; owner
ethnic group; modestly

yo te bezwen vyann, yo t al **lachas**. Lè sa a, tout peyi a te **separe**; chak **separasyon** te rele **kasika**. Chèf kasika a te rele **kasik**.

Panyòl yo

Nan ane 1492 la, ak Kristòf Kolon, panyòl **debake** sou tè Ayiti, epi **tout bagay gate**. Panyòl yo vini paske nan Espay, kote yo te soti a, wa a ak **rèn** nan te bezwen lòt tè. Sou tè sa yo, yo te vle **simen levanjil**, epi chache richès pou **pote tounen**.

Debake yo debake,[2] panyòl yo wè endyen yo te janti epi yo te dou. Men, sa panyòl yo te pi renmen, se te **lò** endyen yo te konn mete nan zòrèy yo ak nen yo. Lè panyòl yo wè lò a, yo **di tèt yo** sa t ap **fasil** pou pran endyen dou sa yo **anba chal**: yo **koumanse** simen levanjil epi, menm lè a, yo chache konnen ki kote lò a te ye.

Yo fè **jistan** endyen yo **vin tounen esklav** yo. Yo fè endyen yo chache lò nan rivyè yo pou yo te kab voye li nan Espay, yo fè endyen yo **fouye** tè pou jwenn lò nan **min**. Yo fè endyen yo travay tè tou. Yo travay sou gran plantasyon **tabak** ak plantasyon **kann** (depi vè 1500). Yo fè endyen yo travay nan kay yo. Chak panyòl te gen tè li ak endyen li.

Endyen yo menm pa te abitye nan tout **tray** sa yo. Yo pran **mouri**; yo mouri maladi **ti vewòl** Panyòl yo te pote, epi yo mouri **chagren**. Kasik yo, **sitou** Kawonabo, **batay** jan yo te kapab pou fè panyòl yo ale. Men yo pa te gen **zam** tankou panyòl yo, yo pa te gen chwal, epi, sitou, yo pa te abitye batay konsa.

Lè panyòl yo rive, yo kalkile te gen 2 milyon endyen konsa. Nan ane 1508 la, se sèlman 60,000 ki te rete. Yon **monseyè** panyòl ki te rele Laskasas **plede** ak **wa** Espay la pou li voye nèg afriken travay nan Ayiti, paske **kè li t ap fè li mal** pou endyen yo.

Se konsa depi vè 1502 te gen esklav nwa nan peyi a, men pa te gen anpil. Nan lane 1510, wa panyòl la fè voye premye gran lò nèg afriken pou yo vin travay nan min lò yo. Men tou, sa pa **sove** endyen yo. Yo **kontinye** mouri. Rive vè 1625, prèske pa te gen endyen nan peyi a **ankò**, epi lò a te **vanse fini** tou.

---

hunt
to divide; chiefdom
chief

to land
everything went wrong
queen
evangelize; to take back

gold

to tell themselves; easy;
to deceive; to start

until; to become a slave

dig; mine
tobacco
sugar cane

hardship
to die; smallpox
grief; especially; to figh
weapons

bishop; to plead; king
to feel sorry

to save; to continue
anymore
to become exhausted

Nòt: [1]*In Creole combinations of verbs (see section on serial verbs, page 201) are used when in English we use verbs plus prepositions.* **Vire gade** *means "to turn to look," that is to look while turning back, to look back. Below are two more examples of this important construction:*

pote tounen	*"to carry to return, i.e. to carry back, to take back"*
and	
vanse fini	*"to advance to finish, i.e. to progressively become ended, to become exhausted, depleted."*

The precise meaning of these serial verb constructions depends on the context.

[2]*This is an example of a construction called* **topicalization**. *It is used in Creole for a variety of functions, see Lessons 20 and 21. Topicalization involves duplicating a verb and placing one of the two parts at the beginning of the sentence. In this case, it is equivalent to a temporal clause introduced by* **when**: *When they landed...*

Kesyon

1. Konben peryòd ki gen nan istwa peyi Ayiti?
2. Ki premye pèp ki te viv sou tè Ayiti?
3. Gras ak ki sa yo te konn viv?
4. Ki premye pèp ki te debake sou tè endyen yo?
5. Ki sa panyòl yo fè endyen yo? Poukisa?
6. Ki sa Kawonabo chèf endyen te fè? Poukisa li pa te ka genyen batay yo?
7. Poukisa yo te vin ak nwa afriken yo nan peyi Ayiti?

KLE

Mo nouvo I

A.   **1.** f **2.** c **3.** b **4.** h **5.** d **6.** a **7.** e **8.** g

B.   **1.** Jaklin ap met zepis nan pwason an. **2.** Jaklin ap koupe vyann nan. **3.** Jaklin ap brase manje a. **4.** Jaklin ap pile vyann nan. **5.** Jaklin ap manje yon kawòt. **6.** Jaklin ap prije yon sitwon. **7.** Jaklin ap koule yon ji. **8.** Jaklin ap koupe yon zoranj. **9.** Jaklin ap netwaye vyann nan. 10. Jaklin ap sizonnen vyann nan.

C.   **1.** Mwen kapab bouyi yo, mwen kapab fri yo. **2.** Mwen ka griye l, fri l oswa fè li an sòs. **3.** Nou koupe fri yo, nou prije yo, nou kapab met sik, nou kapab met dlo, nou ka koule ji a. **4.** Mwen koule ji nan paswa. **5.** Mwen koupe vyann ak kouto. **6.** Mwen brase manje ak kiyè bwa. **7.** Mwen pile zepis ak pilon. **8.** Mwen kouvri manje ak kouvèti. **9.** Mwen kwit manje nan chodyè. **10.** Pou mwen fri pwason, mwen met luil oswa bè nan chodyè a.

Gramè I

A.   **1.** Annou netwaye l. **2.** Annou ale larivyè. **3.** Annou kwit li. **4.** Annou achte yo. **5.** Annou lave yo. **6.** Annou keyi yo. **7.** Annou wouze l.

B .   **1.** Kite m vante dife a. **2.** Kite m tranpe vyann nan. **3.** Kite m lave kawòt yo. **4.** Kite m pile zepis yo. **5.** Kite m fri ze yo. **6.** Kite m bouyi bannann yo. **7.** Kite m koule ji a.

D. 1. Nou mèt jwe nan lakou a. 2. Pinga nou jwe nan larivyè a. 3. Nou mèt rache zèb yo. 4. Pinga nou rache flè yo. 5. Nou mèt bwè lèt la. 6. Nou mèt jwe ak chat la. 7. Pinga nou jwe ak towo a. 8. Pinga nou bwè anpil wonm. 9. Pinga nou soti nan fènwa. 10. Nou mèt lave asyèt yo. 11. Pinga nou kraze boutèy la.

Gramè II

A. 1. M a leve ta. 2. M a ranje kabann mwen. 3. M a benyen. 4. M ava abiye m. 5. M a soti ak frè m yo. 6. M ava ale kay zanmi m yo. 7. M a mache nan lavil la. 8. M a tounen lakay mwen. 9. M ava ede manman m kwit manje. 10. M a manje ak tout moun. 11. M ava fè twalèt mwen.

B. 1. Lè l a fin benyen, l a siye kò l. 2. Lè l a fin lave cheve l, l a penyen tèt li. 3. Lè l a fin kwit manje, l a manje. 4. Lè l a fin fè lesiv, l a pase rad yo. 5. Lè l a fin sakle, l a plante. 6. Lè l a fin plante, l a wouze jaden an. 7. Lè l a fin fouye patat, l ava prale vann yo. 8. Lè y a fin vann nan mache, y a tounen lakay yo. 9. Lè y a fin achte machandiz an gwo, yo va revann yo. 10. Lè l a fin travay, li va repoze l.

Koute byen (Resèt pou diri ak pwa wouj)

Sa pou nou fè:

Mete pwa a kreve. Pandan tan sa a, netwaye diri a: wete wòch ladan li, lave l. Pile zepis yo, lave andui a. Lè pwa a fin kreve, fri andui a, zepis yo ak pwa a. Lè fini, mete dlo. Apeprè de ti mamit dlo pou yon ti mamit diri. Lè dlo a bouyi, mete diri a. Brase l yon sèl fwa pou l pa kole nan chodyè a. Kite l kwit. Lè dlo a prèske fini, toufe l: wete gwo dife a anba l. Mete li sou yon ti dife, kouvri l byen. Nan kenz a ven minit, l ap bon. Ou gen dwa mete yon piman bouyi nan dlo a tou.

Koute byen - kesyon

1. Non, nou bezwen plis diri pase pwa wouj. 2. Nou bezwen yon glòs luil. 3. Andui se yon kalite vyann. 4. Nou bezwen kreve yo. 5. Nou mèt fri li. 6. Nou bezwen mete apeprè de mamit dlo pou yon mamit diri. 7. Pou li pa kole nan chodyè a. 8. Non, se pou nou mete yon ti dife anba li.

Annou tcheke

A. 1. b 2. c 3. d 4. a 5. f 6. e 7. i 8. g 9. h

B. 1. Pinga nou jwe ak renmèd yo. 2. Nou mèt fèmen baryè a. 3. Pito nou leve bonè pou ale lekòl. 4. Pinga nou soti nan fènwa. 5. Kite m lave tèt nou pou nou. 6. Annou rache zèb ansanm. 7. Nou mèt pran kèk kokonèt. 8. Annou pile zepis ansanm. 9. Pito nou kouvri chodyè a. 10. Pinga nou manyen machin nan.

C. 1. Lè ou a fini pare manje a, ou a rele m. 2. Annou pote machandiz nou yo nan mache a. 3. Kite m ede l pile zepis yo. 4. Kite m bay pòv la yon goud. 5. Ou mèt louvri baryè a bonè maten an. 6. Pito ou sizonnen pwason an byen. 7. Kite nou ranmase ze yo pou ou. 8. Annou ale nan famasi a ak timoun yo. 9. Pito ou di yo pa jwe nan jaden an. 10. Li mèt plante flè bò baryè a. 11. Pinga mize nan kay la. 12. Pinga ou manje twòp zaboka, ou a malad. 13. Lè ou rive nan mache a, ou ava achte yon goud pat tomat. 14. M a di yo m pito rete isit.

Annou li   kesyon

1. Gen senk peryòd nan istwa peyi Ayiti. **2.** Endyen yo, se premye pèp ki te viv sou tè
Ayiti. **3.** Yo te konn manje rekòt jaden yo ak vyann bèt yo pran nan lachas. **4.** Se panyòl yo ki
te premye pèp ki te debake sou tè endyen yo. **5.** Yo fè endyen yo vin tounen esklav pou yo te
ka pran tout lò ki gen nan peyi a. **6.** Se sitou Kawonabo ki te plis batay ak panyòl yo. Li pa te
genyen batay yo paske li pa te gen zam, chwal, epi li pa te abitye batay konsa. **7.** Paske
endyen yo te fin mouri. Pa te gen lòt moun pou fè travay nan min yo, yon monseyè panyòl
mande wa a pou li voye chache nèg pou travay.

LESON VEN

DYALÒG

Lapli ap vini

Doktè Jozèf ak Chal ap pale nan lakou a.

Doctor Joseph and Charles are talking in the yard.

CHAL: Doktè, sezon lapli a pral vini, wi. Fòk m koumanse sakle pou m ka plante mayi ak melon yo. Ou konn jan timoun yo renmen melon.

Doctor, the rainy season is going to come. I have to start weeding so that I can plant the corn and the melon. You know how much the children like melon.

DOKTÈ JOZÈF: Ou kwè lapli pral tonbe? M byen kontan. L a fè pi fre.

You think it's going to rain? That's good. It'll be cooler.

CHAL: Li fè cho kounye a, vre. Sous la prèske sèk. Nou bezwen yon gwo lapli.

It sure is hot now. The spring is almost dry. We need a heavy rain.

DOKTÈ JOZÈF: M pa konn kote l a soti. M pa wè nyaj nan syèl la.

I don't know where it's going to come from. I don't see any clouds.

CHAL: Se nan mwa me nou ye. Ou a wè, Dòk! Van an pral mennen nyaj yo. Demen konsa, lapli ap farinen.

We're in the month of May! You'll see, Doctor! The wind will bring the clouds. By tomorrow it'll start drizzling.

DOKTÈ JOZÈF: Enben, desann lavil avè m demen maten. Ou a achte semans mayi ak melon.

Then come to town with me tomorrow morning. You'll buy the corn seed and the melon seed.

Demen maten, Chal pral lavil ak Doktè Jozèf. Y ap pale sou ane pase.

The following morning, Charles is going to town with Dr. Joseph. They're talking about the previous year.

CHAL: Dòk, ou sonje ane pase? Lè konsa se pa ti lapli, non, li te gen tan fè.

Doc, you remember last year? At this time it had already rained a lot.

DOKTÈ JOZÈF: Wè Monchè! Epi chak kout zeklè ak loray, se bagay ki pou te fè nenpòt moun pè.

Yeah! And every bolt of lightening and clap of thunder was such that it could frighten anybody.

CHAL: Men, nou te gen tan fè de bèl rekòt mayi ak pwa anvan lavalas mwa sektanm nan.

But, we had time to harvest two nice crops of beans and corn before the September flood.

DOKTÈ JOZÈF: Monchè, san de rekòt sa yo, nou te nan tout sa ki pa bon. Ou wè jan larivyè sa a pote tout bagay ale lè li desann?

Man, if it weren't for those two harvests, we'd have a lot of problems. You see how that river takes everything with it when it overflows?

CHAL:	Ane sa a, m pa kwè nou bezwen enkyete nou pou sa. P ap gen siklòn, paske lapli poko menm koumanse farinen.	This year, I don't think we need to worry about that. There won't be any hurricane because it hasn't even started to drizzle yet.
DOKTÈ JOZÈF:	Wi, men pinga sechrès ban nou tèt chaje.	Yes, but let's hope the drought doesn't bring hardship to us.

Kesyon

1. Ki sa Chal di doktè a?
2. Ki sa Chal bezwen fè?
3. Poukisa doktè a byen kontan?
4. Ki jan tan an ye kounye a?
    Ki sa yo bezwen?
5. Ki jan syèl la ye jodi a?
6. Ki jan Chal di tan an pral ye demen?
7. Ki jan tan an te ye ane pase lè konsa?
8. Konben rekòt yo te fè anvan sektanm?
9. Ki sa ki rive lè larivyè desann?
10. Ki jan sezon an ka ye ane sa a? Poukisa?

Li di l lapli ap vini.
Li bezwen plante mayi ak melon.
Li kontan paske lapli ap pote tan ki pi fre.
Li fè cho anpil epi gen sechrès.
Yo bezwen lapli.
Pa gen nyaj.
Lapli va farinen.
Li te fè anpil lapli.
Yo te fè de rekòt.
Dlo pote tout bagay li jwenn ale.
Ane sa a, ka gen sechrès, paske lapli poko menm koumanse farinen.

MO NOUVO

1. Ki jan tan an ye?

1. li fè
    cho/chalè

2. li fè
    frèt/fredi

3. gen lapli

4. gen zeklè
    epi loray
    ap gwonde

5. gen van

6. gen sechrès

7. li fè bon

8. gen loray

9. gen move tan

10. tan an mare

11. li fè fre

2. **Nan ki sezon nou ye?**

1. Nou nan sezon lapli.

2. Nou nan sezon sèk.

3.   **Ki jan nou abiye pou sezon oswa pou tan?**

Lè li fè cho, nou mete rad **lejè**, **dekòlte**, nou mete **chòt**, mayo.
Lè li fè fre, nou mete yon **chanday**.
Lè li fè frèt, nou mete yon **manto**.
Lè gen lapli nou mete yon **padesi** pou nou pa **mouye**, nou ka louvri yon **parapli**, sou
        tèt nou tou.
Lè solèy la cho, nou mete yon chapo **pay** oswa nou louvri yon **lonbrèl** sou tèt nou.

Si lapli **bare** ou, fòk ou prese pou ou wete rad mouye yo kon ou rive, pou ou mete yo
sèch. **Seche** kò ou ak tèt ou byen seche pou ou pa gripe. Lè ou mache anba solèy cho
ou **swe** anpil, rad ou mouye ak swè. Fòk ou chanje yo byen **vit** nan yon chanm fèmen;
paske si yon **kourandè** frape ou, ou ka malad.

lejè	light	**mouye**	wet	**sèch**	dry
dekòlte	open-necked	**parapli**	umbrella	**swe**	to perspire
chòt	short	**pay**	straw	**swè**	perspiration
chanday	sweater	**lonbrèl**	parasol	**vit**	quickly
manto	coat	**bare**	to catch unaware	**kourandè**	draft
padesi	raincoat				

4.   **Sezon ki gen nan lòt peyi.**

Li fè frèt anpil nan **ivè**.   (desanm_____mas)
Li fè cho anpil nan **ete**.   (jen_____sektanm)
Li fè bon nan **prentan**.   (mas_____jen)
Li fè fre, lapli tonbe anpil nan **otòn**.   (sektanm_____desanm)

ivè	winter	**ete**	summer
otòn	fall	**prentan**	spring

Annou pratike

A.   **Reponn kesyon sa a, di ki jan tan an ye.**
      MODÈL: Ki jan tan an ye? →
                gen move tan

1.    2.    3.

4.    5.    6.

7.    8.    9.

10.

B.   **Di ki sa nou mete.**
MODÈL: li fè frèt.
        Lè li fè frèt nou mete yon manto.

1.   lè gen lapli   5.   nan ivè
2.   nan ete   6.   lè solèy la cho
3.   lè li fè fre   7.   nan otòn
4.   lè li fè cho

C.   **Definisyon.** Devine sou ki sa n ap pale.
MODÈL: Lapli pa tonbe ditou, plant yo ak bèt yo fin mouri. →
        Se sechrès.
1.   Gwo dlo k ap pote tout bagay ale.
2.   Gwo bwi ou tande lè lapli ap tonbe.
3.   Fil klere ou wè nan syèl la anvan ou tande loray gwonde.
4.   Lapli ki vin ak gwo van; ki ka fè anpil dega.
5.   Lè lapli ap tonbe tou piti.
6.   Se sezon lè lapli pa tonbe.
7.   Nan sezon sa a lapli konn tonbe.
8.   Gen anpil nyaj nan syèl la, epi nou pa kapab wè solèy la.

GRAMÈ I

Emphatic constructions with adjectives

1.   On page 141 we saw that Creole verbs may be emphasized by moving a copy of the
     main verb to the beginning of the sentence and introducing it with **se**. Compare:

     He is working.   L ap travay.
     He's **working**. *or* What he's doing is working. **Se travay** l ap travay.

2.   Creole adjectives function very much like verbs, for example, they may make up the
     predicate by themselves. Compare:

     Mariz chante.   Maryse sang.
     Mariz bouke.   Maryse is tired.

3.   Like verbs, adjectives may be emphasized by moving a copy to the beginning of a
     sentence. However, **se** by itself cannot be used as an introducer. Instead, the form **ala** is
     used as introducer:

     Li bèl   **Ala bèl** li bèl.
     Chat la mouye   **Ala mouye** chat la mouye.

4. **Se** may also be used as introducer with emphasized adjectives, but followed by the negative **pa** accompanied by the quantifier **de** *two*, **kat** *four*, **ti** *little*:

Se pa ti mouye li mouye. He/she's really wet. (Literally, It's not a little wet that he/she's wet.)

Se pa de bèl ou bèl. You're really beautiful.
Se pa kat frekan timoun sa yo frekan. These children are really insolent.

5. **Se** + negative + a quantifier may also be used with verbs:

Se pa de vante van an vante. It was really windy.

The same construction, but without copying, may be used with a fronted noun:

Te genyen yon gwo lavalas. It was a big downpour.
Se pa ti lavalas ki te genyen. It surely was not a small downpour.

Annou pratike

A. **Chanje fraz yo pou nou met anfaz sou adjektif yo. Itilize: ala oswa se pa ti.**

MODÈL: Ti fi a bèl. →
Ala bèl li bèl.
Se pa ti bèl li bèl.

1. Kay la gwo.
2. Madanm nan gra.
3. Syèl la ble.
4. Machin nan pwòp.
5. Mayo a mouye.
6. Rad la dekòlte.
7. Jaden an piti.
8. Mayi a chè.
9. Timoun nan antchoutchout.
10. Cheve li long.

B. **Marye kolonn I ak kolonn II epi mare de fraz yo ansanm.**

MODÈL: **Lapli bare Tidjo; se pa ti mouye li te mouye.**

I
1. Lapli mouye Jan.
2. Pyè pa pran manto l.
3. Larivyè desann.
4. Gen twa mwa lapli pa tonbe.
5. Lapli bare Tidjo.
6. Gen move tan.
7. Jodi a madan Sensè bezwen pran yon lonbrèl

II
a. Se pa ti mouye li mouye.
b. Se pa ti malad li te malad.
c. Se pa de lavalas ki genyen.
d. Se pa ti sèch plant yo sèch.
e. Se pa ti vante van an vante.
f. Se pa ti cho solèy la cho.
g. Se pa ti frèt l ap frèt.

GRAMÈ II

The determiner with possessives

1. The function of the Creole determiner la (a, lan, nan, an) differs from that of its English near equivalent **the**. First, the Creole determiner has a meaning intermediate between that of the English definite and demonstrative determiners:

Kote chat la? Where's the cat?
Where's this, that cat?

Second, the Creole determiner may accompany the possessive. In that case, note the difference in meaning between the possessive used alone and the combination possessive + determiner:

Kote manje mwen?	Where's my food? (Imagine the speaker not finding food, that is, Where's my food, as versus that of other people.)
Kote manje mwen an?	Where's my food? (Imagine the speaker leaving his/her place and, upon returning, not finding the food that was set aside for me).

2.   The form of the determiner accompanying the possessive depends on the last sound of the possessive. Compare:

manje a	manje mwen an
chat la	chat mwen an
manje a	manje li a

3.   After **nou**, **an** is the variant used:
Kote manje **nou an**.

That variant occurs after **i** and **ou** preceded by a nasal consonant:
pitimi an   "the millet"   **jenou an**   "the knee"

4.   Remember that the plural marker **yo** contains the meaning of both plural and definite. For that reason the combination of the possessive + **yo** may have two different meanings:

soulye mwen	"the shoe that belongs to me"
soulye mwen yo	"the shoes that belong to me"
soulye mwen an	"the particular shoe that belongs to me"
soulye mwen yo	"the particular shoes that belong to me"

Note: Exercise B below focuses on the semantic distinction between the presence and the absence of the determiner following the possessive. In Item 1 (Where's your notebook? * Here's my notebook.) reference is made to a specific notebook whose ownership is assumed to be known to all participants in the conversation. On the other hand, Item 2 requires identification of the owner.

Annou pratike

A.   **Chanje fraz yo tankou modèl la.** Lè se bagay ki vin pa pè ou gen dwa sèvi ak **yo**; lè se bagay ki pa vin pa pè, ou gen dwa sèvi ak **la** oswa **a** oswa **an**.

     MODÈL: Kote chapo ou? →
                      Kote chapo ou a?
                  Kote soulye ou? →
                      Kote soulye ou yo?

1.	Pase pantalon li.	6.	Kote chosèt ou?
2.	Lave chemiz ou.	7.	Ranje sapat li.
3.	Koud jip mwen.	8.	Netwaye soulye m.
4.	Ban m senti ou.	9.	Pran tenis ou.
5.	Kote parapli nou?		

B. **Reponn kesyon yo tankou modèl la.**

MODÈL: Kote liv li a? (li) →   oswa   Ki liv sa a? →
Men liv li a.   **Se liv mwen.**

1. Kote kaye ou a? (mwen)
2. Pou ki moun kaye a? (mwen)
3. Ou konnen frè m nan? (ou)
4. Ou rankontre pitit li yo? (li)
5. Pitit ki moun li ye? (mwen)

6. Manyen tèt ki moun? (yo)
7. Ki machin l ap pran? (ou)
8. Ki chemiz l ap lave? (li)
9. Pou ki moun bokit la ye? (yo)

KOUTE BYEN

Sòt pa touye, men li fè swe.   Stupidity doesn't kill, but it makes you sweat.

Lè gen van, nou pa kapab limen alimèt fasil. Men yon ti istwa: se yon nèg ki jwenn yon jan pou limen yon alimèt lè gen van.

Men mo nou poko konnen:

rale	to take out	**yon grenn alimèt**	an individual match
yon bwat	box	**soufle**	to blow
yon alimèt	match	**fò**	strong
pase	to strike	**sere**	to keep
etenn	to put out	**foure**	to place, to stuff in, to shove
dènye	last	**yon pòch**	pocket

Kesyon

1. Ki sa nèg la te bezwen fè?
2. Ki sa li fè ak sigarèt la?
3. Ki jan tan an te ye jou sa a?
4. Ki sa ki rive lè nèg la pase alimèt yo?
5. Konben grenn alimèt li gen tan pase?
6. Ki sa ki rive ak dènye grenn alimèt la?
7. Ki sa nèg la fè pou etenn alimèt la?
8. Ki sa li fè ak dènye grenn alimèt sa a?
9. Ki sa k ap rive nèg la?

ANNOU TCHEKE

A. **Reponn kesyon yo.**

1. Nan ki mwa li fè frèt anpil?
2. Nan ki sezon li fè bon?
3. Nan ki mwa li fè cho?
4. Nan ki sezon moun met manto?
5. Nan ki sezon moun met chapo pou pare solèy?
6. Nan ki sezon lapli tonbe anpil?
7. Ki lè moun met chanday?
8. Ki lè moun met padesi?

B. **Reponn kesyon yo.**

1. Èske lapli konn bare ou deyò? Ki sa ou fè lè sa rive ou?
2. Ki jan ou santi ou lè li fè cho anpil? Lè li fè frèt anpil?
3. Ki sezon ou pi renmen? Poukisa?
4. Kilès ou pi pa renmen? Poukisa?
5. Nan ki sezon ou fèt?
6. Ki sa ou renmen fè lè sezon lapli?
7. Ki sa ou pa renmen fè lè sezon lapli?
8. Ki sa ou santi ou ta fè lè li fè frèt anpil?
9. Ki sa ou ta fè si ou fin abiye ou pou ou soti, epi yon gwo lapli ak loraj koumanse tonbe?

C. **Marye kolonn I ak II.**

I	**II**
1. Se pa ti bèl li bèl.	a. Ki kantite sik ou met nan ji a?
2. Ala gwo li gwo.	b. Ki sa ki fè li gwosi konsa a?
3. Se pa de piti li vin piti.	c. Se ou menm ki kwit manje a?
4. Ala pwòp kay la pwòp.	d. Poukisa renmèd sa a bon?
5. Se pa de bon diri sa a bon.	e. Pitit ki moun pitit sa a ye?
6. Se pa de sikre ji a sikre.	f. Ki moun ki netwaye kay la?
7. Se pa ti anmè renmèd la anmè.	g. Ou wete te a nan dife lontan?
8. Se pa de cho te a cho.	h. Ki jan li fè megri konsa a?

D. **Chanje fraz yo tankou modèl la.**

MODÈL: Kote manje mwen an? →
    Kote manje m?

1. Ou te pran liv mwen an.
2. Pa louvri kaye li a.
3. Efase tablo nou an.
4. Fòk ou netwaye glas ou a byen.
5. Chwazi kreyon ou a.
6. Li fèmen diksyonnè li a.

E. **Tradiksyon**

1. I like to go out when it's nice.
2. I don't have an umbrella, but I have a nice straw hat.
3. I like spring because I was born in that season.
4. It rains a lot during the fall season.
5. The rainy season has come, it's time to plant vegetables and fruits.
6. The wind will bring the clouds so that it might rain.
7. The peasants are happy when it rains, they have a good harvest.
8. This is really a nice season!
9. What a naughty child; she stays in the rain to listen to what grown-ups are saying.
10. This guy is really insolent!

KLE

Mo nouvo

A.   **1.** li fè cho **2.** li fè frèt **3.** gen lapli **4.** gen zeklè **5.** gen van **6.** gen sechrès **7.** li fè bon **8.** gen zeklè/gen loray **9.** gen move tan **10.** tan an mare

B.   **1.** Lè gen lapli nou met padesi. **2.** Nan ete nou mete rad dekòlte. **3.** Lè li fè fre nou mete yon chanday. **4.** Lè li fè cho nou met chòt ak mayo. **5.** Nan ivè nou mete manto. **6.** Lè solèy la cho nou pran yon lonbrèl. **7.** Nan otòn nou met chanday ak padesi.

C.   **1.** Se lavalas. **2.** Se loray. **3.** Se zeklè. **4.** Se siklòn. **5.** Lapli ap farinen. **6.** Se sezon sèk. **7.** Se sezon lapli. **8.** Tan an ap mare.

Gramè I

A.   **1.** Se pa ti gwo li gwo. **2.** Ala gra li gra. **3.** Se pa ti ble li ble. **4.** Se pa ti pwòp li pwòp. **5.** Se pa ti mouye li mouye. **6.** Se pa ti dekòlte li dekòlte. **7.** Se pa ti piti li piti. **8.** Ala chè li chè. **9.** Se pa ti antchoutchout li antchoutchout. **10.** Se pa ti long li long.

B.   **1.** b **2.** g **3.** c **4.** d **5.** a **6.** e **7.** f

Gramè II

A.   **1.** Pase pantalon li a. **2.** Lave chemiz ou a. **3.** Koud jip mwen an. **4.** Ban m senti ou a. **5.** Kote parapli nou an? **6.** Kote chosèt ou yo. **7.** Ranje sapat li yo. **8.** Netwaye soulye mwen yo. **9.** Pran tenis ou yo.

B.   **1.** Men kaye m nan./Men kaye mwen an. **2.** Se kaye mwen./Se kaye m. **3.** Wi, m konnen frè ou a. **4.** Wi, m rankontre pitit li yo. **5.** Se pitit mwen. **6.** Manyen tèt yo. **7.** L ap pran machin ou an. **8.** L ap lave chemiz li a. **9.** Se bokit yo a.

Koute byen (Sòt pa touye, men li fè swe)

Se te yon fwa, yon nèg ki te bezwen limen yon sigarèt. Li fin mete sigarèt la nan bouch li, epi li rale yon bwat alimèt.

Alò, te gen yon gwo van ki t ap vante. Nèg la pran bwat alimèt la, li pase yon premye alimèt, van an etenn li; li pase yon dezyèm, van an etenn li tou. Li pase menm ven grenn alimèt. Van an etenn yo tout. Li pa kapab limen sigarèt la. Dènye grenn alimèt ki rete nan men li a, li pase li.

Li fè sa, li limen sigarèt li, li wè alimèt la rete. Van an pase, li pa etenn li. Li soufle alimèt la fò, li pa ka etenn li. Lè sa a, li di konsa: "sa a bon, m ap sere li." Epi, li foure li nan pòch li.

Koute byen - kesyon

1. Li te bezwen limen yon sigarèt. **2.** Li mete l nan bouch li epi li rale yon bwat alimèt. **3.** Te gen anpil van. **4.** Van an etenn yo. **5.** Li pase menm ven grenn. **6.** Van an pa kapab etenn li. **7.** Li soufle alimèt la fò. **8.** Li foure li nan pòch li. **9.** L ap boule ni pantalon li, ni janm li.

Annou tcheke

A.   **1.** Li fè frèt anpil nan fevriye. **2.** Li fè bon nan prentan. **3.** Li fè cho nan jiyè.
4. Moun met manto nan ivè. **5.** Moun met chapo pou bare solèy nan ete. **6.** Lapli tonbe anpil nan otòn. **7.** Moun met chanday lè li fè fre. **8.** Moun met padesi lè lapli ap tonbe.

C.   **1.** e **2.** b **3.** h **4.** f **5.** c **6.** a **7.** d **8.** g

D.   **1.** Ou te pran liv mwen. **2.** Pa louvri kaye l. **3.** Efase tablo nou. **4.** Fòk ou netwaye glas ou byen. **5.** Chwazi kreyon ou. **6.** Li fèmen diksyonnè l.

E.   **1.** Mwen renmen soti lè li fè bon. **2.** M pa gen yon parapli, men mwen gen yon bèl chapo pay. **3.** Mwen renmen prentan paske mwen te fèt nan sezon sa a. **4.** Lapli tonbe anpil nan otòn. **5.** Sezon lapli a rive, li lè pou plante legim ak fwi. **6.** Van an ap mennen nyaj yo pou lapli a ka tonbe. **7.** Abitan yo kontan lè lapli tonbe, yo fè bon rekòt. **8.** Se pa ti bèl sezon an bèl. **9.** Ala timoun antchoutchout, li rete nan lapli a pou l tande sa granmoun ap di. **10.** Se pa de frekan nèg la frekan!

LESON VENTEYEN

DYALÒG

Yon bòs ebenis

Jan fin achte yon kay. Li vle meble l. L al kay yon ebenis, bòs Antwàn, pou l fè yon salamanje pou li.	Jean has just bought a house. He wants to furnish it. He goes to Bòs Antoine, a cabinetmaker, to have him make a dining room set.

JAN:	M ap ba ou fè yon salamanje sis kouvè pou mwen. Men, fò ou ban m yon bon travay.	I'd like you to make a six-chair dinner table for me. However, you have to do a good job.
ANTWÀN:	Men wi, ou pa bezwen pè. M ap ba ou yon bèl tab ak pye awondi epi sis chèz ak eskilti nan dosye yo.	Of course, you don't need to worry. I'll give you a nice table with rounded legs and six chairs with some sculptures in the back.
JAN:	M vle yon tab ak ralonj. Konben sa ap koute m?	I want a table with extension. How much will that cost me?
ANTWÀN:	Kòm ou se moun pa m, m ap fè li pou ou pou senk san dola.	Since you're a friend, I'll do it for 500 dollars.
JAN:	O! Se pri sa a ou fè pou kliyan ou? M ap ba ou twa san.	Oh! Is this the price you make for your clients? I'll give you 300 dollars.
ANTWÀN:	Non, monchè! Materyo chè kounye a. Ban m twa san senkant.	No, man! Materials are expensive now. Give me 350.
JAN:	Oke. L ap pare nan vennde jou? Sèlman pa fè bouch mwen long (pa fè m pale anpil).	O.K. Will it be ready within three weeks? Only, don't make me angry (don't make me talk a lot).
ANTWÀN:	Pa enkyete ou... Pito ou tcheke m nan yon mwa.	Don't worry... I'd rather have you check with me within a month.

Jan bezwen fè yon lòt travay an fè fòje nan kay li a. Li mande bòs la si li konn moun ki ka fè l pou li.	Jean needs to do some other work in wrought iron in his home. He asks the Bòs if he knows someone who can do it for him.

JAN:	Bòs Antwàn, ou pa konn yon bòs fòjwon?	Bòs Antoine, don't you know any blacksmith?
ANTWÀN:	Gen yon bòs ki konn fè ti djòb nan lakou a. Men, m pa kwè li la kounye a.	There is one that does this type of work around here. But I don't believe he is here now.

JAN:	Ou a fè m wè ak li pita? M bezwen met yon fè fòje sou galri m nan.	Will you help me get in touch with him later? I need to put some iron railing around my veranda.
ANTWÀN:	Ou pa bezwen prese, ou a gen tan fè l.	You don't have to rush. You have time to do it.
JAN:	Non monchè, ak vòlè k deyò yo, nèg pa ka pran chans. Fò m fè l touswit. Konben ou kwè sa ka koute m?	No man, one can't take any chances with the thieves around. I have to do it immediately. How much do you think it will cost?
ANTWÀN:	M pa konnen, non. Men msye pa cheran, l ap fè bon pri ak ou.	I really don't know. But the fellow won't ask for a lot of money. He'll give you a good price.

Nòt: *Bòs ayisyen renmen bay koutba. Yo pa remèt travay jou yo di y ap remèt li a. Kliyan konn fache, joure lè yo bouke mache kay bòs la.*

Haitian artisans often don't keep their word. They don't return the work when they're supposed to. When the clients are tired of going to their shop, they get angry and bawl them out.

Kesyon

1. Ki kalite travay Jan bay bòs Antwàn fè pou li? Dekri travay li vle a.

   Jan bay bòs Antwàn fè yon tab salamanje ak sis kouvè pou li. Li vle yon tab ak ralonj.

2. Pou konben kòb bòs la ap fè salamanje a? Poukisa li pa ka fè li pi bon mache?

   L ap fè l pou twa san senkant dola. Li pa ka fè l pi bon mache paske materyo chè.

3. Reponn kesyon yo ak **se vre** oswa **se pa vre**
   a. Yon kliyan se yon moun ki abitwe achte nan men yon machann.
   b. Nan mache, yo rele kliyan pratik.
   c. Materyo bon mache kounye a.
   d. Bòs Antwàn ap remèt travay la nan 22 jou.

   a. se vre
   b. se vre
   c. se pa vre
   d. se pa vre

4. Ki moun k ap fè Jan jwenn yon bòs fòjwon?

   Se bòs Antwàn.

5. Ki kote bòs fòjwon an rete?

   Li rete nan menm lakou ak bòs Antwàn.

6. Poukisa Jan bezwen bòs fòjwon an?

   Pou l mete yon fè fòje sou galri a pou li.

7. Poukisa li vle met fè fòje sou galri a?

   Paske li pè pou vòlè pa kase kay li.

MO NOUVO

Kalite bòs

Yon bòs ebenis se yon moun ki fè mèb (chèz, tab, kabann...)
Yon bòs chapantye se yon moun ki fè travay bwa (chapant) nan kay.
Yon bòs fòjwon se yon moun ki fè travay an fè fòje.

Yon bòs fèblantye se yon moun ki fè travay an fèblan.

Yon bòs kòdonye se yon moun ki fè soulye oswa ki ranje soulye.

Yon bòs tayè se yon moun ki fè rad gason (pantalon, kostim...)

Yon bòs mason se yon moun ki fè travay an beton (kay, mi...)

Yon bòs menizye se yon moun ki fè pòt, fenèt ak lòt dekorasyon an bwa nan kay.

Yon bòs machòkèt se yon moun ki pa konn fè bon travay.

Yon koutiryè (koutiryèz) se yon moun (fi) ki fè rad fi.

Yon kizinyèz se yon moun/fi ki kwit manje.

Zouti

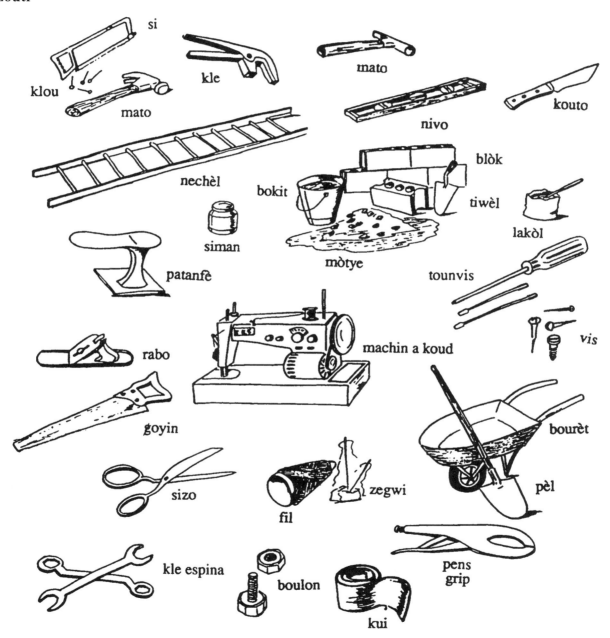

Ki sa yo bezwen pou fè travay yo?

Ebenis, chapantye, menizye bezwen

si oswa goyin pou koupe bwa.

rabo pou drese bwa.

klou pou kloure.

lakòl pou kole bwa.

mato pou frape klou.

Tayè ak koutiryè bezwen

sizo pou koupe twal.

zegwi ak **fil** pou koud rad ala men.

machin a koud pou koud rad ala machin.

patwon pou taye rad.

Mason bezwen

pèl pou brase mòtye.

bokit ak **bourèt** pou pote mòtye.

tiwèl pou pran mòtye.

blòk ak mòtye pou leve mi, koule beton...

Kòdonye bezwen **siman** pou kole **kui** pou fè soulye.

Mekanisyen bezwen **kle** pou vise oswa devise **vis**.

Annou pratike

A.   **Di ki sa bòs sa yo fè.**

MODÈL: Yon machòkèt. →

Se yon bòs ki pa fè bon travay.

1. yon fèblantye	5. yon ebenis
2. yon fòjwon	6. yon menizye
3. yon chapantye	7. yon kizinyè
4. yon kòdonye	8. yon tayè

B.   **Di ki pwofesyon moun sa yo genyen.**

MODÈL: Monnonk mwen bati kay an bwa. →

Li se chapantye.

1. Bèlmè ou kwit manje nan restoran.
2. Nyès mwen an koud rad byen.
3. Papa li te renmen fè pantalon ak kostim.
4. Ti frè mwen an fè bon pen.
5. Medam yo al achte machandiz an gwo pou yo vin vann Pòtoprens.
6. Kouzen Pyè a bati kay ak blòk ak mòtye.
7. Yo fè bèl soulye ak sandal kay Afriken yo.
8. Msye sa a fè kou panyòl byen.
9. Moun sa yo vann nan mache anba (mache an Fè, mache Valyè).

C.   **Ki sa sa yo ye?**

MODÈL: Ki sa sa a ye?      Se yon bokit?

Se yon si.   **Non, se yon bourèt.**

1. Ki sa sa a ye?

2. Se yon tiwèl?

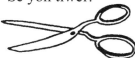

3. Se yon patwon?

4. Ki sa sa a ye?

5. Ki sa sa a ye?

6. Se yon bourèt?

7. Se yon batwèl?

8. Ki sa sa a ye?

D.   Kounye a se pou ou di sa yo kapab fè ak zouti ki nan desen yo.

MODÈL: **Ak yon goyin yo ka koupe bwa.**
**Ak yon bourèt, yo ka pote tout kalite bagay: tè, siman, mayi,
eksetera.**

(a) goyin   (b) bourèt

1.   2.   3.   4.

5.   6.   7.   8.

E.   Devine ki zouti timoun yo bezwen pou fè travay yo.

MODÈL: Tidjo ap aprann fè mèb. →
Li bezwen rabo, si, klou ak lakòl.

1.   Mwen renmen kwit manje.
2.   Nikòl koud byen.
3.   Pyè vle bati yon kay an bwa.
4.   Pòl ap ede papa li brase mòtye.
5.   Antwàn pral ranje yon machin.

6.   Ti bòs la ap leve mi kay li.
7.   Msye a ap pote mòtye pou bòs la.
8.   Tayè a pral taye kostim nan.
9.   Bòs la ap kole soulye yo.

GRAMÈ I

The modal verbs fèk, sòt, tonbe, pran

To express an action that is just completed, use the modal verbs **fèk** or **sòt**. The latter connotes an action that is more recently completed:

Msye a fèk soti.   The man has just left.
M fèk achte jwèt la epi pitit mwen   I've just bought this toy and my child
   sòt kase l.   has just broken it.

To express an action just about to begin, use **pran** or **tonbe**:

Madanm nan pran chante.   The woman began to sing.
Pitit la tonbe epi li tonbe kriye.   The child fell and he/she began to cry.

Annou pratike

A.   **Granmoun yo ap di timoun yo fè travay.** Yo reponn yo fè travay yo deja.

      MODÈL: Lave asyèt yo. →
              Nou fèk lave yo.   oswa   **Nou sòt lave yo.**

1. Plante flè yo.   5. Bwè lèt la.
2. Fèmen pòt la.   6. Rache move zèb yo.
3. Etidye leson nou.   7. Al chache mèb yo.
4. Wouze jaden an.   8. Siye tab la.

B.   **Marye kolonn I ak kolonn II**

	I		II
1.	Manje a kwit.	a.	Sentaniz pral mete yo ladan l.
2.	Pa gen zepis nan diri a.	b.	Sentaniz fèk prije l.
3.	Pwason an pare deja.	c.	Pa ba tèt ou traka, Anita sòt brase l.
4.	Gen ji sitwon nan gode a.	d.	Non, se pou nou met vinèg sou yo.
5.	Nou pa kapab manje pwa wouj yo.	e.	Wi, m sòt koupe yo.
6.	Pinga pitimi an pa kole nan chodyè a.	f.	Kizinyèz la fèk fè li.
7.	Tomat yo bon pou nou manje yo?	g.	Sentaniz sòt tranpe l.
8.	M ap mete zonyon nan sòs la.	h.	Non, men Anita ap kwit yo kounye a.

C.   **Refè fraz yo ak vèb ki pi bon pou konplete yo lojikman.** Sèvi ak **pran** oswa **tonbe** pou endike yo koumanse fè aksyon ak detèminasyon.

bwè wonm   ekri   fouye   lave
manje   pale anpil   pran rele   repoze

MODÈL: Lè yo sèvi tab la, timoun yo tonbe manje.
oswa   Lè yo sèvi tab la, timoun yo pran manje.

1. Lè Pyè rive nan fèt la, li...
2. Lè mesye yo antre nan jaden an, yo....
3. Lè mwen reponn telefòn nan, Mariz...
4. Elèv yo pase di jou ap etidye pou egzamen an, apre yo....
5. Yo poze yon kesyon elèv yo konnen byen, yo. ..
6. Lè timoun yo sal mèb yo, papa yo...
7. Ti fi a gen vant fè mal...

D. Marye fraz ki nan kolonn I ak sa ki mache avèk li nan kolonn II epi mete de fraz yo ansanm.

MODÈL: **Tidjo te kontan; li tonbe danse.**

I	II
1. Tidjo te kontan. ..	a. Li tonbe dòmi.
2. Lyonèl te grangou...	b. Li fèk benyen.
3. Efoni te bouke...	c. Li pran kouri.
4. Anayiz pwòp. . .	d. Li pran chante.
5. Mannwèl pèdi kòb la...	e. Li fèk soti lapòs.
6. Ivòn santi lapli ap tonbe...	f. Li tonbe kriye.
7. Asefi te tande mizik...	g. Li pran manje.
8. Renòt gen lèt nan men ni...	h. Li tonbe danse.

GRAMÈ II

The modal verbs <u>fin</u> and <u>konn</u>

To express a completed action, use the modal **fin**:

M **fin** lave tèt mwen.   I've just washed my hair.
M **fin** kale zoranj lan.   I've just peeled the orange.

To express habitual action, use the modal **konn**:

Yo **konn** leve bonè.   They usually get up early.
Yo te **konn** leve ta.   They used to get up late.

Annou pratike

A. Itilize <u>fin</u> nan fraz yo pou endike aksyon ki fèt deja a. Ou gen dwa sèvi ak pwonon.

MODÈL: Manje diri a! →
         M fin manje l.

1. Lave chodyè a!	6. Pile zepis yo!
2. Kouvri bonm nan!	7. Al fè lesiv!
3. Kòmande manje a!	8. Tranpe vyann nan!
4. Kale zaboka a!	9. Tann rad yo!
5. Mete kouvè sou tab la!	

B. Di sa ou <u>fin</u> fè ak sa ou <u>poko</u> fè.

MODÈL: prepare manje/manje →
         M fin prepare manje, men m poko manje.

1. benyen/abiye	5. koud rad la/pase li
2. etidye/ekri lèt la	6. fè pwovizyon/kwit manje
3. dòmi/lave je	7. netwaye tab la/pentire l
4. lave asyèt/siye yo	8. bay bèt yo manje/ba yo bwè dlo

C. Reponn pou ou di sa ou konn fè chak jou.

MODÈL: Mwen menm m dòmi ta. E ou menm? →
         Mwen menm, m konn dòmi ta tou.

oswa   **Mwen menm, m konn dòmi bonè.**

1. Mwen menm m fè twalèt ak dlo frèt.
2. Mwen menm m abiye vit.
3. Mwen menm m pa manje anpil.
4. Mwen menm m mache pou ale nan travay.
5. Mwen menm m tande radyo anpil.
6. Mwen menm m gade televizyon anpil.
7. Mwen menm m li jounal anvan m al dòmi.
8. Mwen menm m ale legliz chak jou.

D.   **Konpare abitid bòs Albè lè li te konn vin nan Ayiti anvan ak sa li fè kounye a.**

MODÈL: 1. **Li te konn rete Petyonvil, men kounye a li rete Okay.**

1. rete/Petyonvil/Okay
2. lwe yon machin/yon bekàn
3. vwayaje nan bouk/nan gran vil
4. manje lanbi/griyo
5. travay anpil/repoze
6. pale franse/kreyòl
7. leve bonè/ta
8. al danse nan Lanbi/Ibo Lele
9. al nan lanmè/nan mòn

KOUTE BYEN

Yon bòs kòdonye ki konn bay koutba.

Anpil ayisyen pito al kay bòs kòdonye pase y al nan magazen pou achte soulye. Yon kòdonye fè soulye ki pi solid, ki kab dire anpil tan. Men soulye sa yo pa toujou bèl epi yo pa toujou alamòd.

Yon lòt rezon ki fè gen moun ki pa renmen al kay kòdonye se paske kòdonye konn bay koutba. Ou bezwen ale plizyè fwa lakay yo pou fè jis pri, pou pran mezi. Lè ou resi dakò ak bòs la, ou bezwen tounen plizyè fwa anvan soulye a pare.

Men kèk mo nou poko konnen:

dire	to last	**avalwa**	down payment
mezi	measurements	**san sa**	otherwise
alamòd	fashionable	**apranti**	apprentice
fè jis pri	to bargain	**chans**	luck
resi dakò	to agree finally	**pre**	ready (= *pare*)

Kesyon

1. Ki moun Pè Gito ye? Ki kote li rete?
2. Pou ki moun Pè Gito travay?
3. Poukisa granmoun renmen soulye bòs Gito yo?
4. Èske timoun renmen soulye bòs Gito? Poukisa?
5. Ki sa yon avalwa ye?
6. Ki sa yon apranti ye?
7. Èske yon kliyan konn kontan lè l al chache yon travay nan men bòs Gito? Poukisa?
8. Èske ou ta renmen bay bòs Gito travay pou ou? Poukisa?
9. Èske ou ta renmen met soulye ki fèt sou mezi? Poukisa?

ANNOU TCHEKE

A.   Marye kolonn I ak kolonn II.

I	II
1. kòdonye	a. malad
2. mèt boulanje	b. machandiz
3. famasyen	c. kui
4. madan sara	d. farin
5. mekanisyen	e. fèblan
6. doktè	f. vyann
7. ebenis	g. sizo
8. mason	h. chodyè
9. tayè	i. fè fòje
10. kizinyèz	j. renmèd
11. fòjwon	k. tiwèl
12. bouche	l. kle
	m. si

B.   Refè fraz yo pou ajoute mo ki kapab bay plis sans.

MODÈL: Dife a pa vle pran... Anayiz vante l. →

Dife a pa vle pran. Anayiz pran/tonbe vante l.

1.   Maten an pa te gen baryè... yo mete l.
2.   Nan sezon lapli zèb pouse anpil... Mira rache yo.
3.   Mekanisyen an bouke... li ranje machin nan.
4.   Anvan li pare manje... kizinyèz la limen dife.
5.   Pen yo pare... mèt boulanje a kwit yo.
6.   Dife a pa vle pran... Anayiz vante l.
7.   Bèf yo pa swaf ankò... Pradèl mennen yo bwè dlo.
8.   Pyè ale chache kostim nan... tayè a koud li.

C.   Tradiksyon

1.   Haitian artisans usually don't keep their word.
2.   I've just bought furniture for $500.
3.   He used to go to the beach with his friends.
4.   Anita told the doctor her head hurt; the doctor began to ask her questions.
5.   Since you're a friend of mine, I'll build the wall for only $50.
6.   How much do you think an eight-setting dining room set will cost me?
7.   He asked for a plane, a saw, a few nails, and some glue to fix the chair.
8.   I've just taken a shower and washed my hair.
9.   To cut a suit, a tailor needs fabric, scissors, and a pattern.
10.   Anayiz couldn't beat the clothes because she forgot to bring a paddle.

KLE

Mo nouvo

A.   **1.** Se yon bòs ki fè travay an fèblan. **2.** Se yon bòs ki fè travay an fè fòje. **3.** Se yon bòs ki fè chapant nan yon kay. **4.** Se yon bòs ki fè soulye epi ki ranje soulye. **5.** Se yon bòs ki fè mèb. **6.** Se yon bòs ki fè pòt, fenèt ak lòt dekorasyon an bwa nan kay. **7.** Se yon moun ki kwit manje. **8.** Se yon moun ki fè rad gason.

B. **1.** Li se kizinyèz. **2.** Li se koutiryè. **3.** Li te tayè. **4.** Li se mèt boulanje. **5.** Yo se madan sara. **6.** Li se mason. **7.** Yo se kòdonye. **8.** Li se pwofesè. **9.** Yo se machann.

C. **1.** Se yon tounvis. **2.** Non, se yon sizo. **3.** Non, se yon zegwi. **4.** Se yon kouto. **5.** Se yon mato. **6.** Non, se kle espina. **7.** Non, se yon rabo. **8.** Se yon kle.

D. **1.** Ak yon tiwèl yo ka fè tou oswa yo ka brase mòtye. **2.** Ak yon sizo yo ka koupe twal. **3.** Ak yon zegwi yo ka koud rad. **4.** Ak yon wou yo ka sakle jaden. **5.** Ak yon mato yo ka fè mèb. **6.** Ak yon boulon yo ka ranje machin. **7.** Ak yon kivèt yo ka tranpe rad sal. **8.** Ak yon kle yo ka ranje machin.

E. **1.** Ou bezwen chodyè, kiyè bwa, pilon. **2.** Li bezwen sizo, zegwi ak fil. **3.** Li bezwen bwa, klou, mato, si. **4.** Li bezwen yon pèl. **5.** Li bezwen kle ak vis. **6.** Li bezwen yon tiwèl ak blòk. **7.** Li bezwen yon bokit oswa yon bourèt. **8.** Li bezwen patwon ak sizo. **9.** Li bezwen siman.

Gramè I

A. **1.** Nou sòt plante yo. **2.** No fèk fèmen l. **3.** Nou sòt etidye yo. **4.** Nou sòt wouze l. **5.** Nou fèk bwè l. **6.** Nou sòt rache yo. **7.** Nou sòt al chache yo. **8.** Nou fèk siye l.

B. **1.** f **2.** a **3.** g **4.** b **5.** h **6.** c **7.** d **8.** e

C. **1.** li pran/tonbe bwè wonm **2.** yo pran/tonbe fouye patat **3.** Mariz pran/tonbe pale anpil **4.** apre yo pran/tonbe repoze **5.** yo pran/tonbe ekri. **6.** papa yo pran/tonbe pentire yo **7.** li pran/tonbe rele

D. **1.** h **2.** g **3.** a **4.** b **5.** f **6.** c **7.** d **8.** e

Gramè II

A. **1.** M fin lave l. **2.** M fin kouvri l. **3.** M fin kòmande l. **4.** M fin kale l. **5.** M fin mete l. **6.** M fin pile yo. **7.** M fin fè l. **8.** M fin tranpe l. **9.** M fin tann yo.

B. **1.** M fin benyen, men m poko abiye m. **2.** M fin etidye, men m poko ekri lèt la. **3.** M fin dòmi, men m poko lave je m. **4.** M fin lave asyèt, men m poko siye yo. **5.** M fin koud rad la, men m poko pase l. **6.** M fin fè pwovizyon, men m poko kwit manje. **7.** M fin netwaye tab la, men m poko pentire l. **8.** M fin bay bèt yo manje, men m poko ba yo bwè dlo.

D. **2.** Li te konn lwe yon machin, men kounye a li lwe yon bekàn. **3.** Li te konn vwayaje nan bouk, men kounye a li vwayaje nan gran vil. **4.** Li te konn manje lanbi, men kounye a li manje griyo. **5.** Li te konn travay anpil, men kounye a li repoze l. **6.** Li te konn pale franse, men kounye a li pale kreyòl. **7.** Li te konn leve bonè, men kounye a li leve ta. **8.** Li te konn al danse nan Lè Lanbi, men kounye a l al danse nan Ibo Lele. **9.** Li te konn al nan lanmè, men kounye a l al nan mòn.

Koute byen (Yon bòs kòdonye ki konn bay koutba)

Pè Gito se yon bòs kòdonye ki rete nan ri Chabon. Li fè soulye, sandal ak bèt pou anpil jenerasyon ayisyen. Granmoun renmen Pè Gito paske soulye li fè toujou solid, yo ka dire tout ane a. Men timoun pa twò renmen l paske soulye yo fè yo mal, yo konn gen klou k ap pike yo nan talon, epi soulye yo pa konn twò bèl.

Lè yon granmoun mennen timoun li kay bòs kòdonye sa a, li koumanse pa pran mezi pye ou, li di ou jan li pral fè yon bèl soulye alamòd pou ou. Lè li fini, li fè pri ak granmoun nan, yo konn pale anpil anvan yo resi dakò sou yon pri. Apre, Bòs Gito di ki lè soulye yo ap pre, epi granmoun nan bay bòs la yon avalwa.

Si timoun nan gran ase y a voye l al chache l, san sa, se granmoun nan ki pral chache li. Premye fwa ou tounen kay bòs Gito, li montre ou soulye a taye, men yon apranti ki te malad fè soulye a pa pare. Dezyèm fwa a, yo pa ka jwenn siman oswa klou pou fini soulye a. Twazyèm fwa a, bòs la pa la. Si ou gen chans, sou katriyèm vwayaj ou, ou a jwenn li pare.

Koute byen - kesyon

1. Pè Gito se yon bòs kòdonye ki rete nan ri Chabon. **2.** Li travay pou granmoun tankou timoun. **3.** Paske yo solid, yo dire lontan. **4.** Timoun pa renmen soulye bòs Gito paske soulye yo fè yo mal epi yo pa bèl. **5.** Se yon kòb ou bay pou yon travay anvan li fèt. **6.** Se yon moun k ap aprann fè yon bagay, yon moun ki poko fin bòs. **7.** Non, li pa janm kontan, paske li toujou mache twòp kay bòs la. Travay la pa janm pare jou bòs la di li vin chache l.

Annou tcheke

A. **1.** c **2.** d **3.** j **4.** b **5.** l **6.** a **7.** m **8.** k **9.** g **10.** h **11.** i **12.** f

B. **1.** yo fèk/sòt mete l. **2.** Mira konn rache yo. **3.** li fin ranje machin nan. **4.** kizinyèz la pran/tonbe limen dife. **5.** mèt boulanje a fèk/sòt kwit yo. **6.** Anayiz pran l tonbe vante l. **7.** Pradèl fèk/sòt mennen yo bwè dlo. **8.** tayè a fin koud li.

C. **1.** Bòs ayisyen konn bay koutba. **2.** M fèk/sòt achte mèb pou senk san dola. **3.** Li te konn al nan lanmè ak zanmi li yo. **4.** Anita te di doktè a tèt li fè l mal; doktè a tonbe/pran poze l kesyon. **5.** Kòm ou se moun pa m, m ap fè mi an pou senkant dola sèlman. **6.** Konben ou kwè yon salamanje uit kouvè ka koute m? **7.** Li mande yon rabo, yon si, kèk klou ak lakòl pou li ka ranje chèz la. **8.** M fèk/sòt pran yon douch epi m lave cheve m. **9.** Pou taye yon kostim yon tayè bezwen twal, sizo ak yon patwon. **10.** Anayiz pa te ka bat rad yo paske li bliye pote yon batwèl.

LESON VENNDE

DYALÒG

Nan gagè

Djim, yon blan ameriken, al nan yon gagè ak Toma. Men moun k ap bat kòk yo fè yon bann seremoni anvan batay yo. L ap mande ransèyman.

Jim, an American, went to a cockpit with Toma. He saw the people who are setting the roosters to fight engage in a lot of rituals before the fights. He's asking for information.

DJIM: M pa konprann anyen! Poukisa mèt kòk yo fè bann bagay sa yo?

I don't understand anything! Why are the roosters' owners doing all those things?

TOMA: Sa ou vle di la a?

What do you mean?

DJIM: Ou pa wè? Youn ap niche tèt kòk la; yon lòt ap voye yon bagay anba zèl li, nèg sa a menm ap pase kòk la nan mitan janm li.

Can't you see? One is licking the rooster's head; another one is throwing something under his wings; that man is passing the rooster between his legs.

TOMA: Tout sa yo se senp. Premye a kwè l ap bay kòk la fòs, l ap difisil pou lòt kòk beke li. Dezyèm nan ap voye dlo fre anba zèl li pou li ka vole byen. Sa rann li lejè. Twazyèm nan menm ap kreye yon rapwòchman ant bèt la ak li menm. Konsa li ba li tout fòs li pou li ka genyen batay la.

All of these are called magic. The first one thinks he is giving power (strength) to the rooster, making it difficult for other roosters to prick him with the beak. The second one is throwing cool water under his wings so that he can fly well. That makes him lighter. The third one is establishing a link between the animal and him. In that way, he gives him all his strength so that he can win the fight.

DJIM:	Ou kwè se vre?	Do you think it's true?
TOMA:	M pa konnen. Men se sa yo kwè.	I don't know. However that's what they think.

Apre batay kòk la, Djim ap pale ak mèt kòk ki genyen an.

After the cock fight, Jim is talking to the owner of the rooster that won.

DJIM:	Bon kounye a, konben kòk sa a vo?	Now, how much is that rooster worth?
TIDJO:	Kòk sa a? Yo ban m 100 dola pou li, m pa bay li.	This rooster? They gave me 100 dollars for it, I didn't agree.
DJIM:	O! Gwo pri sa a pou yon kòk?	All that money for a rooster?
TIDJO:	O O! Se pa senk kòb non li rapòte m. Gade zepon l jan l file! Lè li mare goumen ak yon lot ou mèt chita gade l, paske li pa konn pèdi.	Oh, Oh! It's not just one penny that he's bringing me (that is, he brings me a lot of money). Look how sharp its spur is! When it starts a fight with another rooster, you can sit and watch, because he's not a loser.
DJIM:	M pa konprann, ki jan li fè rapòte ou anpil kòb la a?	I don't understand how come it's bringing you a lot of money?
TIDJO:	Enben, lè m vin bat li, m parye lajan. Depi li gen batay la m genyen e ploum nan vin pou mwen.	Well, when I come to have it fight, I bet money. Whenever it wins the fight, I win and the "ploum" becomes mine.
DJIM:	Ploum? Sa k ploum nan?	What's a "ploum?"
TIDJO:	Ploum nan? Se kòk ki pèdi devan pa m nan.	A "ploum?" It's the rooster which loses the fight against mine.
DJIM:	Ooo! Èske se lè yon kòk sove ale li pèdi?	Does a rooster lose when he runs off?
TIDJO:	Non, li gen dwa kouche oswa li ka mouri.	No, he could lie down or get killed.
DJIM:	Kòk ki kouri devan pa ou, apa li bòy.	The rooster that ran before yours, isn't he one-eyed?
TIDJO:	Wi, li pèdi je a depi lontan. Sa pa te anpeche li batay. Men kòm li kouri, li pa ka batay ankò.	Yes, he lost the eye a long time ago. That didn't prevent him from fighting. But since he ran, he can't fight anymore.

Kesyon

1. Ki moun Djim ye?
2. Ki kote Djim ye? Ak ki moun li ye?

3. Ki sa Djim remake nan gagè a?
4. Ki jan yo rele sa mèt kòk yo ap fè ak yo a?
5. Ki sa sa vle di lè mèt kòk la niche tèt li?
6. Poukisa mèt kòk la pa vann li pou 100 dola?
7. Konben fwa kòk la pèdi deja?
8. Sa k rive lè kòk ou ap bat la genyen?
9. Ki jan ou rele kòk ki pèdi a?

MO NOUVO I

Ki jan ayisyen amize yo?

Gen moun ki fè mizik.

Yo ka jwe	**pyano**	piano
	gita.	guitar
	vyolon.	violin
	flit.	flute
	saksofòn.	saxophone
	twonpèt.	trumpet
	amonika.	harmonica
Yo ka bat	**tanbou.**	drum
	kès.	drum

1. l ap jwe gita

3. l ap jwe twonpèt

2. l ap bat tanbou

4. l ap jwe piano

6. l ap bat kès

5. l ap chante

Ayisyen renmen jwe **foutbòl** men yo konn
jwe baskètbòl tou.   soccer
Pa gen anpil ayisyen ki konn jwe tenis.
Moun ki rete **andeyò** pa gen anpil tan pou **espò**.   in the country; sports

Moun lavil:

Yo ka **koute radyo**.   to listen to the radio
to ka **gade televizyon**.   to watch T. V.
Yo ka **ale nan sinema pou wè fim**.   to go to the movies to watch a film

Moun andeyò:

Yo ka **ale nan bal, pou danse**	to do a dance; to dance
Yo konn **ale nan gagè** pou gade	to go to a cockpit
kòk ap bat osnon pou bat kòk.	
Yo konn **bay lodyans epi bay blag**.	to tell stories; to tell jokes
Yo konn **tire kont** nan aswè.	to tell folktales and riddles
Yo **renmen pran plezi: al nan bal,**	to like to have fun: go to dances,
banboche, bwè wonm ak tafya,	to carouse; to drink rum,
soti avèk anpil fanm	to run around with girls

Annou pratike

A.   **Ki sa sa a ye?**
MODÈL: Se yon enstriman ou ka bat. →
                    Se yon tanbou.

1.   Se yon enstriman ki gen sis kòd.
2.   Se yon enstriman ou pa kapab jwe si ou pa chita.
3.   Se yon ti enstriman ou jwe ak bouch ou.
4.   Fò ou bat enstriman sa a.
5.   Fò ou soufle nan enstriman sa a.
6.   Anpil moun al yon kote pou tande mizik epi pou danse.
7.   Se yon kote yo ale pou bat kòk.
8.   Se yon bagay yo konn fè aswè sèlman.
9.   Lè yo fè sa, yo ri anpil.

B.   **Reponn kesyon yo.**
1.   Ki enstriman mizik ou ta renmen konn jwe? Poukisa?
2.   Ki enstriman mizik ou konn jwe? Depi ki lè ou ap jwe l?
3.   Ki distraksyon ou pi renmen?
4.   Ki sa ou fè lè ou nan vakans?
5.   Ki pwogram televizyon ou renmen gade?
6.   Ki pwogram radyo ou renmen tande?
7.   Ki espò ou pito?
8.   Ou konn jwe tenis? Ping pong?
9.   Ou renmen gade match foutbòl oswa match baskètbòl?
10.   Ki sa ayisyen pito gade, match volebòl oswa match foutbòl?
11.   Ou menm ou se fanatik ki ekip foutbòl oswa baskètbòl?

GRAMÈ I

Expressing time relationships

1.   To express time relationships between two clauses, use the following conjunctions:

lè	*when*	**Lè** l rive lakay li, l al dòmi.	When she arrived home, she went to bed.
pandan	*while*	**Pandan** kizinyèz la ap fri pwason, m ap prije sitwon yo.	While the cook is frying the fish, I squeeze the limes.
anvan	*before*	Li rive ayewopò a **anvan** avyon an pati.	He arrived at the airport before the plane left.

apre	after	**Apre** ou lave plat yo, se pou ou siye yo.	After you wash the dishes, you have to dry them.
kou/kon	as soon as, just then	**Kon** ou rive nan Channmas, ou a wè Palè Nasyonal la.	As soon as you get to the Champs de Mars, you'll see the National Palace.
jouk	until	Yo kouri **jouk** yo bouke.	They ran until they got tired.
tank	as long as	Plant yo mouri **tank** lapli pa tonbe.	The plants are dying as long as it doesn't rain.

2. Note the various verb markers used to express various time relationships between the actions of the two clauses:

Lè Anita--rive, li--jwenn machann nan.

When Anita arrived, she found the vendor.

Lè m --rive, yo **te** fin manje.

Lè m **a** rive Sannwann, ou **a** telefonnen m.

Lè m --tounen lakay, m --koute radyo.

When I arrived, they had finished eating.

When I arrive in San Juan, you'll call me.

When I return home, I turn on the radio.

3. Definite and non-definite future.
   Compare:

Lè nou prale Jeremi n **a** vwayaje nan avyon?

When you'll go to Jérémie will you travel by air?

Lè nou prale Miyami, n **ap** vwayaje nan avyon?

When you'll go to Miami, will you travel by air?

In the first sentence, it is not certain that the people will take the plane to go to Jérémie, for they could go by car or by boat. This is a case of the non-definite future. In the second sentence, it is clear that they will travel to Miami by air since this is the most likely means of transportation from Haiti--except for boat people. For that reason, this is a clear case of the definite future. To express the definite future, use **ap** or **pral**; to express the non-definite future us **a (va)**.

Annou pratike

A.   **Yon vwayaj.** Ou a prepare yon vwayaj ak pitit ou. Ki sa ou ap fè?

MODÈL: Lè n ap vwayaje, nou... (fè rezèvasyon nou bonè) →
          Lè n ap vwayaje, n ap fè rezèvasyon nou bonè.

          Lè nou prale Pòtoriko, nou... (rive Sannwann bonè) →
          Lè nou prale Pòtoriko nou va rive Sannwann bonè.

Lè n ap vwayaje, nou...
1. ale nan avyon.
2. rive ayewopò bonè.
3. dòmi nan avyon an.
4. li yon jounal ameriken.

Kou nou rive Sannwann, nou...
5. pran yon taksi.
6. nou ale lavil.
7. nou achte kèk rad.
8. jwenn yon bon otèl.

B.   **Marye fraz ki nan kolonn I ak fraz nan kolonn II ki ka fè pi bon fraz, epi mete de fraz sa yo ansanm.**

MODÈL: Lè m leve maten, m netwaye kay la.

	I		**II**
1.	Lè m leve maten...	a.	solèy leve
2.	Kou m fin netwaye kay la...	b.	netwaye kay la
3.	Pandan m ap manje...	c.	siye yo
4.	Lè m fin manje...	d.	koute nouvèl
5.	Lè m fin fè vesèl...	e.	kwit manje
6.	M pral travay nan jaden kon...	f.	keyi yo
7.	Tank lapli pa tonbe...	g.	lave vesèl yo
8.	Lè mayi donnen...	h.	p ap plante pitimi

MO NOUVO II

Men jwèt ayisyen konn jwe anpil

Yo konn jwe	**domino**.	dominoes
	bezig (yon kalite jwèt kat).	bezique (type of card game)
	damye.	checkers.
Ti gason konn jwe	**oslè**.	jacks (with goat knuckle bones)
	marèl.	hopscotch
	mab.	marbles
	monte kap.	flying kites

Ti fi konn **sote kòd**.   to jump rope
Yo konn **fè lago**.   to play tag
Yo ka **fè wonn**.   to form a circle
Yo konn **jwe kay**.   to play "kay"

Ki jan yo jwe kay?

Men jwèt kay.
Gen de moun k ap jwe.
Nan jwèt kay gen douz **twou**.   hole
ak kat **pyon** nan chak.   pawn

Y ap jwe kay

Se pou premye **jwè a** pran kat pyon nan you twou. Li gen dwa   *player*
lage youn nan chak lòt twou ki vini apre yo (ale sòt nan gòch   *to throw*
rive nan dwat). Si kote ou lage dènye pyon ki nan men ou nan
gen pyon, ranmase yo, kontinye fè menm bagay **jouk** dènye   *until*
pyon ki nan men ou an tonbe nan yon twou ki vid. Ou **mò**; se   *out*
kou pa lòt moun nan pou li jwe.   *turn*

Yon moun fè yon manje lè dènye pyon li a tonbe kote ki gen twa lot pyon: twa plis youn fè kat; se kantite ki te gen nan twou yo lè jwèt la te koumanse. Pran kat pyon sa yo mete yo akote. Se manje ou manje. Chwazi **pil** ki ka fè ou fè plis manje pou kontinye jwe. Moun ki fè plis manje a se li ki **genyen**.

pile
to win

Annou pratike

A. **Di ki sa moun sa yo ap fè.**

1. Yon timoun ap kouri dèyè kèk lòt.
2. Anpil timoun kenbe men pou yo kouri an chantan.
3. De timoun ap vire yon kòd, lòt yo ap ponpe.
4. Ti fi a voye yon zo anlè pandan l ap ranmase kèk lòt.
5. Ti gason an gen yon gwo plòt fil nan men li.
6. Ti Pòl mete tout mab yo atè a.
7. Ti Andre ak Mari chita devan douz twou ki gen 4 pyon ladan yo.

B. **Kesyon sou ki jan yo jwe kay.** Reponn **se vre** oswa **se pa vre**.

1. Senk moun gen dwa jwe nan yon pati kay.
2. Gen douz twou ak twa pyon nan chak.
3. Ou mò lè dènye pyon ou an tonbe nan yon twou ki vid.
4. Ou fè yon manje lè dènye pyon ou nan tonbe nan yon twou ki gen twa lòt.
5. Lè ou fè yon manje ou kite pyon ou yo nan twou yo ye a.
6. Moun ki fè plis manje a genyen.

GRAMÈ II

Serial verbs

1. We have seen that there are two grammatical devices to express semantic traits pertaining to verbs: tense and aspect.

   First, there are three distinct tense or aspect markers that may be placed before the verb:

progressive/ definite future	L **ap** goumen	He's fighting.
anterior	Li **te** ponpe.	She was jumping up and down.
indefinite future	Yo **va** ranmase l.	They'll pick it up.
	L **a** beke lòt kòk.	He will peck the other rooster.

2. In addition to these devices, it is possible to modify the meaning of a verb by combining it with another. Such combinations are called serial verbs. Types of serial verbs are relatively limited. They fall into three groups:

   (a) main verb + verb of direction (**ale** = motion away from the speaker, **vini** = motion toward the speaker, **tounen** = motion away, then toward speaker); among the main verbs that may enter in these combinations are: **kouri** *to run*, **pote** *to carry*, **mennen** *to lead*, **voye** *to send*, **janbe** *to cross*; these verbs all refer to some form of motion:

   | Li **janbe ale** Fisi. | He crossed over to Furcy. |
   | Tidjo **kouri ale** lakay li. | Tidjo ran over to his house. |

In this type of serial verbs, the verb of direction is generally equivalent to an English preposition.

(b) Verb of direction + main verb:

ale pote	go to bring
vini pote	come to bring

(c) Main verb + main verb:

chita gade	to sit around (to sit, to look)
rete mize	to stay around (to stay, to dally)
pete goumen	to start a fight (to break out, to fight)
voye chache	to go get (to send, to throw)
voye jete	to throw away (to send, to throw)
kouri desann	to run down (to run, to go in)
kouri antre	to run into (to run, to go in)
li ekri	to be literate (to read, to write)

3.   Serial verbs may have direct objects; these are placed after the main verb:

Yo mennen **bèt yo** larivyè a.	Yo mennen **yo** larivyè a.
Yo mennen **bèt yo** ale larivyè a.	Yo mennen **yo** ale larivyè a.
Li pote **sak la**.	Li pote **li**.
Li pote **sak la** vini.	Li pote **li** vini.

Annou pratike

A.   **Mete chak gwoup de fraz yo ansanm pou yo fè yon sèl.**

MODÈL: Nou nan magazen an; pote machin a koud la ban nou. →
Pote machin a koud la vini.

Yo pral lakay; pote si a ba yo. →
Pote si a ale.

1.   Nou isit; pote dlo a ban nou.
2.   Yo nan jaden; pote awozwa a ba yo.
3.   Li isit; mennen kabrit la ba li.
4.   Sovè bò larivyè a; mennen bourik la ba li.
5.   Yo nan kay la; voye jwèt kay la ba yo.
6.   Nou isit; voye oslè yo ban nou.
7.   Mwen isit; janbe lari a pou pale ak mwen.
8.   Nou pral legliz; janbe larivyè a pou ou kontre ak nou.

B.   **Met chak gwoup fraz yo ansanm pou fè yon sèl.**

MODÈL: Ann chita! Gade pitit la k ap danse. →
Chita gade pitit la k ap danse.

1.   Yo monte. Y al dòmi.
2.   Ou desann. Ou rive bò lakomin.
3.   Nou vini. Nou jwenn liv la sou tab la.
4.   M mennen timoun yo. Y al jwenn papa yo.
5.   Papa yo te monte. Li te vin chache yo.
6.   Manman timoun yo te gen tan voye Nikòl chache yo.
7.   Nikòl tounen. Nikòl al di li pa jwenn yo.

8. Ti Jan janbe. L al pran bokit dlo a.
9. Li pote dlo a. L ale lakay li.
10. Ti Mari te fache, li voye dlo a. Li jete l.
11. Li kouri. Li desann al wè sa y ap fè.

Nòt: *The main clause of* **Li kouri desann al wè [sa li ap fè]** *contains four verbs in succession. Only the first three form a serial verb construction. The verb* **wè** *is an infinitive complement. An alternative expression would be* **Yo kouri ale pou yo wè [sa li ap fè]** *"They ran down to see what he was doing."*

In combinations, **ale** *and* **vini** *occur in the shortened forms* **al** *and* **vin**, *respectively.*

GRAMÈ III

Review of interrogative words

1. You have learned the following interrogative words:

ki sa/sa	*what*	ki jan/kouman	*how*
ki moun	*who*	ki bò/(ki) kote	*where*

Remember that **ki moun** may be used with prepositions:

ak ki moun	*with whom*
bò ki moun	*close to whom*

2. **Ki** also is used with a variety of nouns:

Ki laj yo genyen?	How old are they?
Ki kalite chen ou pito?	What kind of dog do you prefer?
Ki manje y ap kwit?	What sort of food are they cooking?

3. Creole also has another interrogative word, **kilès**, to specify one of several things of the same kind or to identify something specifically:

Kilès kawotchou ki eklate?	Which one [tire] got punctured?
-- Sa ki devan an.	-- The one in front.
Kilès chwal ou pito?	Which horse do you prefer?
-- Sa ki nwa a.	-- The black one.
Kilès ki chita?	Which (one of them) is sitting?
-- Sa ki bouke a.	-- The one who's tired.

Annou pratike

A. **Poze kesyon ki koresponn ak fraz sa yo.**

MODÈL: Timoun yo ap jwe oslè. →
Ki sa timoun yo ap fè?

1. Tidjo pral nan **gagè**.
2. Asefi limen dife **pou li kwit ploum nan**.
3. **Anayiz** ap vante dife a.
4. Manje a ap pare **vè midi** konsa.
5. N **ap manje** anvan nou jwe domino.

6.   Mèt ploum nan te rele li: **Mechan**.

7.   M pito manje **kwis poul** pase zèl poul.

8.   **Y** ap frape pòt la.

B.   Poze tout kantite kesyon ou kapab sou sitiyasyon sa yo.

1.   Jodi a se vandredi sen. Ti Pòl ap vire tounen. Li okipe anpil paske kap li poko fin fèt. Yè, Aselòm te vle fè l pou li, men li pa t gen tan paske li te desann nan bouk la ak papa li.

2.   Lè yon moun fin travay, fòk li kapab pran yon ti amizman. Moun lavil al nan bal, nan sinema, yo jwe oswa gade match foutbòl. Yo fè kèk lòt jwèt tou. Moun andeyò sitou al nan gagè pou bat kòk oswa yo reyini kay yon zanmi pou yo jwe zo, bay lodyans.

KOUTE BYEN

Monte kap (sèvolan)

Ou ap aprann ki jan pou fè kap. Pandan ou ap koute ransèyman, gade desen yo. Ou va wè tout pati kap la.

Mo nou poko konnen:

kap	kite	**bout fil**	piece of string
banbou	bamboo	**pandye**	hanging
kokoye	coconut	**lapatèt**	headwire
gwosè	width	**pwent**	point
longè	length	**iks**	x
fisèl	string	**ki kanpe**	vertical
papye fen	thin paper	**bonbe**	to bulge
papye anbalaj	wrapping	**ke**	tail
mare	to tie	**pre** = pare	

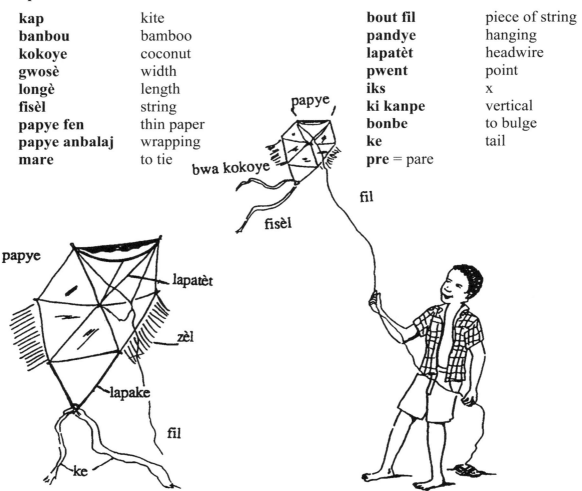

Kesyon

1. Ki sa ou bezwen pou ou fè yon kap?
2. Si ou ap fè yon gwo kap, ak ki papye ou kouvri l?
3. Ki jan tèt kap la ye?
4. Ki fòm mouch kap la genyen?
5. Ak ki sa ou fè lapatèt ak lapake kap la?
6. Ki jou ki espesyal pou tout timoun monte kap?

ANNOU TCHEKE

A.   Marye kolonn I ak II

I

1. Pou ou jwe enstriman sa a ou chita devan li epi ou sèvi ak dwèt ou
2. Gen anpil timoun, youn ap kouri dèyè lòt yo.
3. Enstriman sa a gen kòd, ou mete li sou zepòl ou pou jwe li.
4. Kote moun ale pou wè fim
5. Ou bezwen yon plòt fisèl pou ou monte li.
6. Ou bezwen senk zo pou ou jwe li.
7. Nan jwèt sa a gen douz twou ak kat pyon nan chak.
8. Se yon lye kote y ale pou bat kòk.

II

a. vyolon
b. sinema
c. oslè
d. pyano
e. kay
f. lago
g. kap
h. gagè.

B.   Mete fraz yo ansanm.

MODÈL: **Timoun yo chita gade kòk k ap batay.**

1. Timoun yo chita...
2. Tank yo pa kouri ...
3. Nou vle sote kòd...
4. Demen m ap sakle jaden an...
5. N ap prije sitwon an...
6. Fòk ou voye lèt la...
7. Kon yo rive nan bal la...
8. Jil ak Antwàn t ap jwe mab; yo pa dakò sou kilès ki genyen...

a. pote wou yo vini.
b. pandan ou ap tranpe pwason an.
c. al chache kòd la.
d. batay la pa fini.
e. gade kòk k ap batay.
f. yo pete goumen.
g. anvan y al ayewopò a.
h. mizisyen yo tonbe jwe.

C.   Tradiksyon

1. Go and look for him before it's too late.
2. Their mother sent them over to my house.
3. She sent the game back to me.
4. Who brought that bag from the store?
5. I think that Jean did it, but I don't know who brought it back.
6. As soon as he arrives home, he'll prepare the dinner.
7. As long as he doesn't finish with his lessons, we won't be able to play.
8. While eating I'll listen to the news.
9. Why do children like to play jacks?
10. Who can buy me a set of dominoes today?

ANNOU LI

Ayiti nan tan lakoloni

Lè yo wè batiman panyòl yo ap antre nan peyi Lespay chaje ak lò, franse ak angle òganize yo an **klik** pou yo **piye** batiman sa yo depi sou lanmè. Se konsa yon gwoup **piyajè** franse te vin rete nan yon ti zile yo rele Latòti. Sou zile sa a te gen kèk lòt franse ki te konn fè **lachas** ak ti kilti latè. Yo te rele yo **boukànye**. Boukànye yo te konn vann piyajè yo manje epi yo menm tou yo te konn achte **zam** ak lot bagay **nan men** piyajè yo.

gang; to loot
pirate

hunt; buccaneer
weapons
from

Lè lò koumanse fini, panyòl vin dekouraje ak Ispayola. Yo pa t konn fè anpil kilti. Se sa ki fè piti piti, franse yo te vin pran plis plas nan koloni an. Yo te gen bitasyon ak esklav. Premye esklav sa yo se te blan franse parèy yo ki te siyen yon kontra pou yo travay kòm esklav pandan twazan. Apre tan sa a, yo te konn resevwa yon ti moso tè, oswa yo te konn al travay nan metye yo oswa ak gwo **kolon** yo. Men esklav sa yo pa t bay ase **rannman**, se pou sa yo te voye chache nèg nan Afrik.

settler
production

Apre yon **lagè** ki te **pete** ant peyi Lespay ak peyi Lafrans, de peyi sa yo **siyen** yon **trete** yo rele trete Rizwik. Se nan trete sa a peyi Lespay **asepte** bay peyi Lafrans pati **solèy kouche** il la (lwès). Franse yo chanje non koloni an pou rele li Sendomeng. Yo fè li vin yon **pisans** komèsyal. Yo plante kann pou fè sik, yo bati kèk vil; vil Okap yo te rele Kap Franse te kapital peyi a.

war; to break out
to sign; treaty
to accept; setting
sun = west
power

Nan tan koloni, te gen kèk gwoup ki te fòme sosyete Sendomeng nan. Se te blan, **afranchi**, epi esklav.

freedman

Anpil nan blan yo se te franse ki te kite peyi yo; yo te vin nan koloni pou fè richès. Te gen plizyè pozisyon yo te ka okipe. Te gen gwo **fonksyonè leta**, reprezantan wa Lafrans nan Sendomeng, **mèt** plantasyon yo, **jeran** plantasyon yo oswa ti blan.

public servant; state
master; overseer

Ti blan yo, se te blan **afè pa bon**, ki te konn ti fonksyonè leta, **solda**, **komèsan**, bòs kòdonye, mason. . . Yo te rele yo **blan mannan** tou.

poor
soldier; merchant
poor white

Yon afranchi se yon moun ki te esklav men ki vin lib. Gen de kalite afranchi: milat yo, pitit kolon blan ak esklav nwa, ak **kèk grenn** nèg ki te rive gen **libète** mèt yo te ba yo oswa yo te achte. Afranchi yo, sitou milat yo, te gen plantasyon tou. Gen lòt ki te konn fè komès, oswa yo te gen yon metye tankou fòjwon, kòdonye ki te **pèmèt** yo fè ti lajan pou yo viv.

a few; freedom

to allow

Dènye gwoup moun nan se te esklav yo ki te kab pase yon **pil mizè**. Tout moun nan sosyete a te **sou tèt yo**. Yo travay anpil, yo pa **touche**, yo manje mal epi yo pran **baton** lè yo ta vle fè yon ti poze nan jounen an. Te gen de kalite nèg: nèg bosal ki fèk sòt nan Afrik, yo te travay sou plantasyon ak nan **gildiv**; ak nèg kreyòl ki fèt nan koloni an, yo menm, yo te travay kòm **domestik**.

a lot; suffering; above
them; to earn money;
stick
sugar mill
servant

Vè fen dizuityèm syèk la, sitiyasyon an pa te bon menm nan Sendomeng. Te gen **rivalite** ant fonksyonè leta ak mèt plantasyon, ant afranchi ak ti blan. Chak gwoup t ap travay pou li te jwenn plis privilèj esklav yo te ba li.

rivalry

Kesyon

1. Ki premye kote piyajè franse yo te debake?
2. Nan men ki moun yo te konn achte manje?
3. Ki moun ki te premye esklav yo? Ki jan yo te travay?
4. Ki kalite rannman yo te bay? Ki konsekans sa te genyen?
5. Ki lè franse yo fin pran koloni an?
6. Ki jan yo te rele pati sa a? Ki sa yo fè ak li?
7. Ki sa yon afranchi ye?
8. Nan ki kondisyon nèg yo te konn travay?
9. Konben kalite nèg ki te genyen Sendomeng? Sa yo te konn fè?

KLE

Dyalòg - kesyon

1. Li se yon ameriken an Ayiti. **2.** Djim nan gagè ak Toma. **3.** Li wè yon moun k ap niche tèt kòk li a; yon lòt ap voye yon bagay anba zèl bèt la; yon twazyèm ap pase bèt la nan mitan janm li. **4.** Tout bagay sa yo se senp. **5.** Sa vle di mèt kòk la ap ba li fòs, l ap anpeche lòt bèt beke li. **6.** Paske kòk la rapòte l plis pase sa. **7.** Li poko janm pèdi. **8.** Ou gen lajan ou te parye a plis kòk ki pèdi a. **9.** Ploum.

Mo nouvo I
A. **1.** Se yon gita. **2.** Se yon pyano. **3.** Se yon amonika oswa flit. **4.** Se yon tanbou. **5.** Se yon twonpèt oswa yon flit oswa yon saksofòn. **6.** Se yon bal. **7.** Se yon gagè. **8.** Se tire kont. **9.** Se bay lodyans.

Gramè I
A. **1.** n a prale nan avyon. **2.** n ap rive ayewopò bonè. **3.** n a dòmi nan avyon. **4.** n a li yon jounal ameriken. **5.** n ap pran yon taksi. **6.** n a prale lavil. **7.** n ap achte kèk rad. **8.** n a jwenn yon bon otèl.

B. **1.** b **2.** e **3.** d **4.** g **5.** c **6.** a **7.** h **8.** f

Mo nouvo II
A. **1.** Y ap fè lago. **2.** Y ap fè wonn. **3.** Y ap sote kòd. **4.** L ap jwe oslè. **5.** L ap monte kap. **6.** L ap jwe mab. **7.** Y ap jwe kay.

B. **1.** SPV **2.** SPV **3.** SV **4.** SV **5.** SPV **6.** SV

Gramè II
A. **1.** Pote dlo a vini. **2.** Pote awozwa a ale. **3.** Mennen kabrit la vini. **4.** Mennen bourik la ale. **5.** Voye jwèt kay la ale. **6.** Voye oslè yo vini. **7.** Janbe lari a vini. **8.** Janbe larivyè a ale.

B. **1.** Yo monte al dòmi. **2.** Ou desann rive bò lakomin. **3.** Nou vin jwenn liv la sou tab la. **4.** M mennen timoun yo al jwenn papa yo. **5.** Papa yo te monte vin chache yo. **6.** Manman timoun yo te gen tan voye Nikòl chache yo. **7.** Nikòl tounen al di li pa jwenn yo. **8.** Ti Jan janbe al pran bokit dlo a. **9.** Li pote dlo a al lakay li. **10.** Ti Mari te fache, li voye dlo a jete. **11.** Li kouri desann al wè sa y ap fè.

Gramè III

A.   **1.** Kote Tidjo prale? **2.** Poukisa Asefi limen dife? **3.** Ki moun k ap vante dife a? **4.** Ki lè manje a ap pare? **5.** Sa n ap fè anvan nou jwe domino? **6.** Kouman mèt ploum nan te rele l? **7.** Kilès ou pito manje: poul oswa zèl poul? **8.** Ki moun k ap frape pòt la?

Koute byen [Monte kap (sèvolan)]

Ti gason nan Ayiti konn monte kap anpil.   Men se pa pandan tout ane a yo fè sa.   Sezon kap koumanse apre Kanaval pou l fini lè Pak.   Vandredi se tout timoun ki pare kap yo paske se pa ti vante van an vante.   Lè ou mache nan lari ou ka wè kèk kap ap monte pandan vakans sitou lè timoun pa ale lekòl.

Si ou vle fè yon kap ou menm, men jan pou ou fè.

Pou fè yon kap ou bezwen:

twa mòso bwa banbou oswa kokoye, selon gwosè kap ou vle a: bwa banbou se pou gwo kap; bwa kokoye se pou ti kap.

de lòt mòso bwa ki apeprè de tyè longè de lòt yo;

fisèl, lakòl, papye fen oswa papye anbalaj si se yon gwo kap.

Kenbe de nan twa bwa menm longè yo an dyagonal, sa vle di an iks.   Kenbe lòt yo orizontalman epi mare yo ak fisèl.   Mete youn nan ti bwa kout yo kanpe, kontinye mare yo.   Lè ou fin mare yo, kite yon bout fil pandye; fil sa a sèvi pou fè lapatèt kap la.   Mare chak pwent lòt bwa kout la ak yon pwent iks la nan tèt kap la.   Mare mitan li ak bwa ki kanpe a.   Li fèt pou li yon jan bonbe.   Pase fisèl nan chak pwent bwa yo.   Kounye a, kap la bon pou kouvri.   Chwazi koulè papye ou vle pou kouvri li.   Koupe yon ti papye an fòm zigzag pou fè zèl yo.   Lè ou fin kouvri l, fè lapatèt ak fisèl pou ou mare fisèl pou monte l, lapake pou met ke.   Kap la pre pou ou monte l.

Koute byen - kesyon

1. Yo bezwen bwa, lakòl, papye. **2.** Yo kouvri l ak paye anbalaj. **3.** Li yon jan bonbe. **4.** Li gen fòm lalin. **5.** Ou fè yo ak fisèl. **6.** Se vandredi sen.

Annou tcheke

A.   **1.** d **2.** f **3.** a **4.** b **5.** g **6.** c **7.** e **8.** h

B.   **1.** e **2.** d **3.** c **4.** a **5.** b **6.** g **7.** h **8.** f

C.   **1.** Al chache l anvan li twò ta. **2.** Manman yo voye yo vin lakay mwen. **3.** Li voye jwèt la tounen ban mwen. **4.** Ki moun ki pote sak sa a sòt nan magazen an? **5.** M kwè Jan te fè sa, men m pa konn ki moun ki pote li tounen. **6.** Kon li rive lakay li, l a pare soupe a. **7.** Tank li pa fin etidye leson l, li p ap kapab al jwe. **8.** Pandan m ap manje m a koute nouvèl. **9.** Poukisa timoun renmen jwe oslè? **10.** Ki moun ki kab achte yon jwèt domino pou mwen jodi a?

Annou li - kesyon

1. Yo te debake nan yon ti zile yo rele Latòti. **2.** Yo te konn achte manje nan men boukànye yo. **3.** Premye esklav yo se te franse ki te travay twazan anvan yo vin lib. **4.** Yo pa t bay ase rannman. Se sa k fè yo voye chache nèg ann Afrik pou travay latè. **5.** Apre yon lagè ki te genyen ant peyi Lespay ak peyi Lafrans yo siyen yon trete ki te pèmèt franse yo pran pati solèy kouche nan zile a. **6.** Yo te rele l Sendomeng. Yo fè l vin yon gwo pisans komèsyal. **7.** Yon afranchi se yon ansyen esklav k ap viv an libète legal. **8.** Yo te konn travay nan move kondisyon, yo pa manje byen, yo pa touche, epi yo resevwa baton lè yo montre yo bouke. **9.** Te gen nèg bosal ki travay nan gildiv, sou plantasyon, ak nèg kreyòl ki travay kòm domestik.

LESON VENNTWA

DYALÒG

Ki jan pou n ale Pòtoprens

Lamèsi, moun Mafran, bo Jeremi, pran nouvèl pitit li mouri Pòtoprens. Li pral chache kadav la pou li vin fè antèman an nan peyi l. L ap pale ak yon frè l.

Lamèsi, a native of Mafran, near Jérémie, learns that her daughter has died in Port-au-Prince. She's going to get the body and come back to have the funeral in her home town. She's talking to her brother.

ASELÒM: Adye o! M fèk pran nouvèl la, wi. Ki sa ou ap fè? Ou ap pran batiman pou ou al Pòtoprens?

Oh God! I've just learned the news! What are you going to do? You're going to take a boat to go to Port-au-Prince?

LAMÈSI: M p ap jwenn batiman ankò a lè sa a. Menm si m te gen tan pran batiman bonè maten an, m pa ta ka rive Pòtoprens aswè a. Fò m pran kamyon.

I won't find a boat anymore at this time. Even if I managed to take a boat early this morning, I couldn't arrive in Port-au-Prince in the evening. I have to take a truck.

ASELÒM: Enben. Ou bezwen yon chwal pou ou desann Jeremi. Kite m fè sele pa m nan pou ou

Well! You need a horse to go to Jérémie. Let me have mine saddled for you.

LAMÈSI: Mèsi frè m. Ou pa gen yon ti kraze ban mwen? Ou konn fòk mwen frete yon kamyon pou m tounen.

Thank you, brother! Don't you have some money to give me? You know I have to charter a truck on the way back.

ASELÒM: Pa enkyete ou. Madanm mwen al touche yon kòb. L ap vin avè l. L ap okipe fè veye a tou. Mwen menm, m pral Pòtoprens ak ou.

Don't worry! My wife went to look for some money. She'll come with it. She'll take care of the wake also. For myself, I'll go to Port-au-Prince with you.

LAMÈSI: Mèsi anpil vye frè m nan!

Thanks a lot, my good dear old brother!

Lamèsi ak Aselòm gen tan jwenn yon plas nan yon bis ki pral Pòtoprens; men bis la pran kèk pàn. Y ap pale de pwoblèm yo rankontre nan transpò.

Lamèsi and Aselòm were able to find seats in a bus that goes to Port-au-Prince but the bus had a few breakdowns. They speak about the problems they encountered in getting transportation.

LAMÈSI: Mezanmi! Nou p ap janm rive Pòtoprens! Yon lòt pàn ankò!

My goodness! Well never arrive in Port-au-Prince. Yet another breakdown!

ASELÒM: Ala traka pou yon malere! Ou sou bèt, ou jwenn larivyè desann. Si ti pon an pa t la, nou pa t ap rive Jeremi alè pou nou pran bis la, non.

What tribulations unfortunate people have to endure! You're on horseback, you find the river in flood stage. If the small bridge had not been there, we wouldn't have arrived in Jérémie time to catch the bus; that's for sure.

LAMÈSI:	Bon Dye t ap toujou fè nou jwenn yon jan pou nou pase. Li wè nou nan ka. Li pa t ap lage nou.	The good Lord has always led us to find a way to get through. He saw that we were in trouble. He wouldn't abandon us.
ASELÒM:	Bon, bis la fèk pran pàn kawotchou, kounye a ki pàn li pran la a? Chofè a poko menm fè ranje kawotchou kreve a.	Well, now! The bus just had a fiat tire, now what's the problem? The driver has just barely fixed the flat tire.
LAMÈSI:	Ou kwè se pàn li pran? Li sanble gen moun ki rive.	Do you think it's another breakdown? It looks like some people are getting on.
ASELÒM:	Si se sa, poukisa chofè a ak bèf chenn nan desann nan?	If that's the case, why are the driver and his helper getting off?
LAMÈSI:	Ou pa wè. Y ap detire janm yo. Ou konn yo chita lontan.	Don't you see. They're stretching their legs. You know, they've been sitting a long time.
ASELÒM:	Pito sa, paske li lè pou nou rive.	I hope that's the case because it's about the time we should be arriving.

Kesyon

1.   Depi ki lè Aselòm konnen nyès li mouri?
2.   Poukisa Lamèsi p ap pran batiman pou l al Pòtoprens?
3.   Ki jan Lamèsi prale Pòtoprens?
4.   Sou ki chwal li prale?
5.   Ki sa bèlsè Lamèsi a ap fè?
6.   E frè Lamèsi a?
7.   Ki sa ki rive Aselòm ak Lamèsi sou wout Jeremi?
8.   Ki kote yo pase pou janbe rivyè a?
9.   Ki pàn bis la pran sou wout Pòtoprens?
10.   Poukisa li te rete apre pàn kawotchou a?

MO NOUVO I

Ki jan yon moun ka vwayaje?

1.   Si l ap sòt andeyò pou l al nan bouk, li ka ale sou bèt: chwal, **milèt**, **bourik**. Bèt sa yo, sitou bourik, pote chay tou. — *mule* / *donkey*

2.   Si l ap sòt nan yon vil pou l al nan yon lot, tankou Jeremi Okay, li ka pran machin: taptap, kamyon, **bis**. — *bus*

3.   Lè n ap **janbe** yon rivyè oswa lè nou pa pral lwen nan lanmè, nou pran yon ti **kannòt**, yo rele l tou **bwa fouye**. Lè n pral yon ti jan pi lwen nou ka pran yon ti **vwalye**. Si n ap fè yon gwo distans, tankou Jeremi Pòtoprens, nou pran **batiman**; se yon **bato** ak motè. — *to cross* / *small boat; dugout* / *sailboat* / *ship; boat*

Men kèk pwoblèm nou ka genyen lè n ap vwayaje:
- nou ka fè aksidan, machin nan ka **kalbose (kolboso)**.
- nou ka pran pàn: **pàn gaz**, pàn **kawotchou**, pàn **batri**, pàn **motè**.
- si nou sou bèt, li ka refize mache lè li bouke.
- nou ka pèdi anpil tan si **wout** la pa an bon **eta**.

Gen plizyè kalite wout:
- gen ti **chemen dekoupe** nou fè lè nou apye oswa lè nou sou bèt.
- gen **gran chemen** nou fè sou bèt, oswa lè nou nan machin.
- yo ka an **wòch**, an tè oswa yo ka **asfalte**.

dented
to run out of gas; tire;
battery; motor
road; state

path, short-cut
road
gravel; paved

Annou pratike

A.   **Gade kat la pou ou reponn kesyon yo.**

MODÈL: Pòtoprens-Kenskòf. →
             M ka al nan machin, sou bèt oswa apye.

1.   Ki sa ou ka pran pou ou sòt
     Pòtoprens al Kenskòf?
2.   Ki sa ou ka pran pou ou sòt
     Kenskòf al Jakmèl?
3.   Ki sa ou ka pran pou ou sòt
     Gonayiv al Okap?
4.   Ki sa ou ka pran pou ou sòt
     Pòdepè al Gonayiv?
5.   Ki sa ou ka pran pou ou sòt
     Fò Libète al Sen Mak?
6.   Ki sa ou ka pran pou ou sòt
     Jeremi al Okay?
7.   Ki sa ou ka pran pou ou sòt
     Okay al Jakmèl?
8.   Ki sa ou ka pran pou ou sòt
     Lagonav al Pòtoprens?
9.   Ki sa ou ka pran pou ou sòt
     Latòti al Okap?
10. Ki sa ou ka pran pou ou sòt
     Jakmèl al Jeremi?
11. Ki sa ou ka pran pou ou sòt
     Sen Mak al Okap?
12. Ki sa ou ka pran pou ou sòt
     Sen Mak al Pòtoprens?

B.   **Reponn kesyon yo.**

1.   Si ou sou bèt ki wout ou ka pran?
2.   Si ou apye ki wout ou ka pran?
3.   Si ou nan batiman ki wout ou ka pran?
4.   Si ou nan kannòt ki wout ou ka pran?
5.   Si ou nan yon bis ki wout ou ka pran?
6.   Lè ou nan machin ki pwoblèm ou ka genyen?
7.   Lè ou apye ki pwoblèm ou ka genyen?
8.   Lè ou sou bèt, ki pwoblèm ou ka genyen?

MO NOUVO II

Pati ki gen nan yon machin: kò, wou (kawotchou), **volan**, **fren**, motè, batri.

steering wheel; brake

Yon kamyon gen menm pati ak machin. Pa dèyè, li gen yon gwo bwat an bwa pou mete machandiz. Lè lapli ap tonbe, yo kouvri machandiz yo ak yon **pwela**, yo rele l **bach** tou.

tarpaulin

Lè ou ap monte bèt, ou bezwen **sèl** pou ou chita ak **brid** pou ou gide bèt la. Si ou ap pote chay, ou bezwen yon **sakpay** pou ou mete yo.

saddle; bridle
saddle bag (straw bag)

YON MACHIN

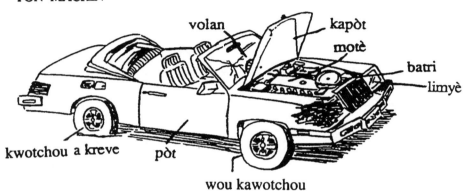

volan · kapòt · motè · batri · limyè · kwotchou a kreve · pòt · wou kawotchou

YON KAMYON

YON TAPTAP

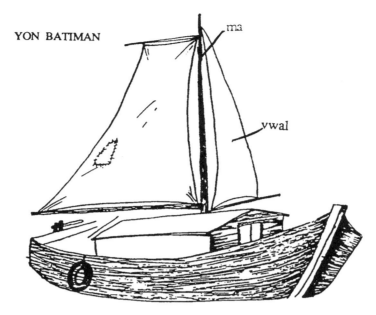

YON BATIMAN

ma

vwal

Annou pratike

A.   Marye kolonn I ak II

I	II
1. Lè yo pete fò ou chanje yo.	a. fren
2. Ou bezwen l pou ou gide bèt la.	b. sakpay
3. Si yo pa mache byen, machin nan pa ka rete.	c. kawotchou
4. Si ou ap pote chay, fò ou mete l sou do bourik la.	d. brid
5. Yo kouvri machandiz ak li lè lapli ap tonbe.	e. kò
6. Machin nan p ap derape si li an pàn.	f. pwela
7. Ou bezwen l pou gide yon kamyon.	g. motè
8. Li ka kalboso si yon machin fè aksidan.	h. volan

B.   Chwazi pi bon repons la.

MODÈL: Li sanble gen yon kawotchou ki kreve. →

   a) Se pou yo chanje li.
   b) Se pou yo kouvri li.

1.   Nou bezwen janbe rivyè a.
   a) Ki kote pon an ye?
   b) Ki kote basen an ye?
2.   Lapli koumanse tonbe; machandiz yo ap mouye.
   a) Se pou nou mete pwela.
   b) Se pou nou pran parapli.
3.   Milèt la refize mache.
   a) Fòk nou sele li.
   b) Fòk nou kale li.
4.   Larivyè a desann, nou pa ka janbe l.
   a) Nou bezwen yon kannòt.
   b) Nou bezwen yon chwal.

5.   Kamyon an pa ka rete.
   a) Fren li yo pa bon.
   b) Limyè li pa limen.
6.   M gen anpil danre pou m pote lavil.
   a) Ou bezwen pran yon kamyon.
   b) Ou bezwen pran yon bis.
7.   Li bliye mete gaz pandan li lavil.
   a) Se pou sa li pran pàn gaz.
   b) Se poutèt sa machin nan fè gaz anpil.
8.   Lè lapli tonbe ou ka jwenn anpil labou.
   a) Chemen sa a an tè.
   b) Chemen sa a asfalte.

GRAMÈ I

Reduplication in time clauses

The reduplicated verb construction may be used instead of the time conjunction **lè**:

Debake yo debake, panyòl wè endyen yo te janti. (= Lè yo debake, panyòl wè endyen yo te janti.)	When they landed, the Spaniards saw that the Indians were nice.
Rive li rive lakay, l al dòmi.	As soon as she arrived home, she went to bed.

Annou pratike

A.   Chanje fraz sa yo tankou modèl la.

MODÈL: Lè panyòl yo debake, yo koumanse pran lò endyen yo. →
        Debake panyòl yo debake, yo koumanse pran lò endyen yo.

1.   Lè machin nan kite Jeremi, li pran pàn kawotchou.
2.   Lè li pran nouvèl la, l al Pòtoprens.
3.   Lè yo jwenn yon taptap, yo monte ladan li.
4.   Lè li sele milèt la, milèt la pran voye pye.
5.   Lè yo mete chay sou do bourik la, li kouche atè a.
6.   Lè yo wete chay yo, li leve.
7.   Lè li pran volan an, li tonbe kouri bis la.
8.   Lè yo leve pàn nan, yo jwenn yon gwo klou nan kawotchou a.
9.   Lè li rale brid la, chwal la kanpe.
10.   Lè ou peze fren an, kamyon an rete.

B.   Pale de jounen Mariya. Ki sa li fè apre chak lòt bagay?

MODÈL: 1.   **Tande Mariya tande kòk chante, li leve.**
          2.   **Leve li leve, li lave je l.**

1.	Mariya tande kòk chante, li leve.	7.	Li rele timoun yo.
2.	Li lave je l.	8.	Li fè twalèt yo.
3.	Li pote dlo.	9.	Li voye yo lekòl.
4.	Li limen dife.	10.	Li al nan mache.
5.	Li koule kafe.	11.	Mari li ale travay.
6.	Li manje pen ak kafe.		

GRAMÈ II

The conditional verb marker <u>ta</u>

1.   To express a hypothetical action use the verb marker **ta**. Compare:

L ap jwe domino.	He'll play dominoes.
L a jwe domino.	He'll (indefinite) play dominoes.
Li di li ta jwe domino.	He said he would play dominoes.

2.   **Ta** may also be used to soften a command:

Ou vle pote panyen sa a ban mwen?	Do you want to carry this basket for me?
Ou ta vle pote panyen sa a ban mwen?	Would you want to carry this basket for me?

or to express wishes:

M ta renmen yon bon ti ji kowosòl.	I'd like a nice (glass) of soursop juice.
M ta vle eseye diri ak djondjon.	I'd like to try rice and mushrooms.

3.　　Summary of verb particles.

General statement	**no marker**	Solèy leve vè sizè. *The sun rises around 6 a.m.*
Habitual action or event	**no marker**	Li travay lèdimanch. *He works on Sundays.*
Past or present	**no marker**	Li di li bouke. *He says/said he is/was tired.*
Action in progress	**ap**	L ap limen dife a. *She's lighting the fire.*
Past reference	**te**	Li te soti lè nou rive. *She had left when we arrived.*
Definite future	**ap, pral, apral**	M ap keyi mango mi an. *I'll pick the ripe mango.* Yo pral monte kap. *They'll fly kites.*
Indefinite future	**a, va, ava**	M ava ale nan mache a. *I'll go to the market.* L a tann ou bò larivyè a. *He'll wait for you at the river.*
Hypothetical action or event	**ta**	M kwè li ta ede nou. *I think he would help you.*

Annou pratike

A.　Marye kolonn I ak II.

MODÈL:　　Ou gen diri ak djondjon? →
　　　　　　　Yo ta vle goute li.

	I		II
1.	Ou gen diri ak djondjon?	a.	Li ta al bat li.
2.	Li p ap fè anyen.	b.	Yo ta louvri pòt la.
3.	Kòk la pare.	c.	Yo ta vle goute l.
4.	Kachiman sa yo bèl.	d.	Li pa ta travay ankò.
5.	Bis la an pàn.	e.	Li ta jwe domino.
6.	Rad yo sal.	f.	Yo ta danse.
7.	Li bouke.	g.	M ta pran yon lòt.
8.	Yo kontan.	h.	M ta fè yon bon ti ji.
9.	Ou kwè yo tande frape?	i.	Ou ta al lave yo.

B.　Marye kolonn I ak II epi fè yon fraz. Fè transfòmasyon ki nesesè pou ou di sa moun sa yo ta renmen fè.

MODÈL:　　**Timoun yo grangou, yo ta manje griyo.**

	I		II
1.	Timoun yo grangou	a.	bwè ji grenad.
2.	Medam yo cho	b.	achte youn.
3.	Pòl pa swaf	c.	dòmi.
4.	Mwen bouke	d.	manje griyo.
5.	Li pa gen plim pou li ekri	e.	pran yon taksi.
6.	Nou prese	f.	benyen nan rivyè a.
7.	Kay la sal	g.	jwe marèl.
8.	Li pa ka fè tout travay sa a pou kont li.	h.	ede li.
9.	Dòmi nan je timoun yo.	i.	lave li.

C.   Ranpli espas vid yo ak **te, ta, ap, a** oswa **t ap** kote ki nesesè pou endike tan vèb la

Lè Tidjo (1) leve maten an, li (2) jwenn m pa (3) dòmi. Li (4) mande m poukisa
m (5) leve bonè konsa a. M (6) di l paske m (7) kalkile. M (8) kalkile tout
bagay m (9) renmen fè, m pa (10) ka fè. M (11) plante tout jaden an, m (12)
pare bon jan fimye pou plant yo, m (13) fè bèl rekòt, m (14) voye danre m al vann
Pòtoprens, m (15) achte plis bèt met sou tè a; men, nan eta m ye la a, m pa (16) ka
fè anyen. Tidjo (17) dim: "Se pa (18) fòt ou. Ou (19) sonje jan ou (20) konn
travay lè ou (21) an sante. Pran kouraj monchè! Ou (22) refè."

GRAMÈ III

The possessive construction pa + pronoun

1.   For the Creole equivalent of the possessive pronoun, e.g. *it's mine, not yours*, use **pa**
"part" and the appropriate personal pronoun:

pa m/pa mwen	mine
pa ou (pa w)	yours
pa li (pa l)	his, hers, its
pa n (pa nou)	ours
pa yo	theirs

2.   The possessive construction may be followed by the definite determiner and the plural
marker yo:

Fò ou pran pa li a.	You must take his/hers.
Fò ou pran pa li la.	
Se pa ou yo.	They're yours.

3.   In the North, the possessive construction is **kin + a** + the appropriate personal pronoun:

kin a m (pronounced **kin an m**)
kin a i (pronounced **kin a y**)
kin a ou
kin a nou (pronounced **kin an nou**)
kin a yo

Annou pratike

A.   **Reponn kesyon yo tankou modèl la.** Lè gen pwonon, sèvi ak fòm kout.

MODÈL: Se plim ou? (pwofesè a) →
Non, se pa pwofesè a.

1.	Se rad ou? (ti sè m nan)	7.	Se radyo ou? (zanmi m nan)
2.	Se soulye ou? (papa m)	8.	Se jaden ou? (matant mwen)
3.	Se machin ou? (bofrè m nan)	9.	Se kreyon Mariz la? (mwen)
4.	Se kay ou? (kouzin mwen an)	10.	Se manchèt ou? (li)
5.	Se chwal ou? (manman m)	11.	Se kamyon li? (nou)

B.   **Reponn kesyon yo.** Itilize non metye moun ki konn fè oswa ki konn sèvi ak
bagay sa yo.

MODÈL: Ou ap monte nan machin mwen an? →
Non, m ap monte nan pa mekanisyen an.

1. Y ap manje pen m nan?
2. Ou ap bwè renmèd li a?
3. N ap achte rad li yo?
4. Ou ap vann vyann li a?
5. L ap mete soulye ou la?
6. N ap prete chodyè ou la?
7. Y ap ba li kòb ou a?
8. Y ap lave rad ou yo?
9. Ou ap ekri nan kaye ou?
10. L ap mezire kostim mwen an?
11. Ou ap rete nan kay zanmi li a?

KOUTE BYEN

Sitadèl Laferyè a

Sitadèl Laferyè se pi gwo moniman istorik ki genyen nan Ayiti. Se yon **kokennchenn fò** Kristòf te bati lè li te **wa** pati nò peyi a. Sitadèl la chita sou **tèt mòn** nan zòn Okap. Pou ale nan Sitadèl la fòk ou pran wout Milo. Apre Milo wout la koumanse monte. Anvan, li pa te bon menm. Se ak yon djip oswa ak chwal oswa apye ou te kapab rive anba Sitadèl la. Kounye a y ap ranje wout la. Men gen kèk kote ki poko bon: gen gwo wòch ak twou. Lè lapli tonbe gen labou: menm ak djip ou pa ka pase fasil.

tremendous; fort; king summit

Doktè Makdonal te vizite Sitadèl la ak yon zanmi. Lapli bare l epi li pase anpil **mizè** anvan li rive anba Sitadèl la. Men li kontan li te fè ti vwayaj la paske Sitadèl la se yon **mèvèy** li ye.

hardship

wonderful thing

Men mo nouvo nou poko konnen:

patinen	to skid
bouke	dead tired
raje	bush
grafouyen	to scratch

Kesyon

1. Ki sa Doktè Makdonal te fè?
2. Sa ki rive lè li fin kite Milo?
3. Poukisa machin nan vin kole?
4. Sa yo te fè pou al chache yon kawotchoumann?
5. Sa yo te fè lè yo rive anba Sitadèl la?

ANNOU TCHEKE

A. Marye kolonn I ak II

I

1. Si li fini, machin nan p ap mache.
2. Li refize mache paske li bouke.
3. Wout ou fè lè ou apye.
4. Bèt ki pote chay anpil.
5. Wout ou fè lè ou nan machin.
6. Sa ou pran pou ou fè gwo distans sou lanmè.
7. Fòk ou ba li van de tanzantan.
8. Sa ou pran pou ou janbe yon rivyè.

II

a. gran chemen
b. batiman
c. bourik
d. kawotchou
e. gaz
f. kannòt
g. chemen dekoupe
h. chwal

B.   **Tradiksyon**

    1.   They stopped to stretch their legs.
    2.   Let me have my horse saddled for you.
    3.   I don't like yours, give me your brother's.
    4.   The bus broke down on the way to St. Marc.
    5.   As soon as the truck left Jérémie it had a flat tire.
    6.   They would eat rice with mushrooms.
    7.   As soon as she saddled the mule, it began to rain.
    8.   We would charter a truck to come back.
    9.   She would take care of the wake.
    10. As soon as they heard the news, they took a taptap to Port-au-Prince.

KLE

Dyalòg - kesyon

1. Li fèk aprann nyès li mouri. **2.** Paske pa genyen youn a lè li bezwen vwayaje a. **3.** L ap pran chwal rive Jeremi, epi l ap pran kamyon pou l al Pòtoprens. **4.** Li prale sou chwal frè li a. **5.** L ap pote lajan, epi l ap okipe fè veye a. **6.** Li pral Pòtoprens ak li. **7.** Yo jwenn larivyè desann. **8.** Yo pase sou ti pon an. **9.** Li pran pàn kawotchou. **10.** Li sanble te gen moun k ap desann, epi chofè a ak bèf chenn nan te bezwen detire janm yo.

Mo nouvo I

A.   **1.** Yon machin (yon taptap tou). **2.** Yon bèt. **3.** Yon kamyon oswa yon bis. **4.** Yon bis, yon kamyon oswa yon batiman. **5.** Yon bis oswa you kamyon. **6.** Yon kamyon oswa yon batiman. **7.** Yon batiman oswa you bis oswa you kamyon. **8.** Yon batiman. **9.** Yon batiman. **10.** Yon batiman oswa yon kamyon. **11.** Yon bis oswa yon kamyon. **12.** Yon bis oswa yon kamyon.

B.   **1.** Si m sou bèt, m ka pran chemen dekoupe oswa gran chemen. **2.** Si m apye, m ka pran chemen dekoupe oswa gran chemen. **3.** Si m nan batiman, m ka al sou lanmè. **4.** Si m nan kannòt, m ka al nan rivyè oswa sou lanmè. **5.** Si m nan yon bis, m ka pran gran chemen. **6.** Lè ou nan machin ou ka fè aksidan, ou ka pran pàn. **7.** Lè ou apye ou ka bouke, ou ka pèdi anpil tan. **8.** Lè ou sou bèt, li ka pa vle mache lè li bouke, ou ka pèdi anpil tan, ou ka fè aksidan tou.

Mo nouvo II

A.   **1.** c **2.** d **3.** a **4.** b **5.** f **6.** g **7.** h **8.** e

B.   **1.** a **2.** a **3.** b. **4.** a **5.** a **6.** a **7.** a **8.** a

Gramè I

A.   **1.** Kite machin nan kite Jeremi, li pran pàn kawotchou. **2.** Pran li pran nouvèl la, l al Pòtoprens. **3.** Jwenn yo jwenn yon taptap, yo monte ladan li. **4.** Sele li sele milèt la, milèt la pran voye pye. **5.** Mete yo mete chay sou do bourik la, li kouche atè a. **6.** Wete yo wete chay yo, li leve. **7.** Pran li pran volan an, li tonbe kouri bis la. **8.** Leve yo leve pàn nan, yo jwenn yon gwo klou nan kawotchou a. **9.** Rale li rale brid la, chwal la kanpe. **10.** Peze ou peze fren an, kamyon an rete.

B. **3.** Lave li lave je l, li pote dlo. **4.** Pote li pote dlo, li limen dife. **5.** Limen li limen dife, li koule kafe. **6.** Koule li koule kafe, li manje pen ak kafe. **7.** Manje li manje pen ak kafe, li rele timoun yo. **8.** Rele li rele timoun yo, li fè twalèt yo. **9.** Fè li fè twalèt yo, li voye yo lekòl. **10.** Voye li voye yo lekòl, l al nan mache. **11.** Ale l al nan mache, mari l al travay.

Gramè II

A. 1. **c** 2. **e** 3. **a** 4. **h** 5. **g** 6. **i** 7. **d** 8. **f** 9. **b**

B. **1-d** Timoun yo grangou yo ta manje griyo. **2-f** Medam yo cho, yo ta benyen nan rivyè a. **3-a** Pòl pa swaf, li pa ta bwè ji grenad. **4-c** Mwen bouke, m ta dòmi. **5-b** Li pa gen plim pou li ekri, li ta achte youn. **6-e** Nou prese, nou ta pran yon taksi. **7-i** Kay la sal, m ta lave li. **8-h** Li pa ka fè tout travay sa a pou kont li, nou ta ede li. **9-g** Dòmi nan je timoun yo, yo pa ta jwe marèl.

C. **1.** te **2.** te **3.** t ap **4.** te **5.** te **6.** te **7.** t ap **8.** t ap **9.** ta **10.** te **11.** ta **12.** ta **13.** ta **14.** ta **15.** ta **16.** -- **17.** -- **18.** -- **19.** -- **20.** te **21.** te **22.** a

Gramè III

A. **1.** Non, se pa ti sè m nan. **2.** Non, se pa papa m. **3.** Non, se pa bòfrè m nan. **4.** Non, se pa kouzin mwen an. **5.** Non, se pa manman m. **6.** Non, se pa bòpè m. **7.** Non, se pa zanmi m nan. **8.** Non, se pa matant mwen. **9.** Non, se pa m. **10.** Non, se pa l. **11.** Non, se pa n. **12.** Non, se pa yo a.

B. **1.** Non, y ap manje pa mèt boulanje a. **2.** Non, m ap bwè pa famasyen an. **3.** Non, n ap achte pa koutiryèz la. **4.** Non, m ap vann pa bouche a. **5.** Non, l ap mete pa kòdonye a. **6.** Non, n ap prete pa kizinyèz la. **7.** Non, y ap ba li pa kesye a. **8.** Non, y ap lave pa lesivèz la. **9.** Non, m ap ekri nan pa pwofesè a. **10.** Non, l ap mezire pa tayè a. **11.** Non, m ap rete nan pa bòs mason an.

Koute byen (Sitadèl Laferyè a)

Makdonal, yon doktè ameriken k ap vizite Ayiti, rankontre yon zanmi li nan vil Lenbe. L ap rakonte vwayaj li Sitadèl ak tout pwoblèm li te gen nan wout.

Monchè Sedye, Sitadèl la se yon bèl kote, wi, men se pa ti mizè nou pase anvan nou rive ladan li. Lapli bare nou lè nou fin kite Milo. Ou konnen y ap ranje wout la, men gen kèk kote ki pa bon menm. Lè lapli tonbe, gen wòch ki desann vin bare wout la. Gen twou ki plen labou; sa fè machin nan koumanse patinen, finalman li tou kole. Nou te blije desann nan labou ki rive prèske nan jenou nou pou pouse li. Li fè yon ti mache, men rive nou rive pi devan, nou pran pàn kawotchou. Tou de kawotchou dèyè yo eklate. Nou blije pase nan jaden pou

nou jwenn kay kote moun rete epi nou lwe de chwal pou n al bay ranje kawotchou yo. Chans pou nou, kawotchoumann nan pa te rete twò lwen.

Lè nou rive anba Sitadèl la, nou lwe lòt chwal pou nou monte rive Sitadèl la. Nou te tèlman bouke epi kò nou te tèlman fin grafouyen nan mache nan raje lè nou te pran pàn nan, nou pa jwi vizit Sitadèl la byen. Men m pa regrèt nou te ale. Sitadèl la se yon mèvèy. Fòk nou tounen lè gen bon tan pou nou ka mache wè tout bagay anndan li.

Koute byen – kesyon

1. Li te vizite Sitadèl la. **2.** Lapli vin bare l. **3.** Paske wout Sitadèl la gen kèk kote ki pa bon menm. Li gen twou ki plen ak labou lè lapli tonbe. **4.** Yo te blije pase nan jaden pou chache chwal. Sou chwal yo, yo te ale bay ranje kawotchou ki pete yo. **5.** Yo lwe de chwal pou monte ale nan Sitadèl la.

Annou tcheke

A.   **1.** e **2.** h **3.** g **4.** c **5.** a **6.** b **7.** d **8.** f

B.   **1.** Yo rete pou yo detire janm yo. **2.** Kite m fè sele chwal pa m nan pou ou. **3.** M pa renmen pa ou a, ban m pa frè ou a. **4.** Bis la pran pàn sou wout Sen Mak. **5.** Kite kamyon an kite Jeremi, li pran pàn kawotchou. **6.** Yo ta manje diri ak djondjon. **7.** Sele li sele milèt la, li koumanse kouri. **8.** Nou ta frete yon kamyon pou nou retounen. **9.** Li ta okipe veye a. **10.** Tande yo tande nouvèl la, yo pran yon taptap pou y al Pòtoprens.

LESON VENNKAT

DYALÒG

Travay tè a

Aselòm ap prepare l pou li plante. Li pase kay katye mèt la, konpè Chanpa, pou li wè si li ta ka achte yon jounen.

Aselòm is getting ready to plant. He stops by the "katye mèt's" house, konpè Chanpa, to see if he can negotiate for one day's work.

ASELÒM:	Onè?
VWA:	Respè!
ASELÒM:	Konpè Chanpa pa la, souple?
K. CHANPA:	O! Konpè Aselòm, apa ou sa! Sa k mennen ou isit?
ASELÒM:	M vin wè si ou ka vann mwen yon jounen, madi, si Dye vle.
K. CHANPA:	Ban m wè! M te pwomèt Ti Pòl jounen madi a pou plante pwa, men kòm li poko fin siyonnen tè a, m ka vann ou li. Li menm, l a achte jounen mèkredi a.
ASELÒM:	Mèsi anpil! Ou konn lapli koumanse tonbe, nèg pa ka pèdi tan. Bon, n a wè madi si Dye vle.
K. CHANPA:	Men wi! N a wè. M pral avèti moun mwen yo kounye a.

Anybody home?

Come in!

Is konpè Chanpa home, please?

O! Konpè Aselòm, if it isn't you! What brings you here?

I came to see if you can sell me a day's work, Tuesday, God willing.

Let me see! I promised Tuesday to Ti Pòl to plant beans, but since he hasn't finished plowing the land, I can sell it to you. He'll buy Wednesday as a day's work.

Thanks a lot! You know it has started to rain, we can't waste any time. Well, see you on Tuesday God willing.

Sure! See you. I'm going to inform my people right now.

Pi gwo plante a fin fèt. Kounye a, Aselòm ap òganize yon konbit pou li plante rès la. L ap pale ak pitit gason l.

The biggest part of the planting is complete. Now, Aselòm is organizing a "konbit" to seed the rest of the land. He's talking to his son.

ASELÒM:	Tidjo, demen fòk ou al di tout moun n ap bezwen prete sèvis vandredi si Dye vle.
TIDJO:	Ou pa bezwen bay kò ou traka, depi yè m avèti tout vwazinay yo. Sèlman, gen yon ti pwoblèm; m pa konn ki moun k ap okipe manje a, paske manman m pa la.

Tidjo, tomorrow you have to tell everybody that we'll need their help on Friday God willing.

You don't need to worry, since yesterday I've notified the whole neighborhood. However, there's one little problem. I don't know who will take care of the food, since my mother isn't here.

ASELÒM:	Tisya te di m, l ap okipe sa. M gen tan ba l kòb pou li fè mache. Tout bagay sou kont li: manje, kleren...	Tisya told me she'd take care of that. I already gave her the money so she could go to the market. She's responsible for everything: food, drink...
TIDJO:	Men e pou tanbou a, sa n ap fè?	What about the drummer, what are we going to do?
ASELÒM:	Kouman? Simidò pa la?	What do you mean? Isn't the Simidor around?
TIDJO:	Li la, wi. Men kò a pa twò bon. Li di l a fè yon ti jefò pou li vini.	Sure he is. But he's not feeling too well. He said that he'd make an effort to come.
ASELÒM:	Gras a Dye, l a fè mye. M ap voye Timafi al bouyi yon bon te pou li. Pa gen konbit san Simidò.	Thanks to God, he'll feel better. I'm going to send Timafi to prepare a good herb tea for him. The "konbit" won't be the same without the Simidor.

Kesyon

1. Ki kote Aselòm ale? Poukisa li ale?
2. Ki jou Aselòm vle achte?
3. Ki sa Ti Pòl ap fè nan jaden li?
4. Ki jou konpè Chanpa pral plante pou Ti Pòl?
5. Poukisa Aselòm ap òganize yon konbit?
6. Ki jou konbit la ap fèt?
7. Ki sa Tisya bezwen fè?
8. Èske Simidò ap la? Poukisa?
9. Ki sa Aselòm vle fè pou Simidò?

Nòt: *Andeyò lè abitan ap fè gwo travay tankou siyonnen yon jaden oswa fè bit, yo bezwen achte jounen moun. Kounye a pa egzanp ou gen dwa peye yon moun douz goud pou jounen travay. Abitan òganize yo an gwoup yo rele gwoupman, eskwad osnon atribisyon. Yon atribisyon se yon gwoup dis rive nan kenz moun ki met tèt ansanm pou vann jounen travay yo. Chak atribisyon gen yon chèf yo rele katye mèt. Katye mèt la òganize gwoup la, li separe manje epi l ap siveye moun yo pou travay la byen fèt.*

Lè abitan gen travay ki mande anpil moun, yo konn fè konbit. Nan afè konbit la yon abitan ede lòt fè travay. Mèt jaden an ki òganize konbit la bezwen bay manje ak bwè pou tout moun k ap ede li. Nan pi fò konbit gen simidò k ap bat tanbou, k ap voye chante pou ede tout moun travay.

Men yon chante yo konn chante nan konbit ki fèt nan zòn Lenbe:

Pa pale, pa koze.
Pa pale, pa koze,
Mariya ki kwit yon poul,
Poul la pete chodyè a,
Poul la vole ale,
Pa pale.
Pa koze, pa pale.
Pa pale, pa rele.
Pa koze, pa pale.
Pa rele, pa koze.

MO NOUVO I

Travay tè a

Taye	Anvan ou plante sou yon teren, ou **taye** li pou ou wete tout lòt plant ki te sou li.	*to clear*
Sakle	Lè plant yo koumanse pouse, ou **sakle** pou ou wete move	*to hoe*
Chose	zèb.	*to earth up*
Siyonnen	Mete tè nan bounda plant yo.	*to plow*
Leve tè a	Vire tè a, prepare li pou ou ka wouze li.	*to make mounds;*
	Fè **bit** ak tè a. Yo plante nan mitan bit yo.	*mound*
Rekòlte	Ou **rekòlte** lè plant ou plante yo donnen, pwodui yo bay yo bon pou keyi. Ou keyi mayi oswa ou **kase** mayi, ou keyi pwa, kafe, fwi... ou **fouye** patat, yanm, manyòk...	*to harvest* *to pick* *to dig up*

Zouti nou sèvi

Ak manchèt oswa kalabòch nou koupe sa nou bezwen, nou taye yo.
Ak **sèpèt, kouto digo** nou fè ti sakle.   *sickle*
Ak wou nou fè gwo sakle, nou fè bit, nou chose plant, nou pare
    tè a anvan nou plante.
Pikwa se yon zouti an fòm "T" ki sèvi pou fouye twou.   *pickax*
Ak pèl nou ranmase tè, sab, fatra...
Ak bourèt nou pote danre sou yon distans ki pa twò long.
Ak **kabwèt** nou pote plis danre (sitou kann) sou yon pi gwo distans.   *wagon*
Se bèt ki trennen kabwèt la.

Ak **chari** nou siyonnen tè. Se bèt ki trennen chari a.   *plow*
Louchèt se yon zouti tou long ki sèvi pou fouye twou.   *type of pick*

Yo sèvi ak bèf pou siyonnen tè, pou trennen chari, kabwèt kann...
Yo sèvi ak bourik, milèt, chwal pou pote machandiz nan mache.

Pwoblèm ki konn genyen

1. Lapli pa tonbe ase, pa gen dlo pou **irige** teren an: plant yo pa ka grandi; byen yo rete rabougri, **rachitik**. Mayi **angòje**: li fè **pòpòt** san grenn.

   Lè lapli tonbe, si teren an an pant, dlo lapli a pote tout bon tè ki anlè a desann nan plenn, nan rivyè, nan lanmè tou. Sa rive anpil nan Ayiti paske peyizan yo koupe pyebwa san kontwòl pou yo fè chabon. Pa gen pyebwa pou kenbe tè a. Sa ki rete a pa bay bon rannman lè yo plante ladan li.

   Pou kenbe tè a, peyizan an konn fè **teras**. Se yon ti bare yo fè ak wòch oswa ak branch bwa. Lè ou ap gade l de lwen, li parèt tankou yon **eskalye** ak **mach** laj.

2. Tè a pa bon, pa gen **fimye** ak **angrè**: plant yo pa **donnen**. Fimye se sa peyizan an fè ak **fatra**, pay sèch... Angrè se sa li achte nan magazen an.

3. Bèt: a) **Foumi** konn manje **jèm** semans yo depi nan tè a. Lè sa a, plant yo pa **leve** ditou. Pou konbat foumi, yo mete ensektisid nan grenn yo anvan yo plante yo.

          b) **Mangous** ak rat manje rekòt sou pye ak nan **barik** oswa **dwoum**. Pou konbat bèt sa yo, plantè yo gen chen ak chat nan lakou lakay yo.

Vokabilè a

angòje	to be water logged	**fatra**	garbage	**mach**	step
angrè	fertilizer	**fimye**	manure	**mangous**	mongoose
barik	barrel	**foumi**	ant	**pòpòt**	husk
donnen	to yield results	**irige**	to irrigate	**rabougri**	stunted
dwoum	drum	**jèm**	shoot	**rachitik**	anemic
eskalye	stairs	**leve**	to germinate	**teras**	terrace

Annou pratike

A.   Marye kolonn I ak II.

	I		II
1.	siyonnen	a.	mete tè nan bounda plant
2.	eskwad	b.	bèt ki manje rekòt
3.	pikwa	c.	zouti ou sèvi pou koupe bwa
4.	chose	d.	bagay ou mete pou foumi pa manje jèm semans yo
5.	mangous	e.	wete move zèb bò plant yo
6.	katye mèt	f.	zouti an fòm "T" pou fouye twou.
7.	sakle	g.	vire tè a, pare l pou wouze l.
8.	angòje	h.	chèf yon atribisyon
9.	kalabòch	i.	lè zepi mayi a san grenn
10.	ensektisid	j.	gwoup moun ki vann jounen travay yo

B.   Di ki sa yo fè ak bagay sa yo.

MODÈL: Sèpèt **Ak sèpèt yo sakle.**

1. kabwèt   3. wou   5. manchèt
2. pèl   4. louchèt

C.   Ki sa ou ka fè pou rezoud pwoblèm sa yo?

MODÈL: Pa gen pyebwa pou kenbe tè a. →
              M ka plante pyebwa.

1. Dlo lapli ap pote tè a ale.   3. Tè a pa bon.
2. Foumi ap manje jèm semans yo.   4. Mangous ap manje rekòt.

D.   Ki sa ou bezwen pou ou fè bagay sa yo?

1. chose plant   4. siyonnen yon teren   6. fouye twou
2. taye yon teren   5. fè teras   7. sakle
3. pote danre

GRAMÈ I
<u>Si</u> **clauses**

1.   The conjunction **si** is used to express conditions. If the action or event linked to the condition is likely to occur or is real, no verb marker or **ap** is used in the conditional clause:

Si kasav yo bon, m a achte yo.	If the cassavas are good, I'll buy some.
M a ba ou di goud si ou mennen bèf mwen yo desann nan bouk.	I'll give you ten gourdes if you take my cattle down to the village.
Si l ap limen dife a, pote chabon ba li.	If she's kindling the fire, bring her some charcoal.

2. If the conditional action or event is doubtful or hypothetical, use the verb marker **te** in the conditional clause and the verb marker **ta** in the main clause:

Si yo te bon, m ta achte kèk militon.   If they were good, I'd buy some squash.
Si ou te mwen, ki sa ou ta fè?   If you were I, what would you do?

3. The same combination of verb markers (**si + te... ta**) is used to express a condition that existed in the past:

Nou ta fin keyi mayi a, si yo te ka ede nou.   We would have finished picking the corn if they had helped us.

Si ou te ranje wou mwen an, m ta ba ou de gouden.   If you had fixed my hoe, I'd have given you two gouden (half a gourde).

In this situation, **ta** may also be used in both clauses:

Si m ta gen anpil lajan, m ta achte yon kamyon.   If I had a lot of money, I'd buy a truck.

Annou pratike

A. **Marye kolonn I ak II**

	I		II
1.	Si m te gen anpil lajan,	a.	m ta lage bèt sou li.
2.	Si lapli te tonbe,	b.	yo ta bay anpil patat.
3.	Si mayi yo pa te angòje,	c.	yo ta wouze plant yo.
4.	Si kawo tè sa a te pou mwen,	d.	dlo pa ta pote tè a ale.
5.	Si Pyè te chose patat yo,	e.	nou ta fè chabon.
6.	Si yo pa te koupe pyebwa yo,	f.	nou ta fin fè travay la.
7.	Si nou te gen bwa kanpèch,	g.	m ta achte yon teren.
8.	Si te gen dlo,	h.	timoun yo ta keyi yo.
9.	Si yo te ede nou,	i.	nou ta plante pwa.

B. **Konplete fraz yo lojikman.**

MODÈL: Si mango yo dous. . . →
           m a manje kèk grenn

1.	Si ou vin nan konbit mwen an...	5.	Si a ranje pikwa a...
2.	Si li jwenn kòb la...	6.	Si zaboka yo jòn...
3.	Si lapli vin bonè ane sa a...	7.	Si yo ba l yon kawo tè...
4.	Si ou met manch nan pèl la...	8.	Si yo mezire tè a byen...

MO NOUVO II

Kalite pyebwa

Peyizan plante anpil kalite pyebwa pou plizyè rezon:

1. Sa k bay fwi pou yo ka vann fwi yo: mango, zoranj, zaboka, kachiman.

2. Sa k bay planch pou fè mèb, tankou kajou, chèn, madriye.

3. Sa k bay bwa pou fè chabon, tankou gayak, kanpèch.

4. Lòt plant pi piti pou pwodui yo bay la, tankou kafe, bannann, mayi, pwa, legim.

5.   Gen lòt bagay yo pa kiltive; yo pran yo nan raje pou al vann: legim tankou lanman, lyann panyen; fèy te tankou kamomil, asowosi; djondjon...

Ki jan abitan òganize yo pou yo plante: Si yo pa gen ase moun nan fanmi yo pou fè travay yo bezwen fè a, yo anplwaye lòt moun. Gen diferan gwoup yo ka anplwaye:

1.   Atribisyon: gwoup ant 10 ak 15 moun ki vann jounen travay. Chèf gwoup la rele katye mèt oswa gouvènè. Se li ki kontwole pou travay la byen fèt, ki fè separasyon manje... Selon kondisyon yo fè ak mèt tè a yo ka touche lajan, pwovizyon oswa bèt. Pafwa se jis nan fen ane a yo resevwa yon bèt. Yo touye li epi yo fè separasyon.

2.   Eskwad: menm ak atribisyon, men li gen 5 oswa 6 moun sèlman.

3.   Sosyete, sèvis kominotè, konbit: gwoup moun ki ede yon plantè travay tè li ak lide ke li menm, l ap ede yo lè yo bezwen travay tè pa yo.

Ki jan yo mezire tè.

Si tè a gwo, yo mezire li pa **kawo**. Nan yon kawo tè gen yon ekta vent nèf (1.29 ha).
Si tè a piti, yo mezire l pa **pye**.

Annou pratike

Ki kalite plant oswa pyebwa sa yo ye.

    MODÈL: pye chadèk →
              Se yon pyebwa ki bay fri.

1.   chou   6.   asowosi
2.   pye kajou   7.   kawòt
3.   pye sitwon   8.   pye chenn
4.   pye mayi   9.   pye gayak
5.   lanman

GRAMÈ II

Demonstratives

1.   The Creole equivalent for the English demonstrative determiners *this* and *that* is **sa a** (also occurring as **sila a**). This form may be followed by the plural marker **yo**:

    Kay sa a se pou ki moun?   Whose house is that?
    Bèt sa yo se pou ou?   Are these your animals?

2.   Creole also has a demonstrative pronoun **sa**, equivalent to *this*, *that thing* or *this*, *that person*:

    Ki sa k fè sa?   What accounts for that?
    Apa ou sa?   Isn't that you?
    Ou konnen nèg sa a?   Do you know that guy?
    Sa k rete ri Jefra a?   The one who lives on Geffrard Street?

3.   The demonstrative pronoun **sa** may introduce a clause containing **ki**:

    Pran sa a! Sa ki devan an.   Take that one! The one that's in front.
    Se sa ki fè m rele ou.   That's what makes me call you.

Annou pratike

A. **Reponn lojikman.**

MODÈL: Pou ki moun nivo sa a ye? →
Se pou mason an li ye.

Ki sa yo fè ak zegwi sa yo? →
Yo koud rad ak yo.

1. Pou ki moun machin a koud sa a ye?
2. Pou ki moun rabo sa yo ye?
3. Pou ki moun chodyè sa a ye?
4. Pou ki moun kle sa yo ye?
5. Ki sa yo fè ak bwa sa a?
6. Ki sa yo fè ak chat sa yo?
7. Ki sa yo fè ak louchèt sa yo?
8. Ki sa yo fè ak sèpèt sa a?

B. **Reponn kesyon sa yo.** Sèvi ak **sa** nan repons la.

MODÈL: Ou konn ranje pikwa? →
Wi, m konn fè sa byen.   oswa   **Non, m pa konn fè sa.**

1. Ou renmen pen mayi?
2. Ou konn dòmi sou nat?
3. Ou konn chose plant?
4. Ou bezwen yon louchèt?
5. Ou konn sakle?
6. Ou konn fè konbit?
7. Ou plante zaboka tou?
8. Ou konn siyonnen tè byen?
9. Ou ka achte yon tè ak lajan sa a?
10. Ou ka mezire teren an?

C. **Mande klarifikasyon**

MODÈL: Pran liv sa a pou mwen. (sou tab la) →
Sa k sou tab la?

1. Ou manje vyann nan? (nan chodyè)
2. Yo jwenn timoun nan? (sove)
3. Ou koupe pyebwa a? (kwochi)
4. Ou plante teren an deja? (bò kote pa m nan)
5. Nou bouyi fèy yo pou li? (nan panyen an)
6. Yo fouye patat yo deja? (bò manyòk)
7. Yo fin fè teras yo? (dèyè pye mapou a)
8. Apa yo pa chose ponmdetè yo? (devan)

GRAMÈ III

The emphatic adverbial _menm_

1. The adverb **menm** is used to modify nouns and verbal expressions:

Menm bèt pa ka viv konsa.
Pa **menm** yon chwal yo pa ba li.
Yo fè sa pou machandiz yo pa rantre
menm.

Even animals can't live like that.
They don't even give him a horse.
They do that so that the goods can't go in
at all.

2.   More often **menm** is used as an intensifier, in which case it corresponds to a variety of English equivalents. It is often affixed to pronouns:

Se mwen **menm** ki ranje li.

Y ap pati nan mwa desanm **menm**.

Moun yo **menm** te pase tout apremidi a nan prizon.

Ogis **menm** te voye l odyab.

I'm the one that fixed it.

It's precisely in the month of December that they're leaving.

These very people spent the entire afternoon in jail.

It was Auguste who told him to go to hell.

Annou pratike

A.   **Mete menm apre non yo oswa pwonon yo.**

MODÈL: E ou, ki jan ou ye? →
E ou menm, ki jan ou ye?

Se dimanch yo te tounen Hench. →
Se dimanch menm yo te tounen Hench.

1.   Se li k ap vini.
2.   E yo, ki kote yo prale?
3.   Se mwen ki pare tè a.
4.   Mwa sa a fè cho.
5.   Se isit li rete.

6.   Se nan biwo a yo bat li.
7.   E nou, nou p ap travay pou li?
8.   Se jou sa a yo chwazi.
9.   Se pa li ki kase wou a.

B.   **Reponn kesyon sa yo ak wi oswa non.**

MODÈL: Lapli tonbe isit souvan? →
Non, lapli pa tonbe menm.
Wi, lapli tonbe anpil.

1.   Li fè cho anpil nan mwa mas?
2.   Gen anpil nyaj nan syèl la jodi a?
3.   Èske abitan renmen sechrès?
4.   Ou kapab ranje machin?
5.   Èske ou kab jwenn bòs ebenis fasil isit?

6.   Èske bòs ameriken konn bay koutba?
7.   Èske materyo pou fè mèb chè kounye a?
8.   Ou ka sèvi ak yon louchèt byen?
9.   Rekòt la bon ane sa a?

C.   **Ann pale sou lavi nan Sous Chod.** Ranpli espas vid yo ak **menm.**

Lavi di nèt pou kretyen vivan (people, human being). Pa gen dlo_____. _____bèt pa ka viv nan zòn sa a. Tè a pa pwodui _____. Yon sèl danre yo rive fè se pitimi. E pitimi pa gen vitamin_____. Tout moun ap malad, timoun, granmoun. _____ doktè ki de pasaj nan zòn nan, yo_____tou, yo tonbe malad. Yon grenn dispansè ki nan Sous Chod pa gen medikaman _____. Moun yo ap mande sa depatman agrikilti ak sante piblik ap fè pou yo. Yo pa konprann se paske yo fin koupe tout pyebwa, _____ sa ki pi piti yo, ki fè yo gen tout pwoblèm sa yo.

KOUTE BYEN

Pale franse pa di lespri pou sa!

Kreyòl se lang manman Ayisyen. Gen kèk Ayisyen ki konn pale kreyòl ak franse. Pi fò grannèg, moun ki gen anpil lajan, kapab sèvi ak franse; yo konn li l, yo ekri l, yo pale l. Anvan, lè yon timoun ale lekòl, se franse ase li aprann li ak ekri. Se pou sa tout moun nan Ayiti vle aprann franse. Moun ki ka pale franse konn mete anpil mo franse nan kreyòl. Sa k pa pale franse menm chache fè menm bagay, men se pa toujou yo ki konnen sa mo sa yo vle di. Gen yon pwovèb kreyòl ki di: pale franse pa di lespri pou sa. Sa vle di lè ou pa konnen yon bagay byen se tankou ou pa konnen anyen. Pito ou pa sèvi ak sa ou pa konnen.

Ti istwa a montre nou sa ki kapab rive lè nou sèvi ak yon bagay nou pa konnen byen.

Mo nou poko konnen:

Qui a tué cet homme?	Who killed this man?
Kilès moun ki touye nèg sa a?	
C'est moi.	It's me.
Se mwen menm.	
Pourquoi?	Why?
Poukisa?	
Pour une raison personnelle.	For a personal reason.
Pou yon rezon pèsonèl.	
Je vous mets en prison.	I'll put you in jail.
M ap mete ou nan prizon.	
D'accord.	O.K.
Dakò	
plede pale	to speak continuously
fè chèlbè	to show off
ansasinen	to murder
ansasen	murderer
sove	to run away

Kesyon

1. Ki lang twa nèg yo konn pale deja?
2. Ki jan yo fè pou yo aprann pale franse?
3. Èske mesye yo gen lespri? Poukisa?
4. Etan y ap mache, ki sa twa nèg sòt yo te jwenn?
5. Ki sa chèf seksyon an fè ak yo? Poukisa?

ANNOU TCHEKE

A. **Marye kolonn I ak II.**

I	II
1. Tè a pa bon,	a. Se san pa san pye li mezire.
2. Si nou pa wouze teren an,	b. Nou pa jwenn bwa gayak.
3. Gen twou nan barik yo,	c. Yo koupe anpil pye kajou.
4. Jaden an pa gwo pase sa,	d. Plant yo a rabougri.
5. Se sèvis kominotè y ap fè.	e. Fòk nou bay plant yo fimye.
6. Nou p ap fè chabon ankò,	f. Rat ap fin manje danre yo.
7. Si li te gen yon kawo tè,	g. Se fèy kamomil m met ladan li.
8. Semenn sa a gen planch,	h. Yo pa touche pou jounen an.
9. Te a anmè,	i. Li ta plante legim sou li.

B.   **Konplete fraz sa yo lojikman.**
1.   Si yo pa te koupe twòp pyebwa...
2.   Si chak peyizan te ranplase tout pyebwa li koupe yo...
3.   Si yo pa fè teras...
4.   Si lapli pa tonbe menm...
5.   Si ou siyonnen teren an jodi a...
6.   Si konpè Chanpa pa vann ou jounen madi a...
7.   Si nou fè bèl rekòt...
8.   Si Simidò vini...
9.   Si li te ranje bouwèt la...

C.   **Tradiksyon**
1.   She's the one who sold me the spade.
2.   These very people spent the entire day in the field.
3.   If it weren't a **konbit**, they'd get paid.
4.   If I'm not too tired, I'll pick some corn.
5.   If these beans were good, we'd have a good crop.
6.   The rats go even inside the house to eat the supplies.
7.   This particular mule cannot work anymore, it's too old.
8.   He's the one who prepares the land for planting.
9.   If everything goes well, we'll sure have a nice harvest.
10.   Do you know what they do with a **louchèt**?

KLE

Dyalòg - kesyon
1. Aselòm ale kay konpè Chanpa pou li achte yon jounen travay. 2. Li vle achte jounen madi a. 3. L ap siyonnen jaden an. 4. Li pral plante mèkredi. 5. Pou li plante rès jaden li. 6. Vandredi si Dye vle. 7. Li bezwen okipe manje a. 8. Nou pa konn si Simidò ap la, pase li pa twò byen. 9. Li voye Timafi al bouyi yon te pou li.

Mo nouvo
A.   1. g 2. j 3. f 4. a 5. b 6. h 7. e 8. i 9. c 10. d
B.   1. Nan kabwèt yo pote kann. 2. Ak pèl yo ranmase tè, fatra. 3. Ak wou yo sakle.
4. Ak louchèt yo fouye twou. 5. Ak manchèt yo koupe bwa.
C.   1. M ka fè teras. 2. M ka met ensektisid ladan yo. 3. M ka met angrè ak fimye ladan
li. 4. M ka lage chen ak chat nan jaden an.
D.   1. M bezwen yon wou. 2. M bezwen yon manchèt. 3. M bezwen yon kabwèt.
4. M bezwen bèf ak chari. 5. M bezwen wòch oswa branch bwa. 6. M bezwen
yon pikwa oswa yon louchèt. 7. M bezwen yon wou oswa yon sèpèt.

Gramè I
A.   1. g 2. i 3. h 4. a 5. b 6. d 7. e 8. c 9. f

Mo nouvo II
1. Se yon legim yo kiltive. 2. Se yon pyebwa ki bay planch. 3. Se yon pyebwa ki bay fwi.
4. Se yon plant ki donnen. 5. Se yon legim yo pa kiltive. 6. Se yon fèy te yo pa kiltive.
7. Se yon legim yo kiltive. 8. Se yon pyebwa ki bay planch. 9. Se yon pyebwa ki bay bwa
pou chabon.

Gramè II

A. 1. Se pou koutiryèz la oswa tayè a li ye. 2. Se pou bòs chapant lan yo ye. 3. Se pou kizinyèz la li ye. 4. Se pou mekanisyen an yo ye. 5. Yo boule l. 6. Yo lage yo kenbe rat ak mangous. 7. Yo fouye twou ak yo. 8. Yo rache zèb ak li.

B. 1. Non, m pa renmen sa. 2. Non, m pa konn dòmi sou sa. 3. Wi, m konn fè sa byen. 4. Non, m pa bezwen sa. 5. Wi, m konn fè sa byen. 6. Wi, m abitye fè sa. 7. Non, m pa plante sa. 8. Wi, m konn fè sa byen. 9. Non, m pa ka fè sa. 10. Non, m pa ka fè sa.

C. 1. Sa k te nan chodyè a? 2. Sa k te sove a? 3. Sa k kwochi a? 4. Sa k bò kote pa m nan? 5. Sa k nan panyen an? 6. Sa k bò manyòk yo? 7. Sa k dèyè pye mapou a? 8. Sa k devan yo?

Gramè III

A. 1. Se li menm k ap vini. 2. E yo menm, ki kote yo prale. 3. Se mwen menm ki pare tè a: 4. Mwa sa a menm fè cho. 5. Se isit menm li rete. 6. Se nan biwo a menm yo bat li. 7. E nou menm, nou p ap travay pou li? 8. Se jou sa a menm yo chwazi. 9. Se pa li menm ki kase wou a.

B. 1. Non, li pa fè cho menm.--Wi, li fè cho anpil. 2. Non, pa gen nyaj menm. --Wi, gen anpil nyaj. 3. Non, yo pa renmen sechrès menm.--Wi, yo renmen sechrès anpil. 4. Non, m pa ka ranje machin menm.--Wi, m ka ranje machin byen. 5. Non, ou pa ka jwenn bòs ebenis isit menm.--Wi, ou ka jwenn sa fasil. 6. Non, bòs ameriken pa konn bay koutba menm.--Wi, bòs ameriken konn bay koutba anpil. 7. Non, materyo pou fè mèb pa chè menm kounye a.--Wi, materyo pou fè mèb chè anpil kounye a. 8. Non, m pa ka sèvi ak yon louchèt menm.--Wi, m ka sèvi ak yon louchèt byen. 9. Non, rekòt la pa bon menm ane sa a.--Wi, rekòt la bon anpil ane sa a.

Koute byen (Pale franse pa di lespri pou sa!)

Vwala se te twa zanmi ki t ap mache ansanm. Yo te konn pale kreyòl byen; men yo pa te konn yon mo franse. Youn ladan yo deside jou sa a se dènye jou pou l aprann franse. L al chache kote li jwenn moun k ap pale franse. Li koute byen, epi li tande "C'est moi." Li repete sa l tande a epi l al di lòt yo, li konn pale franse.

Dezyèm nan al fè menm bagay la; li aprann di "Pour une raison personnelle." Alò twazyèm nèg la di: "Se mwen menm ki rete pou m konnen pale franse." Msye pa vle ret dèyè. L al fè menm bagay ak de premye yo. L ale kote moun konn sèvi ak franse, li tande de moun ap plede pale an franse. Lè yo fini youn di lòt la: "D'accord!" Twazyèm nèg la aprann di mo sa a.

Kounye a touletwa konn pale franse. Yo mache al fè chèlbè ak abitan ki konn pale kreyòl sèlman. Nan mache, yo vin tonbe sou kadav yon moun yo te ansasinen; men ansasen an te sove. Li te ale fè wout li. Se konsa lè chèf seksyon an ki konn pale franse rive, li di: "Qui a tué cet homme?", premye nèg la reponn "C'est moi." Chèf seksyon an mande: "Pourquoi?", dezyèm nan reponn: "Pour une raison personnelle." Alò chèf seksyon an di: "Je vous mets en prison", dènye a reponn: "d'accord!"

Koute byen - kesyon

1. Yo konn pale kreyòl. 2. Yo veye kote yo jwenn moun k ap pale franse, yo koute byen epi yo repete sa yo tande. 3. Yo pa gen lespri paske y ap repete mo san yo pa konn sa yo vle di. 4. Yo jwenn kadav yon moun yon asasen te ansasinen. 5. Li mete yo nan prizon paske yo se yo ki touye moun nan.

Annou tcheke

A.   **1.** e **2.** d **3.** f **4.** a **5.** h **6.** b **7.** i **8.** c **9.** g

C.   **1.** Se li menm ki vann mwen pèl la. **2.** Moun sa yo menm pase tout jounen an nan jaden. **3.** Si se pa te konbit, yo ta touche. **4.** Si m pa twò bouke, m a kase kèk mayi. **5.** Si pwa sa yo te bon, nou ta fè yon bon rekòt. **6.** Rat yo antre andedan kay la menm pou yo manje danre yo. **7.** Milèt sa a menm pa ka travay ankò, li twò granmoun. **8.** Se li menm ki prepare tè a pou plante. **9.** Si tout bagay mache byen, n ap gen yon bèl rekòt. **10.** Ou konn sa yo fè ak yon louchèt?

LESON VENNSENK

DYALÒG

Yon veye

Aselòm ak Lamèsi al Pòtoprens chache kadav Vanya pitit li. Madan Aselòm rete prepare veye pou landemen swa. L ap pale ak ti sè l ki vin bay yon kout men.

Aselòm and Lamèsi went to Port-au-Prince, to get Vanya, her daughter's corpse. Mrs. Aselòm stayed to prepare the wake for the following night. She's talking to her younger sister who's come to lend a hand.

M. ASELÒM: Tisya, ou kwè ou gen tan avèti tout moun sò Lamèsi gen lanmò?

Tisya, do you think you've notified everybody that there's a death at Lamèsi's?

TISYA: Depi yo te tande rèl la, tout lakou a konn sa. Vwazinaj se fanmi, tout moun ap ede: Vyèjela al anonse sa bò lakay la; Tidjo sele chwal li depi lontan pou l al kay manman Lamèsi.

Since they heard the crying and shouting, the whole compound knows that. Neighbors being family, everybody is helping. Vyèjela went to announce that around my house; Tidjo saddled his horse a long time ago to go to Lamèsi's mother.

M. ASELÒM: Timoun yo pote kleren an deja?

Did the children bring the raw rum yet?

TISYA: Yo te pote l, men li pa t ase. M voye al achte yon lòt galon.

They brought it, but it wasn't enough. I sent them to buy one more gallon.

M. ASELÒM: Lè yo tounen, ou pa ta tou voye yo chache fèy ak jenjanm pou nou fè te?

When they come back, would you also send them to look for the herbs and ginger to make tea?

TISYA: Timoun pa ou yo pa al achte kleren an. Se yo menm k ap vini ak fèy yo.

Your children didn't go to buy the rum. They're the ones who are coming with the herbs.

M. ASELÒM: Bon, m kwè tout bagay pare! Gen ase manje pou nou soutni kè nou, paske fòk nou gen kouray pou nou ede Lamèsi rele. Se premye pitit fi l, wi, li pèdi la a. O! M manke bliye; fòk m al avèti pè savann nan.

Well, I think everything's ready. There is enough food to keep us going, because we must have strength to help Lamèsi wail. It's her oldest daughter that she's lost. Oh! I almost forgot; I must go and notify the priest (not ordained).

TISYA: Ou pa bezwen deplase. Se tou pre lakay mwen li rete, m a avèti l pou ou.

You don't need to leave your house. He lives near my house. I'll inform him for you.

Lamèsi rive Mafran ak kadav pitit li a. Veye a koumanse; men bri kouri li pa mouri bon mò. Y ap pale pou yo wè ki jan ougan an ap ranje li pou moun ki touye l la ka peye konsekans zak li.

Lamèsi arrived at Marfranc with her dead daughter. The wake has started; but it is rumored that she didn't die naturally. They're talking to see how the ougan will prepare the corpse so that the person who killed her can pay for her action.

TISYA:	Lamèsi, o! Ou pa al kay papa Briseyis pou ou wè sa l a fè pou ou? Paske ou pa ka pèdi piti fi ou la konsa!	Lamèsi! You didn't go to Briseyis' to see what he can do for you? Because you cannot lose your daughter like that!
LAMÈSI::	M t al wè l wi. O kontrè, li ka vin la a talè. Machè! Li di m se yon fi wouj gwo cheve ki touye l paske Pyè marye ak li.	I did go to see him. On the contrary, he might come here in a little while. Honey, he told me it's a light skin woman with long hair who killed her because Pierre married her.
TISYA:	Ou kwè se fi ki te konn vin wè Pyè chak fwa li vin fè vakans lan?	Do you think it's the woman who used to visit Pierre when he came on vacation?
LAMÈSI::	M sipoze se li, paske m pa konn lòt fi wouj. Epi Pyè te toujou di nou se kouzin li, wi. Ou wè jan moun antrave!	I suppose it's she because I don't know any other light skin woman. And Pierre always told us she was his cousin. You see how complicated the relationships among people are!
TISYA:	Men, Briseyis ap ranje kadav la?	But Briseyis will prepare the corpse in view of all that?
LAMÈSI::	Se pou sa l ap vin la a. Li di m pare digo, yon boutèy My Dream, ak yon ti poupe twal pou li.	It's the reason he's coming. He told me to have indigo, a bottle of My Dream, and a little rag doll ready for him.
BRISEYIS:	Kote moun yo? Nou pare pou mwen?	Where's everybody? Are you ready for me?
LAMÈSI::	Wi papa! Tout bagay pare, wi. Mò a nan ti chanm nan.	Yes, Father! Everything's ready. The dead person is in the little room.

Kesyon

1. Ki moun ki mouri?
2. Ki moun ki va ede prepare veye a?
3. Poukisa Tidjo ap sele chwal li a?
4. Poukisa tout moun bezwen kouraj?
5. Poukisa nan veye yo bezwen prepare anpil manje?
6. Ak ki sa yo fè te?
7. Poukisa yo voye chache ougan an?
8. Ki sa ougan an ap fè?
9. Ki moun ougan an di ki touye pitit Lamèsi a?
10. Poukisa fi a fè zak kont Vanya?
11. Ki sa ougan an bezwen pou fè wanga a?

MO NOUVO

Vodou se yon relijyon ki gen orijin li nan kwayans nèg Afrik. Lè li rive sou tè Ayiti, gen ti chanjman ki fèt ladan li.

Anpil moun, lè yo tande vodou, panse se maji, zonbi ak tout kalite lòt bagay negatif. Men, vodou pa gen twòp pou li wè ak bagay sa yo.

Yon vodouyizan pratike relijyon li pa entèmedyè lwa li sèvi yo. Chak fanmi gen lwa li abitye sèvi. Men kèk mo ak espresyon ki gen rapò ak vodou:

Lwa: Espri nan vodou ki manifeste yo sou vodouyizan yo. Lè yon lwa manifeste l pa entèmedyè yon moun, moun sa a an trans, li pa aji tankou li menm, li fè sa lwa a vle li fè, li bay mesaj lwa a pote a. Yo di moun sa a **pran lwa**, oswa lwa a **monte chwal li**.

Ougan: Inisye (gason) nan vodou ki pi souvan prezide seremoni yo. Yon inisye fi rele manbo.

Ounsi: Inisye nan vodou ki la pou li ede ougan oswa manbo.

Ounsi kanzo: Ounsi ki fè yon inisyasyon espesyal. Li pase sèt jou kay ougan/manbo san li pa wè limyè solèy. Apre tan sa a, li soti, li vin **kanzo**, sa vle di li ka manyen dife san li pa boule, li vin gen plis konesans tou. Li ka vin ougan/manbo.

Ason: Yon ti kalbas ak manch ki gen grenn kolye ladan li. Yo sèvi ak li nan seremoni yo.

Ogatwa: Otèl moun gen lakay yo pou lwa yo sèvi yo. Se sou li yo mete kouvè lwa, yo ba li manje.

Kay ogatwa: Selon posibilite yon moun, li ka gen yon ti pyès kay pou ogatwa li.

Lanp etènèl: Lanp yo mete sou ogatwa. Yo limen l chak madi, oswa chak jedi. Se pwoteksyon yo. N.B. Moun ki gen ogatwa pa al kay ougan fasil. Lè yo gen pwoblèm, yo lapriyè devan lanp la. Lwa a fè yo wè sa pou yo fè nan rèv. Lè y ap fè seremoni pou lwa, moun nan fanmi an ki abitye pran lwa a prezide seremoni an, yo pa bezwen ougan pou fè li.

Lwa kenbe: Si yon vodouyizan pa fè sèvis pou lwa, pa bay lwa li manje, lwa ka kenbe l. Lè lwa a kenbe l, li gen dwa gen nenpòt ki maladi. Kon li bay lwa a manje, li fè limilyasyon, li geri. Lè yon vodouyizan mouri, lwa a ka chwazi youn nan pitit moun nan pou kontinye sèvi l. Si li pa sèvi l, l ap kenbe l paske pitit se eritaj lwa a.

Manje lwa: Se manje yo met sou ogatwa pou lwa a. Chak lwa gen sa li renmen manje. Fòk yo toujou mete bagay sa a nan manje l, osnon li p ap kontan. Pa egzanp, Èzili Freda renmen pwason, diri blan ak gato.

Envoke lwa: Si yon vodouyizan pa ka fè tout depans pou bay lwa a manje pou kont li, li ka voye lwa a al kenbe youn nan lòt eritaj li yo ki ka vin ede l fè frè yo.
N.B. Yon moun pa ka envoke lwa pou fè yon lòt moun mechanste. Lwa pa fè moun mal. Dyab sèlman k fè moun mal.

An jeneral yo fè seremoni pou lwa 25 desanm, 6 janvye (fèt Lèwa, se fèt tout lwa). Gede gen dat pa li ki premye ak 2 novanm.

Men non kèk lwa:

Èzili Freda, Ayida Wèdo, Agwe Tawoyo, Papa Legba, Ogou Feray, Danmbala Wèdo, Marasa Senp, Marasa Ginen, Gede, Simbi nan dlo.

Chak lwa gen senbòl li. Yo rele sa **vèvè**. Li gen jan li abiye epi li gen manje li renmen manje.

Annou pratike

A.   **Marye kolonn I ak II.**

I		II	
1.	manbo	a.	otèl lwa
2.	ounsi kanzo	b.	gason inisye ki prezide seremoni lwa
3.	vèvè	c.	lwa
4.	ogatwa	d.	fi inisye ki prezide seremoni lwa
5.	Èzili	e.	senbòl lwa
6.	ougan	f.	ounsi ki resevwa yon inisyasyon espesyal

B.   **Devine ki sa bagay sa yo ye.**

1.   Yon ti kalbas a manch ki gen grenn kolye ladan li.
2.   Kay kote yo mete otèl lwa a.
3.   Poul ak diri yo mete sou ogatwa.
4.   Lwa yo fete premye ak 2 novanm.
5.   Lanp yo limen sou ogatwa.
6.   Espri ki manifeste l sou vodouyizan.

C.   **Ki sa sa a vle di.**

1.	manje lwa	4.	lwa kenbe Tidjo	7.	vodouyizan
2.	ogatwa	5.	revoke lwa		
3.	ounsi	6.	Lamèsi pran lwa		

GRAMÈ I

<u>Wi</u> and <u>non</u> as interjections

Creole statements are made more emphatic by adding **wi** or **non** at the end. **Wi** is added to affirmative statements and **non** to negative statements.

Yo fè yon gwo seremoni, **wi**!	Did they ever organize a big voodoo service!
M p ap ede ou kase mayi, **non**!	I certainly won't help you pick corn!

Annou pratike

Di ki sa moun sa yo a reponn. Sèvi ak **wi** oswa **non** nan fen repons la.

MODÈL: Lwa a di Tidjo: Apa ou bliye m! →
              Non, m pa bliye ou non.

1.   Aselòm, ou bezwen fè teras pou kenbe tè a.
2.   Ougan an di Pyè: "Fòk ou bay Èzili manje."
3.   Manbo a di Pòl: "Se lwa ki kenbe ou."
4.   Yo ofri Mari pitimi, li pa renmen manje sa.
5.   Madan Jan mande Asefi si li lave kay la deja.
6.   Antwàn pa pote mayi, madanm li mande l si yo poko bon.
7.   Patat yo piti, Antwaniz mande Pòl si li pa te chose yo.
8.   Yo fin bay lwa manje, Lamèsi mande Nikòl si li refè.
9.   Nan seremoni Èzili a, ou ap bay Ogou manje?
10.   Aselòm sòt Jeremi. Li rive Pòtoprens byen vit. Wout la bon?

11.   Bourik la pa vle mache, li bouke?
12.   Ti Jak pa renmen lekòl, li pral aprann metye?

GRAMÈ II

Expressing obligation and permission

There are several ways to express obligation and necessity in Creole:

1.   **se pou, fò or fòk** + pronoun

Se pou ou ekri lèt la.	You have to write the letter.
Se pou m al kay ougan an.	I have to go to the ougan's.
Fòk nou bay lwa yo manje.	You have to give the loas a food offering.
Fò ou vini bonè.	You have to come early.

2.   **dwe** 'ought to, have to':

Ou dwe vann milèt la.	You have to, ought to sell the mule.
Nou te dwe ranje kay la.	We had to repair the house.

3.   **bezwen** 'to have to, to need':

Nou bezwen mennen bèt yo nan dlo.	We have to take the cattle to drink.
Ou bezwen pentire baryè a?	Do you have to paint the fence?
Nou bezwen anpil kòb pou lwe djip la.	You need a lot of money to rent the jeep.

4.   **gen dwa** 'to have permission to, should, may':

Lapli ap vini, ou gen dwa rete lakay mwen aswè a.	The rain's coming, you should stay at my house tonight.
Pa gen vyann, ou gen dwa ale nan bouchri a.	There's no meat, you ought to go to the butcher's.

5.   **mèt** 'to be allowed to':

M kapab prete chari ou?	May I borrow your plow?
--Ou mèt prete li.	--You may borrow it.
Yo vle chita devan kay ou a.	They want to sit in front of your house.
--Yo mèt chita la a.	--They may sit here.

Annou pratike

A.   **Bay Tidjo konsèy ki jan pou li pase jounen demen an. Ki sa pou li fè?**

MODÈL: dòmi bonè aswè a. →
                       Se pou ou dòmi bonè aswè a.

1.   Repoze ou byen.
2.   Leve bonè.
3.   Benyen byen vit.
4.   Ale kay vwazen ou yo.
5.   Sakle jaden an ak yo.
6.   Al achte semans.
7.   Plante mayi yo.

B.   **Kounye a sèvi ak fò osnon fòk:**
MODÈL: lave rad yo →
              Fò ou lave rad yo.
              Fòk ou lave rad yo.

1.   tounen lakay ou
2.   manje diri ak pwa wouj
3.   tire kont ak timoun yo
4.   bay lodyans ak granmoun
5.   wè ak ougan an
6.   prepare seremoni lwa a

C.   **Di moun sa yo ki sa yo te dwe fè.**
MODÈL: Nan nuit la m te grangou. →
              Ou te dwe leve al manje.

1.   Ti gason an te swaf.
2.   Pyè te rele machann mango a.
3.   Nikòl te vle al Kiraso.
4.   Pòl te bouke.
5.   Lamèsi t al nan magazen.
6.   Timoun yo te chita bò tab la.
7.   Yo te louvri liv yo.
8.   M te rive anreta.

D.   **Marye kolonn I ak II.** Epi fè fraz pou ou di moun sa yo ki sa yo gen dwa fè.
MODÈL: M bezwen achte yon bagay. →
              Ou gen dwa desann lavil jodi a.

I

1.   M bezwen al Jeremi, bourik mwen an malad.
2.   M bezwen lave machin nan, men m pa gen dlo.
3.   Pòl bouke, li bezwen repoze l.
4.   Tidjo vle plante, men li pa gen semans.
5.   Yo pa vle al nan restoran.
6.   Nou bezwen travèse rivyè a.
7.   Machin mwen an an pàn.
8.   Lapli pral vini.
9.   Nou bezwen achte pen.
10.   M pa bezwen liv sa a ankò.

II

a.   kouche sou kabann mwen an
b.   pran dlo ki nan bokit la
c.   sele chwal mwen an
d.   desann lavil jodi a
e.   lwe ti kannòt sa a
f.   kwit manje lakay yo
g.   prete parapli m nan
h.   voye Asefi nan boulanje
i.   rele mekanisyen an
j.   vann li bò katedral la

GRAMÈ III

Some useful adverbs

1.   **Ase** has two meanings. It may be used to express quantity:

Yo pa gen **ase** kòb.   They don't have enough money.

Or it may be used to describe size:

Li twouve kay la pa gran **ase** pou   She found that the house wasn't big
   moun yo rete.   enough for all the people to live in.

Finally it is equivalent to **sèlman**; note that with this meaning, it always occurs after the noun or adjective it modifies:

Rete tòl **ase** pou fini kay la.

Timoun nan se papa l **ase** li respekte.

Only the tin roof remains to be done in order to finish the house.

This child respects only his father.

2.   **Annik** means "just," in a temporal sense, and "only," in which case it is equivalent to **sèlman** and **ase**:

M **annik** rive. = M fèk rive.
Apremidi a m p ap fè lòt bagay
    annik dòmi.

I've just arrived.
In the afternoon, I do nothing else but sleep.

3.   **Atò** is equivalent to **kounye a** or **alèkile** "now":

M fin travay mwen; m ap ede
    lòt moun **atò**.

I've finished my work; I'll help the others now.

It is also equivalent to "so, after all":

Nèg sa a toujou ap rele. **Atò** ki sa
    rele a ap fè pou li?

This guy is always shouting. What is this shouting going to do for him after all?

4.   **Ankò** is used in a temporal sense with the sense of "again, another time," as well as a quantifier with the meaning of "more":

Yo tounen **ankò**.
Ban m yon ti moso **ankò**.

They've returned again.
Give me another little piece.

Annou pratike

Sèvi ak advèb sa yo pou ou ranpli espas vid yo: poko, deja, toujou, annik, sèlman, ankò, ase, atò.

1.   Lwa a kenbe l paske li te dwe fè sèvis _____.
2.   Li_____fè l paske li manke kòb.
3.   L ap chache _____.
4.   Li jwenn 100 pyas_____. Men sa pa _____.
5.   _____, si li te ka vann youn nan bèf li yo, afè l ta regle.
6.   Si li_____desann bò mache a bonè, l a jwenn yon ti kraze pou li.
7.   Ane pase li te fè sa_____. Li pa vle fè sa_____ane sa a.
8.   L ap tann _____ pou li wè si l a jwenn yon bon pri.
9.   Kon li jwenn lajan an, li_____al kay manbo a epi seremoni l ap fèt de jou pita.
10.   _____fò lwa a ka pran ti pasyans tou.
11.   Jozèf te rele l devan lanp etènèl la, li te di l, li_____pare, men l ap ba li manje kanmenm.
12.   Li konprann sèvitè li paske li konnen se li ki sèl pitit, se li ki_____fè tout frè pou kont li.

KOUTE BYEN

Mirak ap kontrarye

Ayisyen konn jwe bòlèt anpil. Nan jwe **bòlèt** ou kab genyen   *lottery*
anpil kòb men pi fò moun ki jwe bòlèt se pèdi yo pèdi kòb ladan, wi.
Nan jwèt bòlèt yo konn jwe yon nimewo ak **revè l**. Pa egzanp, yo jwe   *reverse*

47 ak 74. Lè yo **tire** nimewo, yo **tire** twa **lo**: premye lo, dezyèm lo   *to draw; set*
ak twazyèm lo. Se nan premye lo ou kab genyen plis.

Men yon istwa **afè** bòlèt la. Se yon gwo nèg ki jwe anpil   *matter*
kòb. Pou li pa pèdi gwo kòb li te jwe a, l al legliz pou li **lapriyè**.   *prayer*
Men te gen yon lòt nèg ki pa jwe bòlèt men ki **te nan ka** tou. Koute   *to have a big problem*
sa ki rive.

Mo nou poko konnen:

yon boul bòlèt	lottery number	**yon siy**	a signal, a sign
su/si	sure	**etan**	while
tiraj	drawing	**brizirye**	broke
okipe	to take care	**ajenou**	to kneel
nan peyi blan	abroad	**entewonp**	to interrupt
tanpri	please	**kontrarye**	to disturb
Pè Letènèl	the Eternal Father = God	**regle**	to work out
biznis	deal		

Nòt: *Bilingual Haitians, as well as those who have had exposure to French through schooling or through contacts with bilingual speakers, use the front rounded vowels, **u, eu**, and **èu** in certain words. Other speakers use the vowels **i, e** and **è**, respectively in these words. Speakers may also vary between the two vowels, and some speakers who generally do not have these "frenchified" vowels might use them in words where they do not occur. For example, **diri** has a variant **duri; ji/ju; ze/zeu; de/deu; sè/sèu, sèlman/sèulman**. These are words that have the rounded vowel in French cognates: **du riz, jus; des œufs, deux; sœur, seulement.***

*Speakers who know little French are likely to err in the direction of hypercorrection. Typical cases of hypercorrection involve the use of the rounded vowel where there is no rounded vowel in corresponding French terms: **bleu** heard for **ble** "wheat," in confusion with **ble/bleu** "blue(bleu);" **neu** heard for **nen** "nose," in confusion with **ne/neu** "ribbon, knot (**nœud**);" **lelut** heard for **lelit** "the elite."*

Kesyon

1. Ki jwèt gwo nèg la te konn jwe?
2. Ki sa yo ba li?
3. Ki jan li jwe boul la? Pou konben?
4. Ki sa li fè lè premye lo a soti? Poukisa?
5. Ki kote premye pitit gason l lan ye? Ki sa l ap fè?
6. Ki sa ki rive pandan grannèg la ap tann Sen Djo fè l siy?
7. Ki pwoblèm papa fanmi an genyen?
8. Ki sa gwo nèg la fè?
9. Poukisa?

ANNOU TCHEKE

A.   Reponn kesyon sa yo.

1. Ki sa pou ou fè pou lwa pa kenbe ou?
2. Ki sa ou bezwen fè pou ou vin ounsi kanzo?

3.   Si ou pa ka fè frè seremoni an pou kont ou, ki sa ou gen dwa fè pou yon lòt moun ka ede ou?

4.   Ki manje pou ou bay Èzili Freda?

5.   Ki lè pou ou bay Gede manje?

6.   Ki moun ki gen dwa prezide yon seremoni vodou?

7.   Ki kalite manje ou gen dwa bay lwa?

8.   Ki sa yo fè ak yon lanp etènèl?

B.   Tradiksyon

1.   You only have to feed your spirits.

2.   There are so many people in the family, and the loa chose you to serve him.

3.   You have to always show humility, otherwise you may become sick.

4.   Has she served her spirits yet? If she hasn't done it, she'd better do it this month.

5.   They should have gone to the manbo's earlier. They wouldn't have all those problems.

6.   She only touched my head and the headache was gone.

7.   By the way, she shouldn't do such a thing at all.

8.   Look how sick she is! You should take her to the ougan's.

9.   Since yesterday all she's been doing is to sing.

10.   Where are my people? They haven't come to feed me yet.

ANNOU LI

Ayiti anvan lendepandans

Kòm nou te wè nan dènye lekti a, sitiyasyon an te **mangonmen** nèt nan Sendomeng vè fen dizuityèm syèk la. Li te difisil pou peyi Lafrans te kontwole sa ki t ap pase nan koloni an paske li te plen pwoblèm lòtbò nan Lewòp. Nan lakou lakay pa li te gen yon gwoup revolisyonnè – boujwa yo – ki te revòlte kont otorite **wa** a. Yo arete li, epi yo fè touye l. Yo di tout moun gen menm dwa devan Bondye ak devan lalwa.   *= difisil*   *king*

Gwo kolon, chèf bitasyon nan Sendomeng yo ki te patizan wa a, te **refize** rekonèt otorite nouvo gouvènman an, ni obeyi lòd li voye ba yo.   *=pa vle*

Yon lòt kote, Lafrans te nan **lagè** ak de gwo pisans nan lakou Lewòp la: Langletè ak Lespay. De peyi sa yo te konn ap monte tèt esklav nan koloni yo kont blan franse yo. Yo te konn fè esklav yo vin nan **lame** pa yo, yo ba yo gwo **grad** pou yo goumen kont franse. Se konsa anpil nan gwo tèt ki goumen pou bay peyi Ayiti endepandans li te fè premye **parèt** yo. N a pral fè yon ti koze sou twa ladan yo: Tousen Louvèti, Jan Jak Desalin, ak Anri Kristòf.   *war*   *army*   *rank*   *appearance*

Tousen Louvèti te yon esklav ki te fèt sou bitasyon Breda bò zòn Wodikap. Li te pitit pitit Gawou Ginou, wa moun Arada yo nan Lafrik. Li te gen senkann kat (54) ane lè **parenn** li montre li ak ekri. Apre Santonaks (yon manm nan dezyèm komite gouvènman revolisyonnè a te voye pou met lòd nan Sendomeng) fin **ame** esklav epi bay tout esklav libète, nou jwenn Tousen ak anpil lòt esklav k ap batay pou panyòl yo kont Franse. Yo pran anpil vil nan men franse yo. Men lè Tousen kalkile, li wè li pa ka fè mesye panyòl ak angle yo **konfyans**, piske yo menm tou yo te gen esklav sou koloni pa yo. Li kalkile franse te sanble yo te ofri plis garanti pou ansyen esklav yo, li tounen al jwenn franse yo epi li **reprann** tout vil li te ede panyòl yo ak angle yo pran nan men Lafrans. Se konsa Tousen te vin popilè anpil epi li vin gen anpil otorite. Kòm objektif franse yo pa te janm nan enterè esklav yo, yo te vle sèlman sèvi ak fòs nèg sila yo te reprezante a,   *godfather*   *to arm*   *trust*   *to retake* nou wè yo deside elimine Tousen. Se konsa, ak **riz** yo rive arete Tousen epi yo voye l jis nan peyi Lafrans. Li mouri nan prizon nan ane 1803.

trap

Jan Jak Desalin li menm te yon ansyen esklav. Gen kèk diskisyon sou kote li fèt; anpil moun di se sou bitasyon Kòmye nan Nò, gen kèk lòt ki di li pa te fèt Sendomeng. Antouka, nou jwenn Desalin k ap **batay** pou panyòl yo ansanm ak Tousen ak lòt ansyen esklav yo. Li tounen al batay pou Lafrans menm lè ak Tousen. Men, lè Leklè--reprezantan Bonapat--soti pou li dezame tout ansyen esklav, pou li drese yon chèf kont yon lòt, **chèf** yo vin **rann yo kont** Lafrans pa te janm nan enterè yo. Se konsa Desalin ak tout lòt yo al jwenn **nèg mawon** yo ki pa te janm **soumèt** devan blan franse yo. Sou lòd Desalin kòm jeneral an chèf, ansyen esklav yo batay jis yo bay peyi Ayiti endepandans li.

to fight

leader; to realize runaway slaves; to give up

Apre endepandans (premye Janvye 1804), yo nonmen Desalin prezidan. Kèk tan apre li fè yo pwoklame li anperè. Men rivalite ak lòt pwoblèm ki te egziste nan mitan nèg yo yo menm pa t fini. Se konsa nan 17 oktòb 1806 yo pare yon **pyèj** pou li epi yo tou asasinen li.

ambush

Anri Kristòf li menm te fèt nan yon lòt ti zile nan Karayib la yo rele Grenad. Li vin Sendomeng jenn gason, li **tabli** nan zòn Nò peyi a. Li goumen ansanm ak ansyen esklav yo ak lòt afranchi yo pou bay peyi a endepandans. Li se yon nèg ki gen anpil karaktè ak anpil disiplin. Se li menm ki fè bati Sitadèl la, lè Desalin te mande tout moun ki t ap kolabore ak li yo pou yo te bati fò pou defann peyi a si Franse yo ta vle tounen vin **remèt** tout moun nan esklavaj.

to settle

to return

Apre **lanmò** Desalin, Kristòf pa te antann li byen ak Petyon yo te nonmen prezidan. Se konsa peyi a vin divize ak Kristòf nan tèt pati Nò ak Latibonit la. Li fè yo nonmen li wa Anri premye, li bay yon pakèt moun tit noblès, li bati kèk palè nan Latibonit, San Sousi. Nan ane 1815, lè li wè pouvwa ap **chape** anba men li, l ap pèdi otorite l, li touye **tèt li**.

death

to escape; himself

Kesyon

1. Ki sa ki te pase nan peyi Lafrans vè fen dizuityèm syèk la?
2. Kouman Lafrans te antann li ak lòt pisans nan Lewòp yo?
3. Ki moun ki te bay esklav yo libète?
4. Nan ki lame Tousen te batay anvan li te vin jwenn Franse yo? Poukisa?
5. Poukisa li tounen al jwenn Franse yo?
6. Poukisa Franse yo elimine Tousen?
7. Ki moun Desalin te ye?
8. Ki jan li mouri?
9. Ki moun Kristòf te ye?
10. Ki sa Kristòf te bati?
11. Poukisa li te touye tèt li?

KLE

Dyalòg - kesyon

1. Pitit Lamèsi. **2.** Tout vwazinaj Lamèsi, men espesyalman bèlsè l, Madan Aselòm, ak nyès li, Tisya. **3.** Pou li ale chache manman Lamèsi. **4.** Pou yo ede Lamèsi rele. Li gen yon gwo lapenn paske se premye pitit fi l li pèdi. **5.** Pou soutni kè moun ki ede mèt mò a.

6. Ak fèy ak jenjanm. **7.** Paske yo kwè Vanya pa mouri bon mò. Yo kwè yon lòt fi touye l pa jalouzi. **8.** L ap ranje yon wanga. L ap ranje pou fi wouj la peye konsekans zak li. **9.** Yon fi wouj gwo cheve. Mari Vanya a di fi a se kouzin li, men se pa vre. **10.** Paske li renmen mari li. **11.** Li bezwen digo, yon boutèy losyon ak yon ti poupe twal.

Mo nouvo

A.   **1.** d **2.** f **3.** e **4.** a **5.** c **6.** b
B.   **1.** ason **2.** kay ogatwa **3.** manje lwa **4.** Gede **5.** lanp etènèl **6.** lwa
C.   **1.** Manje yo sèvi lwa. **2.** Otèl yo ranje pou lwa. **3.** Inisye ki ede ougan nan seremoni lwa. **4.** Tidjo malad, li bezwen bay lwa manje. **5.** Voye lwa al kenbe yon lòt eritye pou ede li fè frè seremoni. **6.** Lamèsi an trans, lwa monte l. **7.** Moun ki pratike relijyon vodou.

Gramè I

1. -Wi, m ap fè l, wi! **2.** M ap ba l manje, wi! **3.** M pral fè seremoni an, wi! **4.** Non, mèsi, m pa vle, non! **5.** Non, m poko lave l, non. **6.** Non, yo poko bon, non! **7.** Non, m pa t chose yo, non! **8.** Wi, m refè, wi! **9.** Non, m pa vle, non! **10.** Wi, li bon, wi! **11.** Wi, li bouke, wi! **12.** Wi, li pral aprann metye, wi!

Gramè II

A.   **1.** Se pou ou repoze ou byen. **2.** Se pou ou leve bonè. **3.** Se pou ou benyen byen vit. **4.** Se pou ou ale kay vwazen ou yo. **5.** Se pou ou sakle jaden an ak yo. **6.** Se pou ou al achte semans yo. **7.** Se pou ou plante mayi yo.
B.   **1.** Fò/Fòk ou tounen lakay ou. **2.** Fò/Fòk ou manje diri ak pwa wouj. **3.** Fò/Fòk ou tire kont ak timoun yo. **4.** Fò/Fòk ou bay lodyans ak granmoun yo. **5.** Fò/Fòk ou wè ak ougan an. **6.** Fò/Fòk ou prepare seremoni lwa a.
C.   **1.** Li te dwe bwè dlo. **2.** Li te dwe achte mango. **3.** Li te dwe achte tikè l. **4.** Li te dwe al dòmi. **5.** Li te dwe machande yon bèl wòb. **6.** Yo te dwe manje. **7.** Yo te dwe li. **8.** Ou te dwe leve pi bonè.
D.   **1.** c **2.** b **3.** a **4.** d **5.** f **6.** e **7.** i **8.** g **9.** h **10.** j

Gramè III

1. deja **2.** poko **3.** toujou **4.** sèlman; ase **5.** atò **6.** annik **7.** deja; ankò **8.** toujou **9.** annik **10.** atò **11.** poko **12.** toujou

Koute byen (Mirak ap kontrarye)

Jodi a nou pral ba ou istwa yon grannèg nan lavil la ki te konn jwe bòlèt anpil. Se konsa, yon jou yo pote yon boul bòlèt ba li; yo tèlman si se yon bon boul, yo di l li mèt jwe li san revè. Li rale de mil dola nan kès magazen li a, li jwe boul la san revè, epi li chita ap tann tiraj. Lè lotri tire, 52 soti premye lo; men dezyèm ak twazyèm lo a poko bay. Msye te jwe 25 sèlman; li pa konn sa pou li fè.

Li kouri al lapriyè legliz Sen Jozèf pou li wè si Sen Jozèf a fè yon bagay pou li. Li di: "O! Sen Djo papa m, ou wè lajan an pa pou mwen, se kòb timoun yo. Ki jan pou m okipe yo si m pèdi l? E premye pitit gason m nan k ap etidye nan peyi blan? Ki sa m ap voye ba li? Tanpri Sen Jozèf, al fè yon ti pale ak Pè Letènèl pou li ka fè yon mirak. Menm si se dezyèm oswa twazyèm lo m genyen, m a sove lajan magazen an. M ap chita la pou ou fè m yon siy."

Etan l ap tann Sen Jozèf fè l siy mirak ap fèt, gen yon papa fanm malere ki vin ajenou bò kote l pou lapriyè. Li gen twa jou depi li pa manje ak sèt timoun li yo. Li vin fè Sen Jozèf yon ti demann. Alò, grannèg la, ki pa vle msye entewonp li nan konvèsasyon l ak Sen Djo, foure men l nan pòch li. Li pran grenn biyè di dola ki te rete a, li bay tonton an, epi li di: gade, non, monchè, pran sa a; epi soti paske ou ap kontrarye m avèk Sen Djo. Se yon biznis de mil dola m ap chache regle avè l.

Koute byen – kesyon

1. Li te konn jwe bòlèt anpil. **2.** Yo ba li yon boul bòlèt. **3.** Li jwe boul la san revè pou de mil dola. **4.** Li kouri al lapriyè Sen Jozèf pou li wè si l a gen dezyèm oswa twazyèm lo. Sa a pèmèt li sove kòb li. **5.** L ap etidye nan peyi blan. **6.** Yon papa fanmi malere vin ap lapriyè bò kote l. **7.** Li gen twa jou li pa manje ak sèt timoun li yo. **8.** Li ba li dènye biyè di dola ki te rete nan pòch li a. **9.** Pou nèg la pa kontrarye l ak biznis de mil dola l ap chache regle ak Sen Djo a.

Annou tcheke

A. **1.** Se pou ou toujou ba li manje, pou pi piti yon fwa pa ane. **2.** Ou bezwen sibi yon inisyasyon espesyal. **3.** Ou gen dwa revoke lwa, sa vle di ou voye l al kenbe yon lòt moun nan fanmi an. **4.** Se pou ou bay Èzili diri blan, poul ak gato. **5.** Ou bay Gede manje bò premye ak 2 novanm. **6.** An jeneral, se ougan ak manbo ki gen dwa prezide yon seremoni vodou. **7.** Ou gen dwa bay lwa nenpòt ki manje, men fòk ou mete manje li renmen yo ladan li. **8.** Ou limen li sou ogatwa, ou lapriyè devan li.

B. **1.** Se lwa ou yo ase pou ou bay manje. **2.** Valè moun ki gen nan fanmi an, lwa a chwazi ou menm pou sèvi li. **3.** Fòk ou toujou fè limilyasyon, san sa ou gen dwa tonbe malad. **4.** Li sèvi lwa yo deja? Si li poko fè l, pito li fè sa mwa sa a. **5.** Yo te dwe al kay manbo a pi bonè, yo pa ta gen tout pwoblèm sa yo. **6.** Li annik manyen tèt mwen epi mal tèt la pase. **7.** Atò, li pa dwe fè yon bagay konsa, non. **8.** Gade kouman li malad? Ou te dwe mennen li wè ougan an. **9.** Depi yè maten se chante sèlman l ap chante. **10.** Kote moun mwen yo, yo poko vin ban m manje?

Annou li – kesyon

1. Yon gwoup revolisyonnè te pran pouvwa, yo arete wa a epi yo touye li. **2.** Li pa te antann li byen. Li te nan lage ak Langletè epi Lespay. **3.** Santonaks. **4.** Li te batay nan lame panyòl yo, paske panyòl yo te konn bay gwo grad ak lòt ankourajman tou. **5.** Paske li te kwè panyòl yo pa te sensè piske yo te gen esklav nan koloni pa yo tou epi li te kwè libète li te pi garanti sou kote franse yo. **6.** Paske li te vin yon chèf popilè ak anpil pouvwa, li t ap anpeche yo reyalize bi yo ki te pou remèt tout ansyen esklav nan esklavaj. **7.** Desalin te yon ansyen esklav ki gide lòt yo nan batay pou bay peyi a endepandans li. **8.** Yo te tann li yon pyèj epi yo asasinen l. **9.** Li te yon afranchi ki te batay ak ansyen esklav yo pou bay peyi a endepandans li. **10.** Li te bati Sitadèl la ak kèk lòt palè. **11.** Paske li te wè pouvwa ap chape anba men li, li t ap pèdi otorite l.

GLOSSARY

This glossary lists all Haitian Creole words used in the text. Words which occur only in listening comprehension sections (**Koute byen**) and reading selections (**Lekti**) are considered passive vocabulary. They are identified by a preceding asterisk. Each entry of the glossary contains the spelling of the word, its part of speech indications, its principal English equivalent (gloss), and its indication of first occurrence in the text. Obvious cognates, such as **Atlantik** "Atlantic" are not listed.

- The number following the English gloss indicates the lesson in which the word first occurs.

- For words with several related meanings, the most common meaning is listed first. Homonyms (words with different meaning) are given separate listings. For example, **grenn** is analyzed as two different words: (1) "piece" or "individual unit", for example, **yon grenn je** "an eye"; (2) "seed", for example, **yon grenn mayi** "a corn seed".

- Set phrases and idiomatic expressions are listed under the head word. For example, **kouri desann** "to run down" is listed under **kouri** "to run"; **bèf chenn** "truck driver's helper" is listed under **bèf** "cow, ox". The term is a metaphor derived from the fact that truck driver's helpers load and unload heavy articles and need to be as strong as the lead ox in a team of pulling oxen.

- The abbreviation *cf* is used to link words that are related in form or meaning appearing in separate entries. For example, the main listing for the indefinite future verb marker is **a**. That entry contains the gloss and the indication of the lesson in which the word first appears. The variant forms **ava** and **va** are listed without the gloss and indication of first occurrence, instead, the reader is referred to the main entry **a**. The main entry for the expression **jis pri** "negotiated price" is analyzed as an expression headed by the verb **fè** "to do." Thus, it is listed under **fè** (**fè jis pri**) "to bargain"; cross references appear under **jis** and **pri**.

- Abbreviations for parts of speech: *adv* adverb; *attrib* adjective or adjective derived from a verb; *con* conjunction; *det* determiner; *interj* interjection; *n* noun; *prep* preposition; *pro* pronoun; *vintr* intransitive verb (verb that may not take a direct object); *vtr* transitive verb (verb that may take a direct object). A particular word may be accompanied by several parts of speech indications.

- Note that in Haitian Creole some vowel phonemes are spelled with a vowel letter followed by **n** or accompanied by a grave accent (è, ò, à). The order of appearance of items is always: (1) simple letter; (2) letter + grave accent; (3) letter plus **n**. For example: **mete**, **mèb**, **men**. You should not expect to find an item like **mèg** after **megri** but after the last item spelled with **me-**, namely **mezire**.

The following list shows the alphabetical order of vowels; it should help in properly locating words.

- **a**
- **an**
- **e**
- **è**
- **en**
- **i**
- **o**
- **ò**
- **on**
- **ou**

For example, if you wish to locate the word **anfas** (beginning with **an**), you should not look for it after **ane** in which the **a** stands for the oral vowel **a**, but after the last word beginning with **a-**, **ayisyen**. To locate **dòmi**, you should not look for it after **domestik** but after the last word containing **do-**, **dosye**. Finally if you wish to find the word **mouri** you should not look for it after **motè** but after the last word containing **mon-**, **montre**.

KREYÒL / ENGLISH

A

a/ava/va definite future verb marker, *L. 19*

abitan/zabitan *n* farmer, *L. 13*

abiye *attrib/vtr* to get dressed, *L. 14*

    -bwòdè *v* to be well dressed, *L. 16*

abitye *vtr* to accustom, *L. 17*

achte *attrib/vtr* to buy, *L. 4*

    -yon jounen to negotiate one day's work, *L. 24*

adisyon *n* addition, *L. 12*

afè *n* business

    -pa bon poor, *L. 22*

afranchi *n* freedman, *L. 22*

*ajenou *adv* in a kneeling position, *L. 25* (cf. **jenou**)

ak *con/prep* and, with, *L. 1*

akasan *n* cornmeal porridge, *L. 17*

a ki lè *adv* (at) what time, *L. 9* (cf. **lè**)

akouche *vtr* to give birth, *L. 15*

aksidan *n* accident, *L. 15*

*alamòd *attrib* fashionable, *L. 21*

*alantou *prep* next to, *L. 16*

ale *vintr* to go, *L. 2*

alèkile *adv* henceforth, nowadays, *L. 19* (cf. **lè**)

alimèt *n* match, *L. 15*

*alò *con* then, *L. 20*

*ame *attrib/vtr* to arm, *L. 25*

a midi *adv* lunchtime *L. 17* (cf. **midi**)

amonika *n* harmonica, *L. 22*

ane *n* year, *L. 16*

anonse *vtr* to announce, *L. 25*

ap future verb marker, *L. 1*

apa *interj* isn't it

    -ou sa! Imagine! *L. 24*

*apeprè *adv* approximately, *L. 22*

aprann *vtr* to learn, *L. 13*

*apranti *n* apprentice, *L. 21*

apre *con* after, *L. 10*

apredemen *adv* day after tomorrow, *L. 16*

apremidi *adv* afternoon, *L. 9*

a pye (cf. **pye**)

aran *n* herring, *L. 17*

ase *adv* enough, *L. 18*

asepte *vtr* to accept, *L. 22*

asfalte *attrib* paved, *L. 23*

asowosi *n* herb (Momordica charantia), *L. 24*

ason *n* ritual rattle in voodoo ceremony, *L. 25*

aspirin *n* aspirin, *L. 12*

aswè a *adv* tonight, *L. 9*

*asyèt *n* dish, plate, *L. 17*

atè *adv* on the floor, *L. 22* (cf. **tè**)

atò *adv* now, so, after all, *L. 21*

atribisyon *n* group of 10 or 15 people that sell a day's work, *L. 24*

ava (cf. **a**)

*avalwa *n* down payment, *L. 21*

avèti *vtr* to warn, *L. 24*

avni *n* avenue, *L. 12*

avril *n* April, *L. 16*

awozwa *n* hose, sprinkling can, *L. 8*

ayewopò *n* airport, *L. 22*

ayisyen *attrib* Haitian, *L. 3*

AN

anba *prep* under, *L. 6*

    *-chal *adv* secretly, *L. 19*

an chantan *adv* in singing, while singing, *L. 22* (cf. **chante**)

*an detay *adv* retail sale, *L. 18*

andeyò *adv* in the country, *L. 10*

*andui *n* chitterlings, *L. 19*

*an dyagonal *adv* diagonally, *L. 22*

anfas *prep* in front of, *L. 12*

anfòm *adv* great, *L. 4*

angle *n* English, *L. 13*

angòje *attrib* to be water logged, *L. 24*

angrè *n* fertilizer, *L. 24*

*angwo (cf. **gwo**)

*ankò *adv* no longer, anymore, again, *L. 19*

anlè *adv* up high, *L. 22*

anmè *attrib* sour, *L. 20*

anmize *vtr* to have fun, *L. 22*

anmizman *n* entertainment, *L. 22*

ann/annou let's, *L. 9*

anndan *prep* inside, *L.10*

annik *adv* just, *L. 25*

an pàn *attrib* broken down, *L. 23*

anpeche *vtr* to prevent, *L. 22*

*anperè *n* emperor, *L. 25*

anpil *adv* a lot, much, *L. 8*

anplwaye *vtr/attrib* to employ, *L. 24*

an rapò *adv* in relation to, *L. 25*

anreta *adv* late, *L. 25*

anrimen *attrib/vtr* to have the flu, a cold, *L. 22*

*ansasen *n* murderer, *L. 24*

*ansasinen *vtr* to murder, *L. 24*

ansanm *adv* together, *L. 10*

*antann *vtr* to get along,
 L. 25
**antchoutchout/
  antyoutyout** *attrib*
  turbulent, exuberant,
  L. 14
antèman *n* funeral,
 L. 23
antòs *n* sprain
  fè yon- (cf. **fè**)
*antouka *adv* at any
  rate, *L. 25*
antrave *vtr* to implicate,
 L. 25
antre *vintr* to enter,
 L. 10
anvan *con* before, *L. 10*
anvanyè *n* the day before
  yesterday, *L. 14*
anyen *pro* nothing, *L. 5*

B
ba¹ (cf. **bay**)
ba² *n* stockings, *L. 16*
Baamas *n* Bahamas, *L. 13*
Baameyen *attrib/n*
  Bahamian, *L. 13*
*bab *n* beard, *L. 16*
*Babad *n* Barbados, *L. 13*
bach *n* tarpaulin, *L. 23*
  (cf. **pwela**)
bagay *n* thing, *L.6*
bal *n* dance, *L. 22*
balkon *n* balcony, *L. 11*
bare *attrib/vtr* to block
  off, *L. 20*
barik *n* barrel, *L. 24*
baryè *n* fence, *L. 8*
bas *n* bass (instrument)
  -tanbou bass drum, *L. 22*
basen *n* reservoir, *L. 23*
baskètbòl *n* basketball, *L. 22*
bat *vtr* to beat, *L. 10*
*batay *vintr* (to) fight,
 L. 19
*bati *vtr* to build, *L. 25*
batiman *n* boat, *L. 23*
bato *n* boat, *L. 23*
*baton *n* stick, *L. 17*

batri *n* battery, *L. 23*
batwèl *n* paddle, *L. 10*
bay *vtr* to give, *L. 2*
  -blag to tell jokes, *L. 22*
  *-koutba not to keep
    one's word, *L. 21*
  -kò ou traka to worry,
   L. 24
  -lodyans to tell stories,
   L. 22
  -madichon to put a
    curse on someone, *L. 14*
  -yon kout men to lend a
    hand, *L. 25*
  -(ban) m give me, *L. 2*
ban (cf. **bay**)
banboche *vintr* to carouse,
  to go on a spree, *L. 22*
*banbou *n* bamboo, *L. 22*
*bande je *vtr* to blindfold,
 L. 17
bann *n* bunch, *L. 18*
bannann *n* plantain, *L. 17*
  -peze fried plantain
   L. 17
bebe *n* baby, *L. 15*
beke *vtr* to peck, *L. 22*
berejenn *n* eggplant, *L. 17*
beton *n* concrete, *L. 11*
bezig *n* bezique (card
  game), *L. 22*
bezwen *vtr* to need,
 L. 9
bè *n* butter/ margarine
 L. 17
bèf *n* cow, ox, *L. 8*
  -chenn truck driver's
    helper, *L. 23*
bèl *attrib* pretty,
  beautiful, *L. 10*
bèlfi *n* daughter-in-law,
 L. 6
bèlmè *n* mother-in-law,
 L. 6
bèt lanmè *n* seafood,
 L. 17
benyen *vtr* to take a
  bath, *L. 14*
bis *n* bus, *L. 23*
bit *n* hillock, *L. 24*

biwo¹ *n* desk, *L. 3*
biwo² *n* office, *L. 16*
biwo polis *n* police
  station, *L. 12*
*biyè *n* bill (currency),
 L. 25
*biznis *n* deal, *L. 25*
blan *attrib* white, *L. 7*
  *-mannan poor white,
   L. 22
  *-kou lèt white like
    milk, *L. 16*
ble¹ *attrib* blue, *L. 7*
ble² *n* wheat, *L. 17*
*bliye *vtr* to forget, *L. 16*
blòk *n* block, *L. 21*
bokit *n* bucket, *L. 8*
bonè *adv* early, *L. 5*
bò *prep* next to, *L. 10*
*bòdmè *n* waterfront,
 L. 16
bòfis *n* son-in-law, *L. 6*
bòfrè *n* brother-in-law,
 L. 7
bòlèt *n* lottery, *L. 14*
bònè (cf. **bonè**)
bòpè *n* father-in-law,
 L. 6
bòs *n* artisan, *L. 5*
bòy *attrib/n* one-eyed,
 L. 22
bon *attrib* good, *L. 8*
  -Dye *n* God, *L. 13*
  -jan good-natured,
    well-mannered, *L. 13*
  -mache cheap, *L. 18*
*bonbe *attrib/vtr*
  distended, *L. 22*
bonjou *attrib* hello,
  good morning, *L. 1*
  -msyedam good
    morning sir and
    madam, *L. 16*
bonm *n* pot, *L. 19*
bouch *n* mouth, *L. 7*
bouche *n* butcher, *L. 12*
bouchri *n* meat store,
 L. 12
*boujwa *n* bourgeois,
 L. 12
bouk *n* village, *L. 9*

boukànye *n* buccaneer, *L. 22*
bouke *attrib* tired, *L. 21*
boukle *vtr* to buckle, *L. 16*
boul *n* ball
   *-bòlèt lottery number, *L. 25*
boulanje *n* bakery, *L. 12*
   mèt- *n* baker, *L. 12*
boule *vtr* to get along, *L. 2*
boulon *n* bolt, *L. 21*
bounda *n* root (plant); bottom, butt, *L. 24*
bourèt *n* wheelbarrow, *L. 21*
bourik *n* donkey, *L. 17*
bous *n* bag, purse, *L. 1*
bout *n* bit
   *-fil piece of string, *L. 22*
boutèy *n* bottle, *L. 18*
boutik *n* grocery store, *L. 12*
boutonnen *vtr* to button, *L. 5*
bouyi *vintr/vtr* to boil, *L. 19*
bouyon *n* broth, *L. 15*
bra *n* arm, *L. 6*
brase *vtr* to stir, *L. 19*
branch *n* branch, *L. 24*
bri[1] *n* noise, *L. 10*
bri[2] *n* rumor, *L. 25*
brid *n* bridle, *L. 23*
*brizirye *attrib/n* broke, *L. 25*
bwa *n* wood
   -banbou bamboo shoot, *L. 22*
   *-fouye rowboat, *L. 23* (cf. **kannòt**)
   -kokoye palm wood, *L. 22*
bweson *n* beverage, *L. 17*
bwè *vtr* to drink, *L. 14*
bwose *vtr* to brush, *L. 14*
   -bouch to brush one's teeth, *L. 14*
bwòs *n* brush, *L. 14*
   -tèt hairbrush, *L. 14*
bwòsadan *n* toothbrush, *L. 14*

byè *n* beer, *L. 17*
byen *adv* well, fine, *L. 1*

C

chabon *n* charcoal, *L. 19*
chache/chèche *vtr* to get, to look for, *L. 6*
chadèk *n* grapefruit, *L. 17*
*chagren *n* sorrow, *L. 19*
chak *attrib* each, every, *L. 7*
chalè *n* heat, *L. 20*
chapantye *n* carpenter, *L. 21*
chape *vintr* to escape
   *-anba men l to slide from his hands, *L. 25*
chapo *n* hat, *L. 9*
   -pay straw hat, *L. 20*
chari *n* plow, *L. 24*
chat *n* cat, *L. 10*
chay *n* load, *L. 18*
chanday *n* sweater, *L. 20*
chandèl *n* candle, *L. 16* (cf. **klere kou chandèl**)
*chanjman *n* change, *L.16*
chanm *n* room, *L. 13*
*chans *n* luck, *L. 21*
   -pou nou *adv* fortunately for us, *L. 13*
chante *vtr* to crow, to sing, *L. 19*
chemen *n* road, path, *L. 23*
   -dekoupe short cut, *L. 23*
chemiz *n* shirt, *L. 5*
chemizèt *n* undershirt, *L. 16*
cheran *attrib* high priced, *L. 21*
cheri *n* darling, *L. 17*
cheve/chive *n* hair, *L. 7*
   -grenn kinky hair, *L. 11*
   -swa/siwo silky, straight hair, *L. 11*
chevrèt *n* shrimp, *L. 17*
chè *n* expensive, *L. 21*
chèf *n* chief
   *-seksyon rural official (sheriff), *L. 24*

chèlbè (cf. **fè chèlbè**)
chèn *n* oak tree, *L. 24*
chèz *n* chair, *L. 3*
chen *n* dog, *L. 70*
chenn *n* chain, *L. 16*
chifon *n* eraser, *L. 3*
chita *attrib/vintr* to sit down, *L. 3*
   -gade *v* to sit around, *L. 22*
cho *attrib* hot, *L. 15*
chodyè *n* big cooking pot, *L. 19*
chofè *n* driver, *L. 13*
chokola *n* chocolate, *L. 17*
   *-o nwa nut flavored chocolate, *L. 16*
chose *vtr* to pile earth up, *L. 24*
chosèt *n* sock, *L. 5*
chòt *n* shorts, *L. 20*
   -pou beny *n* bathing trunk, *L. 16*
chòv *attrib* bald, *L. 13*
chou *n* cabbage, *L. 17*
chwal *n* horse, *L. 8*
chwazi *vtr* to choose, *L.11*

D

*dakò *interj* OK, *L. 24*
damye *n* checkers, *L. 22*
dan *n* teeth, *L. 7*
   -lay clove of garlic, *L. 19*
danre *n* product, *L. 23*
dantis *n* dentist, *L. 15*
dawou *n* August, *L. 16*
de *attrib/n* two, *L.3*
*debake *vintr/vtr* to land, *L. 19*
deboukle *attrib/vtr* to unbuckle, *L. 16*
deboutonnen *vtr* to unbutton, *L. 5*

*defann *vtr* to defend, L. 25

dega *n* damage, L. 20

degaje *vtr* to manage, L. 19

deja *adv* already, L. 13

dekòlte *attrib* plunging neckline, L. 20

demare *vtr* to untie, L. 16

demann *n* request, L. 25

demen *adv* tomorrow, L. 14

demi lit *n* half a liter, L. 18

depans *n* expenses, L. 25

depi *con* since, for, L. 15

deplase *attrib/vtr* to make a move, L. 25

depoze *vtr* to put down, L. 3

desanm *n* December, L. 16

desann *vintr* to go down, L. 10

desè *n* dessert, L. 17

desen *n* picture, L. 11

detache *attrib/vtr* to unfasten, L. 16

detay (cf. **an detay, vann an detay**)

detire *vintr/vtr* to stretch, L. 23

devan *prep* in front of, L. 3

devise *vtr* to unscrew, L. 21

deyò *adv* out, L. 5

*dezame *vintr/vtr* to disarm, L. 25

dezipe *attrib/vtr* to unzip, L. 5

*dezyèm *attrib* second, L. 25

dènye *attrib* last, L. 17

dèyè *prep* behind, L. 10

di *vtr* to say, L. 5

dife *n* fire, L. 17

digo *n* indigo, L. 10 (cf. **kouto digo**)

diksyonnè *n* dictionary, L. 20

dimanch *adv* Sunday, L. 14

*dire *vintr* to last, L. 21

diri *n* rice, L. 16

dis *attrib/n* ten, L. 5

disèt *attrib/n* seventeen, L. 5

*disiplin *n* discipline, L. 25

*diskisyon *n* discussion, L. 25

dispansè *n* dispensary, health center, L. 4

distans *n* distance, L. 23

distraksyon *n* leisure, entertainment, L. 22

diswa *adv* in the evening, L. 9

ditou *adv* at all, L. 17

diven *n* wine, L. 17

diznèf *attrib/n* nineteen, L. 5

dizuit *attrib/n* eighteen, L. 5

djondjon *n* dry mushroom, L. 24

dlo *n* water, L. 8

do *n* back, L. 15

doktè *n* doctor, L. 11

dola *n* dollar, L. 16

domestik *n* servant, L. 22

Dominikani *n* Dominican Republic, L. 13

Dominiken *attrib/n* Dominican, L. 13

domino *n* dominoes, L. 22

dosye *n* back (of a chair, seat), L. 21

dòmi *vintr* to sleep, L. 13

donnen *vintr* to produce, L. 22

dou *attrib* docile, L. 18

doubout *L. 16* (cf. **tete doubout**)

doulè *n* pain, L. 15

doum (cf. **dwoum**)

doumbrèy *n* dumpling, L. 17

dous *n* fudge, L. 17

douz *attrib/n* twelve, L. 5

douzenn *n* dozen, L. 18

dra *n* sheet, L. 14

drapo *n* flag, L. 3

drese *vtr* to straighten, L. 21

*-kont *vintr* to straighten against, L. 25

*dwe *v* must; to have to; to ought to, L. 16

dwèt *n* finger, L. 15

dwoum/doum *n* drum, L. 24

dyab *n* devil, L. 25

voye o- (cf. **voye**)

dyalòg *n* dialogue, L. 1

dyare *n* diarrhea, L. 15

E

e *con* and, L. 1

ebenis *n* cabinetmaker, L. 21

echalòt *n* shallot/scallion, L. 17

ede *vtr* to help, L. 8

egoyin (cf. **goyin**)

*egziste *vintr* to exist, L. 25

eklate *vintr* to burst, L. 23

ekri *attrib/vtr* to write, L. 3

elèv *n* student, pupil, L. 3

*elimine *attrib/vtr* to eliminate, L. 25

epi *con* and, L. 3

*eritaj *n* inheritance, L. 25

eseye *vtr* to try on, L. 5

eskalye *n* stairs, L. 24

eskilte *n* sculpture, L. 21

eskize m *interj* sorry, L. 16

esklav *n* slave, L. 25

eskwad *n* group of 5 or 6 people that sell a day's work, L. 24

*Espay *n* Spain, L. 19

esplike m wout *vtr* to explain, L. 12

espò *n* sports, L. 22

eta *n* shape, state

nan bon- in good condition, L. 23

*etan *con* while, L. 25

ete *n* summer, L. 20

etenn *vtr* to turn off,
L. 15

etidyan *n* student, L. 17

Ewòp (cf. Lewòp)

èske question marker, L. 10

EN

enben *adv* well, L. 4

*endepandan *attrib*
independent, L. 19

*endepandans *n*
independence, L. 19

*endyen *n* Indian, L. 19

enfeksyon *n* infection, L. 15

enkyete *attrib/vtr* to
worry, L. 20

enpe *adv* a bit, L. 18

*enpòtan *attrib*
important, L. 16

ensektisid *n* insecticide,
L. 24

enstriman *n* musical
instrument, L. 22

*enterè *n* interest, L. 25

*entewonp *vtr* to
interrupt, L. 25

F

fache *attrib* to be angry, L. 22

faktori *n* factory, L. 16

famasi *n* pharmacy, L. 12

fanatik *n* fan, L. 22

farin *n* flour, L. 20

farinen *vintr* to drizzle, L. 20

fasil *adv* easy, L. 19

fatra *n* garbage, L. 24

*fanm *n* woman, L. 16

fanmi *n* family, L. 6

fenèt *n* window, L. 3

fevriye *n* February, L. 16

fè *vtr* to do, L. 3
  -adisyon to add, L. 12
  -aksidan to have an
    accident, L. 23
  -bon it's nice weather,
    L. 20

fè (continued)
  -chalè it's hot, L. 20
  *-chèlbè to show off,
    L. 24
  -cho it's hot, L. 20
  -espò to exercise, L. 14
  -fre it's cool, L. 20
  -frèt it's cold, L. 20
  *-jis pri to bargain, L. 21
  *-konfyans to trust, L. 25
  -kwa to take an oath, L. 13
  -lago to play hide and
    seek, L. 22
  -twalèt to wash up, L. 14
  -wonn to form a circle,
    L. 22
  -yon antòs to sprain
    one's self, L. 15
  *-yon manje to win the
    hand (game), L. 22
  *-m yon siy let me
    know, L. 25
  -yon ti vire take a little
    walk, L. 4

fè fòje *n* wrought-iron, L. 20

fèb *attrib* weak, L. 15

fèblan *n* tin, L. 21

fèblantye *n* tinsmith, L. 21

fèmen *vtr* to close, L. 3

fènwa *n* obscurity, L. 19

fèt *attrib/vintr* to be born, L. 13
  -Nwèl *n* Christmas, L. 16

fèy *n* leaf, herb, L. 24

*fent *n* trick, L. 17

fi *n* girl, L. 5
  -wouj light skinned
    woman, L. 25

fidèl[1] *n* believer, L. 4

*fidèl[2] *attrib* faithful, L. 16

fig *n* banana, L. 17

figi *n* face, L. 7

fil *n* thread, L. 21

file *attrib* sharp, L. 22

fim *n* film, L. 22

fimen *vtr* to smoke, L. 15

fimye *n* manure, L. 24

fini/fin *vintr/vtr* to finish,
L. 8

*fisèl *n* string, L. 22

fleri *v* to flower, L. 8

flè *n* flower, L. 8

flèch *n* arrow, L. 8

flit *n* flute, L. 22

*fò[1] *adv* hard, strongly, L. 20

fò[2] *n* fort, L. 23

fò[3] (cf. fòk)

fòjwon *n* blacksmith, L. 20

fòk *v* to have to, L. 25

*fòme *vintr/vtr* to form,
L. 13

fòs *n* strength, L. 22

fòt *n* fault, L. 23

fòtifyan *n* fortifying
food, L. 15

fonksyonè leta *n* public
servant, L. 22

fonmi (cf. foumi)

foule *vtr* to sprain
  -pye sprain one's
    ankle, L. 15

foumi/fonmi/fwonmi *n*
ant, L. 24

*foure *vtr* to put in, L. 20

foutbòl *n* soccer, L. 22

fouye *attrib/vtr* to dig (up),
L. 17
  *-viv to dig up root
    plants, L. 18

frape[1] *vtr* to hit, L. 7

frape[2] *vtr* to knock, L. 23

fraz *n* sentence, L. 11

franse *n* French, L. 13

fre *attrib* cool, L. 20

*fredi *n* cold, L. 16

frete *vtr* to charter, L. 23

frè[1] *n* brother, L. 6

frè[2] *n* expenses, L. 25

frèt *attrib* cold, L. 18

fren *n* brakes, L. 23

fri[1] *attrib/vintr/vtr* to
fry, L. 19

fri[2] (cf. fwi)

fwi *n* fruit, L. 17

fwon *n* forehead, L. 15

fwonmi (cf. foumi)

*fwontyè *n* border, L. 16

fwote *vtr* to rub, L. 10

G

gade *vtr* to look, L. 8

gagè *n* cockpit, L. 22
galon *n* gallon, L. 17
galri *n* porch, L. 21
*****garanti** *n* warranty, L. 25
gason *n* boy, L. 5
gate *v* to spoil, L. 23
    *****tout afè-** everything
      went wrong, L. 19
gato *n* cake, L. 25
gayak *n* kind of tree
    used to make charcoal,
    L. 24
gazolin *n* gas, L. 12
gan *n* gloves, L. 16
geri *vtr* to heal, L. 25
genyen/gen¹ *vtr*
    to have, L. 3
    gen dwa to have the
      right, L. 2
genyen/gen² *vintr* to
    win, L. 22
gide *vtr* to lead, L. 23
gildiv *n* rum distillery, L. 22
gita *n* guitar, L. 22
glase *attrib* ice cold,
    chilled, L. 17
glòs *n* one deciliter, L. 18
gode *n* mug, cup, L. 17
gouden *n* half a gourde,
    L. 24
*****goumen** *vintr* to
    fight, L. 25
gout *n* drop, L. 19
goute *vtr* to taste, L. 17
*****gouvènman** *n*
    government, L. 16
goyin *n* handsaw, L. 21
gra *attrib* fat, L. Il
*****grad** *n* title, army
    number rank, L. 25
grafouyen *vtr* to
    scratch, L. 25
Gras a Dye Thank God, L. 15
graton (cf. **tèt graton**)
gran *attrib* big, L. 11
    -papa *n* grand-father,
      L. 6
grandi *vintr* to grow,
    L. 24
grangou *attrib/n*
    hungry, L. 13

*****granmoun** *n* elderly,
    L. 16
grann *n* grandmother,
    L. 6
grannèg *n* rich or
    influential people,
    L. 24
granri *n* main street, L. 12
grenadin/grennadin *n*
    granadilla, L. 17
grenn¹ *n* single unit,
    L. 18
grenn² *n* seed, L. 20
cheve- (cf. **cheve**)
grennen *attrib* flaky,
    L. 19
gri *attrib* gray, L. 7
gridap (cf. **tèt gridap**)
grimèl *n* (fem) (cf.
    grimo)
grimo *n* (mas) term to
    designate light-skinned
    person with kinky hair,
    L. 11
grip *n* cold, flu, L. 15
gripe *attrib/vintr* to have
    a cold, L. 15
griye *attrib/vtr* to grill,
    L. 19
griyo *n* fried pork, L. 17
Gwadloup *n* Guadeloupe,
    L. 13
Gwadloupeyen *attrib/n*
    Guadeloupean, L. 13
gwo *attrib* big, heavy,
    L. 8
    an- wholesale, L. 13
    *****-dife** *n* big flame, L. 19
    *****-tèt** *n* leader, L. 25
    *****gwosè** *n* width, L. 22
    *****gwosèt** *adv* in shape, L. 16
gwosi *vintr* to gain weight,
    L. 20
gwonde *vtr* to growl, L. 20
*****gwoup** *n* group, L. 13

I

*****iks** *n* letter x, L. 22
inifòm *n* uniform, L. 14

inisyasyon *n* initiation,
    L. 25
irige *vtr* to irrigate,
    L. 24
isit *adv* here, L. 5
ivè *n* winter, L. 20
izin *n* factory, L. 4

J

jaden *n* field, garden,
    L. 4
Jamayik *n* Jamaica, L. 13
Jamayiken *attrib/n*
    Jamaican, L. 13
jan *n* manner
    ki- (cf. **ki**)
    yon ti- a little bit,
      L. 13
janbe *vtr* to cross, L. 18
jandam *n* policeman, L. 13
janm¹ *n* leg, L. 11
janm² *adv* never, L. 13
janti *attrib* nice, L. 11
janvye *n* January, L. 16
je *n* eye, L. 7
jedi *adv* Thursday, L. 14
jefò *n* effort, L. 24
jenou *n* knee, L. 15
jeran *n* overseer, L. 22
jèm *n* shoot (plant), L. 24
jen *n* June, L. 16
jenjanm *n* ginger, L. 25
jenn gason *n* young
    man, L. 17
jennonm *n* young man,
    L. 19
ji *n* juice, L. 17
jilè *n* vest, L. 16
jilèt *n* razor blade, L. 14
jip *n* skirt, L. 5
jipon *n* slip, L. 16
*****jis** *con* even, L. 16
    -pri *n* (cf. **pri**)
jistan *adv* until, L. 17
jiyè *n* July, L. 16
jodi a *adv* today, L. 2
jòn *attrib* yellow, L. 7
    -abriko orange, L. 11

jou *n* day, *L. 4*
jouk *con* until, *L. 22*
joumou *n* squash, *L. 17*
jounalis *n* journalist, *L. 13*
jounen *n* day, *L. 10*
jwe *vtr* to play, *L. 19*
jwè *n* player, *L. 22*
jwèt *n* game, *L. 22*
jwenn[1] *vtr* to join, *L. 9*
jwenn[2] *vtr* to find, to get, *L. 12*

K

ka[1] *v* (cf. kapab)
ka[2] *con* because, *L. 16*
ka[3] *n* quarter, *L. 18*
ka[4] *n* problem
  ou nan- you're in trouble
kab (cf. kapab)
kabann *n* bed, *L. 14*
kabrit *n* goat, *L. 10*
kabwèt *n* wagon, cart, *L. 24*
kachiman *n* custard apple, *L. 17*
kadav *n* body, corpse, *L. 23*
kafe *n* coffee, *L. 4*
kajou *n* mahogany, *L. 24*
kalabòch *n* machete, *L. 24*
kalbas *n* calabash, gourd, *L. 8*
kalbose/kolboso *attrib* dented, battered, *L. 23*
kale *attrib/vtr* to peel, *L. 18*
*kalite *n* kind, type, *L. 13*
kalkile[1] *vintr* to compute, *L. 5*
kalkile[2] *vintr* to think, *L. 25*
kalson *n* underwear, *L. 16*
kamomil *n* chamomile (herb tea), *L. 24*
kamyon (cf. kamyonèt)

kamyonèt *n* pickup truck, van, *L. 6*
*kanaval *n* carnival, *L. 22*
kanèl (cf. kannèl)
kap *n* kite, *L. 22*
kapab/kab/ka *v* can, to be able to, *L. 10*
*kapital *n* capital, *L. 16*
kapòt *n* car hood, *L. 23*
*karaktè *n* personality, *L. 25*
Karayib *n* Caribbean, *L. 13*
karèt *n* sea turtle, *L. 17*
kasav *n* cassava bread, *L. 17*
kase *attrib/vintr/vtr* to break, *L. 8*
  -kay *vtr* to break into someone's house, *L. 21*
*kasik *n* cacique (Indian chief), *L. 19*
*kasika *n* Indian kingdom, *L. 19*
kat[1] *attrib/n* four, *L. 4*
*kat[2] *n* map, *L. 13*
katòz *attrib/n* fourteen, *L. 5*
katrè *adv* four o'clock, *L. 9*
katye *n* neighborhood, *L. 11*
kawo *n* square, *L. 24*
kawotchou *n* tire, *L. 23*
kawòt *n* carrot, *L. 17*
kay[1] *n* house, *L. 5* (cf. lakay)
kay[2] *n* game, *L. 22*
kaye *n* notebook, *L. 3*
*kayimit *n* star apple, *L. 16*
kazèn *n* police head-quarters, *L. 12*
*kann *n* sugar cane, *L. 19*
kanna *n* duck, *L. 17*
kannèl[1] *attrib* rust-colored, *L. 7*
kannèl[2] *n* cinnamon, *L. 17*
kannòt *n* rowboat, *L. 23*

kanpe *attrib/vintr* to stand up, *L. 3*
kanpèch *n* logwood, *L. 24*
kanson *n* pants, *L. 16*
*kantite *adv* a lot of, *L. 13*
ke[1] *con* that, *L. 16*
*ke[2] *n* tail, *L. 22*
kesyon *n* question, *L. 15*
keyi *attrib/vtr* to pick, *L. 8*
kè *n* heart, *L. 19*
  *-l t ap fè l mal he felt sorry, *L. 19*
kèk *attrib* a few, *L. 6*
  -grenn a few individual units, *L. 16*
kès *n* cash register, *L. 16*
kenbe[1] *vintr/vtr* to get along, *L. 2*
kenbe[2] *vintr/vtr* to hold on, *L. 5*
kenz *attrib/n* fifteen, *L. 5*
ki *pro* who, *L. 13*
ki jan *adv* how, *L. 1*
  -ou rele? What's your name? *L. 1*
  -ou twouve l? How do you like it? *L. 16*
  -ou ye? How are you? *L. 1*
ki kote *adv* where, *L. 2*
ki lè *adv* what time, when, *L. 15*
  -li ye? What time is it? *L. 9*
ki moun *pro* who, *L. 1*
ki sa *pro* what, *L. 3*
  -sa a ye? What's that? *L. 3*
Kiba *n* Cuba, *L. 13*
Kiben *attrib/n* Cuban, *L. 13*
kilès *pro* which, *L. 12*
*kilomèt kare *n* square kilometer, *L. 16*
kilòt *n* panty, underpants, *L. 16*
kiltive *vtr* to grow, *L. 24*
Kiraso *n* Curaçao, *L. 13*

kite *vtr* to let, to leave, *L. 17*
   -m let me, *L. 17*
   -n let us, *L. 17*
kitèks *n* nail polish, *L. 16*
kivèt *n* basin, *L. 10*
kiyè bwa *n* wooden spoon, *L. 19*
kizinyèz *n* cook (female), *L. 21*
klas *n* classroom, *L. 3*
kle *n* key
   -espina wrench, *L. 21*
*****klere** *vintr* to shine, *L. 16*
kleren *n* raw rum, *L. 18*
klè *attrib* light skinned, *L. 11*
klik *n* gang, *L. 22*
kliyan *n* customer, *L. 21*
klou *n* nail, *L. 21*
kloure *vtr* to nail, *L. 21*
kochon *n* pig, pork, *L. 17*
kodenn *n* turkey, *L. 17*
koka *n* coke, *L. 17*
kokennchenn *attrib* tremendous, *L. 23*
kokonèt *n* coconut cookie, *L. 17*
kokoye *n* coconut, *L. 17*
kola *n* soda, pop, *L. 12*
*****kolabore** *vintr* to collaborate, *L. 25*
kolboso (cf. **kalbose**)
*****kole** *attrib/vtr* to stick, *to* glue, *L. 19*
*****kolon** *n* settler, *L. 22*
*****komèsan** *n* merchant, *L. 22*
kostim *n* suit, *L. 16*
kostim pou beny *n* bathing suit, *L. 16*
kote[1] *adv* next to, *L. 10*
kote[2] (cf. **ki kote**)
kowosòl *n* soursop, *L. 17*

*****koze**[1] *vintr* to speak, to talk, to chat, *L. 16*
koze[2] *n* talk, *L. 25*
kò *n* body, *L. 14*
   -a pa twò bon not to feel too well, *L. 24*
   -m ap fè m mal my body aches, *L. 15*
kòb *n* money, five cents, *L. 12*
kòd *n* rope, string (musical instrument), *L. 8*
kòdonye *n* shoe maker, *L. 21*
kòk *n* rooster, cock, *L. 17*
kòmann *n* order, *L. 17*
kòmanse (cf. **koumanse**)
kòmè (cf. **makomè**)
kòn *n* horn, *L. 16*
kòsaj *n* blouse, *L. 5*
kòwòsòl (cf. **kowosòl**)
kon (cf. **kou**)
konbat *vintr* to fight, *L. 24*
konben/konbyen *adv* how much, how many, *L. 5*
konbit *n* collective farm work, *L. 24*
konfiti *n* jam, *L. 17*
konfyans *L. 25* (cf. **fè konfyans**)
kong *n* eel, *L. 17*
konmè *L. 5* (cf. **makomè**)
konnen/konn *vtr* to know, *L. 3*
konparèt *n* coconut bread, *L. 17*
konpè *n* brother (term of address used between father and godfather of a child), buddy, *L. 5*
konplè *n* outfit, *L. 16*
konprann *vtr* to understand, *L. 12*
*****konsa** *adv* like this, like that, thus, *L. 16*
konsekans *n* consequence, *L. 25*
konsonmen *n* broth, *L. 17*
kont[1] *n* tale, *L. 22*

kont[2] *n* account
   tout bagay sou kont li she is in charge of everything, *L. 24*
kont[3] (cf. **pou kont**)
kontan *attrib* glad, *L. 13*
konte *vintr/vtr* to count, *L. 5*
kontinye *vintr* to continue, to keep on, *L. 11*
*****kontrarye** *attrib/vtr* to disturb, *L. 25*
kontre *L. 2* (cf. **rankontre**)
kontwòl *n* control, *L. 24*
*****konvèsasyon** *n* conversation, *L. 25*
kou[1] *n* blow, *L. 11*
   kout zeklè *n* lightning bolt, *L. 11*
kou[2] *n* neck, *L. 15*
kou/kon[3] *prep* like, as, *L. 17*
kou/kon[4] *con* when, as soon as, *L. 22*
   *****-kòk chante** very early, as soon as the cock crows, *L. 18*
kouche *attrib/vintr* to go to sleep, *L. 14*
koud[1] *n* elbow, *L. 15*
koud[2] *vtr* to sew, *L. 26*
koule *attrib/vintr/vtr* to strain, to filter, to pour, *L. 19*
   -beton *v* to pour cement, *L. 21*
   -kafe *v* drain coffee, *L. 12*
koulè *n* color, *L. 7*
koulèv *n* snake
   Sa koulèv bay? What's the lottery number for snakes? *L. 14*
koulye a (cf. **kounye a**)
kouman *adv* how, *L. 10*
koumanse/kòmanse *attrib/vtr* to begin, *L. 9*
kounye a *adv* now, *L. 4*

koupe *attrib/vtr* to cut, *L. 17*
  se koupe dwèt it's
    finger licking good,
    L. 17
koupon *n* remnant
  (cloth), *L. 17*
kouraj *n* courage
kouraj! take care! *L. 5*
kouran dè *n* draft,
  L. 20
kouri *vintr/vtr* to run,
  L. 17
  -antre to run into
    L. 22
  -desann to run down,
    L. 22
kout *attrib* short, *L. 11*
  bay koutba (cf. **bay**)
koute *vtr* to cost, *L. 21*
koutiryè/koutiryèz *n*
  dressmaker, *L. 21*
kouto *n* knife, *L. 17*
  -digo type of
    machete, *L. 8*
kouvèti *n* cover, lid,
  L. 17
kouvri *vtr* to cover
  L. 17
kouzen *n* cousin (male),
  L. 6
kouzin *n* cousin
  (female), *L. 6*
krab *n* crab, *L. 17*
kras *n* tiny bit
  yon ti a little
    crumb, *L. 18*
kravat *n* tie, *L. 5*
kraze[1] *attrib/vtr* to
  break, *L. 19*
kraze[2] *n* small amount
  of money, *L. 23*
kreson *n* watercress,
  L. 17
kretyen *n* Christian
  -vivan human
    being, people, *L. 24*
kreve *attrib/vtr* to
  puncture, *L. 17*
  -pwa to cook beans
    until they're soft,
    L. 19

kreye *vtr* to create, *L. 22*
kreyon *n* pencil, *L. 3*
kreyòl *n* Creole, *L. 13*
krèm *n* cream, ice cream, *L. 17*
kri *attrib* raw, *L. 17*
kribich *n* crayfish, *L. 17*
krim *n* cream; ice cream,
  L. 17
kui *n* leather, *L. 8*
kuit (cf. **kwit**)
kwayans *n* belief,
  faith, *L. 25*
kwè *vintr/vtr* to believe, *L. 18*
kwen *n* corner, *L. 17*
kwi[1] (cf. **kui**)
kwi[2] *n* calabash
  bowl, *L. 8*
kwis *n* thigh, *L. 15*
  -poul drumstick, *L. 22*
kwit *attrib/vtr* to cook,
  L. 8
kwizinyèz (cf. **kizinyèz**)
kwochi *attrib* crooked,
  L. 24
kwòt (cf. **tèt kwòt**)

L

la/lan/nan/an/a *det*
  the, *L. 1*
la a *adv* there, *L. 4*
labank *n* bank, *L. 12*
labou *n* mud, *L. 23*
labouyi *n* porridge,
  L. 17
lachas *n* hunting, *L. 17*
ladan *adv* in it, *L. 19*
  *-yo *prep* among
    these, *L. 16*
lafyèv *n* fever, *L. 15*
lage[1] *attrib/vintr/vtr*
  to throw, *L. 22*
lage[2] *attrib/vintr/vtr*
  to abandon, *L. 23*
lago (cf. **fè lago**)
laj *attrib* large, *L. 24*
lajan *n* money, *L. 13*
lakay *n* home, *L. 5*
lakoloni *n* colony, *L. 19*
lakòl *n* glue, *L. 21*

*lakòz *n* cause, *L. 16*
lakou *n* yard, *L. 10*
*lalwa *n* law, *L. 25*
lamès *n* mass, *L. 10*
lapake *n* tail wire, *L. 22*
lapatèt *n* head wire,
  L. 22
*lapenn *n* sorrow, grief,
  L. 16
lapli *n* rain, *L. 20*
  -ap farinen It's
    drizzling, *L. 20*
  -bare *ou* You are
    caught in the rain,
    L. 20
  **Se pa de lapli li te
    gen tan fè** It had
    rained an awful lot,
    L. 20
lapòs *n* post office, *L. 4*
*lapriyè *vintr* to pray,
  L. 25
lari *n* sheet, *L. 11*
larim *n* snot, mucus,
  L. 15
larivyè *n* river, *L. 10*
  -desann river in
    flood stage, *L. 23*
lasèt *n* shoe lace,
  L. 16
lavalas *n* flood, *L. 20*
lavant *n* sale, *L. 10*
lave *vtr* to wash, *L. 5*
*lavèy *n* day before,
  L. 18
lavil *adv* downtown, *L. 4*
lay *n* garlic, *L. 17*
lan (cf. **nan**)
lanbi *n* conch, *L. 17*
landemen *n* next day,
  L. 25
lang *n* language, *L. 13*
  *-manman native
    language, *L. 24*
lanman *n* nightshade
  (plant), *L. 24*
lanmè *n* sea, *L. 13*
lanmori *n* cod fish,
  L. 17
lanmò *n* death, *L. 25*

lanp *n* lamp
    -etènèl lamp placed
        on voodoo altar,
        L. 25
    -gaz kerosene lamp, L. 9
legim *n* vegetable, L. 17
legliz *n* church, L. 4
lejè *attrib* light, L. 20
lekòl *n* school, L. 2
lesivèz/lesivyè/lesivyèz
    n laundress, L. 13
lestomak *n* chest, L. 15
leti *n* lettuce, L. 17
leve *vintr/vtr* to get up, L. 9
***Lewòp** *n* Europe, L. 25
lè¹ *n* hour, L. 10
lè² *con* when, L. 10
    -fini *adv* afterwards,
        L. 8
lèd *attrib* ugly, L. 11
lèdimanch *adv* Sundays, L.14
lèjedi *adv* Thursdays, L. 14
lèmaten *adv* in the
    morning, L. 14
lèmidi *adv* at noon, L. 17
***lès** *n* east, L. 13
lèsamdi *adv* Saturdays, L. 14
lèswa *adv* in the evening,
    L. 17
lèt¹ *n* letter, L. 3
lèt² *n* milk, L. 17
lendi *adv* Monday, L. 14
li¹ *pro* he, she, it; his,
    hers, its; him, her, L. 1
li² *vtr* to read, L. 12
libète *n* freedom, L. 22
libreri *n* bookstore, L. 12
likè *n* liqueur, L. 17
limen *attrib/vtr* to turn
    on, to light up, L. 19
    -dife *to* start a fire,
        L. 19
limonad *n* lemonade,
    L. 17
limyè *n* headlight, L. 23
linèt *n* glasses, L. 7
lit *n* liter, L. 17
liv¹ *n* book, L. 3
liv² *n* pound, L. 18
lo¹ *n* group of items,
    L. 17

lo² *n* prize, L. 23
lodyans *n* jokes, banter
    L. 20
lojikman *adv* logically,
    L. 24
loray *n* thunder, L. 20
lò *n* gold, L. 17
lòd *n* order, L. 3
lòt *attrib* other, L. 2
lonbrèl *n* umbrella (sun),
    L. 20
lonbrit *n* navel, L. 15
long *attrib* long, L. 11
    fè bouch- to be
        angry, L. 21
***longè** *n* length, L. 22
lonn *n* ell, yard, L. 17
lontan *adv* a long time
    ago, L. 8
louchèt *n* type of pick,
    L. 24
louvri *attrib/vtr* to open,
    L. 3
luil *n* oil, L. 17
lwa *n* spirit, L. 25
***lwen** *adv* far, L. 13
lyann *n* vine, L. 24

M

ma *n* mast, L. 23
mab *n* marble, L. 22
mach *n* step, L. 24
machande *vintr* to
    bargain, L. 17
machann *n* street
    vendor, L. 16
mache¹ *vintr* to walk, L. 3
mache² *n* market, L. 4
machè *n* dear (term of
    address), L. 2
machin *n* car, L. 8
machin a koud *n*
    sewing machine, L. 21
machòkèt *n* bungler,
    L. 21
machwa *n* jaw, L. 15
madanm *n* lady, L. 1
madan sara *n* peddler,
    L. 13

madi *adv* Tuesday, L. 14
madmwazèl *n* Miss, Ms.,
    L. 16
madmwazèl lekòl *n*
    school teacher (female),
    L. 3
magarin *n* margarine, L. 17
magazen *n* store, L. 4
maji *n* magic, L. 25
makèt *n* supermarket, L. 12
makiyaj *n* makeup,
    L. 16
makomè *n* sister (term
    of address usually used
    between mother and
    godmother of a child),
    L. 18
mal *attrib* bad, L. 2
    -dan *n* toothache,
        L. 15
    -do *n* backache, L. 15
    -gòj *n* sore throat, L. 15
    -tèt *n* headache, L. 15
malad *attrib* sick, L. 4
maladi *n* disease,
    illness, L. 15
malanga *n* taro, L. 17
malere *n* poor person,
    L. 23
***malè** *n* misfortune,
    L. 16
mamit *n* tin can (unit
    of measure), L. 18
marabou *n* dark-skinned
    person with silky hair,
    L. 11
mare *attrib/vtr* to tie,
    L. 16
    -goumen start fighting,
        L. 22
marèl *n* hopscotch, L. 22
mari *n* husband, L. 6
maryaj *n* wedding,
    L. 16
marye¹ *vtr* to match,
    L. 3
marye² *vtr* to marry,
    L. 25
mas *n* March, L. 16
mason *n* mason, L. 21
matant *n* aunt, L. 6

match *n* game, *L. 22*
materyo *n* material, *L. 21*
maten *adv* morning
    dimaten in the morning, *L. 9*
Matinik *n* Martinique, *L. 13*
Matiniken *attrib* Martinican, *L. 13*
mato *n* hammer, *L. 21*
mawon *attrib* brown, *L. 11*
mayi *n* corn, *L. 8*
    -moulen cornmeal, *L. 17*
mayo *n* tee-shirt, *L. 5*
manba *n* peanut butter, *L. 17*
manbo *n* female voodoo priest, *L. 25*
manch *n* handle, *L. 24*
manchèt *n* machete
mandarin *n* tangerine, *L. 17*
mande *vtr* to ask, *L. 3*
mango *n* mango, *L. 17*
*mangonmen *attrib/vtr* to complicate, complicated, *L. 25*
mangous *n* mongoose, *L. 24*
manje¹ *n* food, *L. 8*
    -kwit cooked food, *L. 12*
    -lwa food destined for voodoo spirits, *L. 25*
    -toufe steamed, braised food, *L. 17*
manje² *attrib/vtr* to eat, *L. 14*
    -vant deboutonnen *attrib/adv* to eat as if it were one's last meal, *L. 17*
*manm *n* member, *L. 25*
manman *n* mother, *L. 5*
manto *n* coat, *L. 20*
manton *n* chin, *L. 15*
manyen *vtr* to touch, *L. 3*
manyòk (*pronounced:* man-yòk) *n* manioc, *L. 24*

manzè *n* Miss, *L. 18*
me *n* May, *L. 16*
meble *vtr* to furnish, *L. 20*
mechan *attrib* mean, *L. 11*
mechanste *n* evil, mean things, *L. 25*
medikaman *n* medicine, *L. 24*
megri *vtr* to lose weight, *L. 20*
melon dlo *n* watermelon, *L. 17*
melon frans *n* melon, cantaloup, *L. 17*
meni *n* menu, *L. 17*
menizye *n* carpenter *L. 21*
mete *vtr* to put on, *L. 5*
    *met men sou to catch someone or something, *L. 17*
metrès *n* school teacher (female), *L. 3*
mezanmi *interj* Good grief! *L. 23*
mezi¹ *n* measure, *L. 18*
mezi² *attrib* as much, as many, *L. 20*
mezire *vtr* to try on; to measure, *L. 16*
mèb *n* furniture, *L. 20*
mèg *attrib* skinny, *L. 11*
mèkredi *adv* Wednesday, *L. 14*
mèsi *adv* thanks, *L. 5*
    -anpil thanks a lot, *L. 12*
mèt¹ *n* may, to be allowed to, *L. 11*
mèt² *n* owner, *L. 17*
mèt boulanje *n* baker, *L. 12*
mèt lekòl *n* school teacher, *L. 14*
mèvèy *n* wonder, *L. 23*
men¹ *con* but, *L. 7*
    -wi! *adv* of course! *L. 2*
men² *adv* here you are, here is, *L. 14*
men³ *n* hand, *L. 15*
    sou men gòch on the left hand
men⁴ *n* handful, *L. 18*

menm¹ *pro* (with pronoun) -self
    li menm himself, *L. 10*
menm² *adv* even, at all, *L. 17*
mennaj *n* boyfriend, girlfriend, *L. 17*
mennen *vtr* to take, to lead, *L. 8*
midi *adv* noon, *L. 9*
    -edmi twelve-thirty, *L. 9*
milat *n* mulatto, *L. 11*
milèt *n* mule, *L. 23*
militon *n* kind of squash, *L. 17*
*milyon *attrib/n* million, *L. 16*
min *n* mine, *L. 17*
*mirak *n* miracle, *L. 25*
miskad *n* nutmeg, *L. 17*
mize *vintr* to dally, *L. 10*
mizè *n* suffering, *L. 22*
mizik *n* music, *L. 22*
mo *n* word, *L. 3*
modèl *n* custom-made, *L. 16*
moso *n* piece, *L. 20*
motè *n* engine, *L. 23*
move *attrib/vintr* mean, angry, *L. 15*
mò *n* death, dead, person, *L. 25*
    mouri bon mò *v* to die of natural causes, *L. 25*
mòn *n* mountain, *L. 13*
mòso (cf. **moso**)
mòtye *n* mortar, *L. 21*
monchè *n* dear (masculine term of address), *L. 2*
monnen *n* change, *L. 1*
monnonk *n* uncle, *L. 6*
monseyè *n* archbishop, *L. 17*
*mont *n* watch, *L. 16*

monte *attrib/vtr* to go up, *L. 12*
   -kap to fly a kite, *L. 20*
   *-tèt brain wash, *L. 25*
*montre *vtr* to show, to point, *L. 3*
mouchwa *n* handkerchief, *L. 19*
moulen¹ *vtr* to grind, *L. 6*
moulen² *n* grinder, *L. 6*
moun *n* person, people, *L. 1*
   -pa m my friend, *L. 21*
mouri *attrib/vintr* to die, *L. 19*
moustach *n* mustache, *L. 7*
mouye *attrib/vtr* to wet, *L. 20*
msye *n* man, sir, *L. 1*
mwa *n* month, *L. 16*
mwen *pro* I, me, *L. 1*
mwens *attrib/adv* minus, less, *L. 17*

N

n (cf. **nou**)
nasyonalite *n* nationality, *L. 13*
nat *n* mat, *L. 24*
natif natal *n* native, *L. 17*
nan *prep* in, inside, *L. 3*
   -bon eta (cf. **eta**)
   -chemen *adv* on the way, *L. 10*
   *-ka *adv* in trouble, *L. 25*
   *-men from, *L. 25*
   -mitan *prep* in the middle of, *L. 10*
   *-peyi blan *adv* abroad, *L. 25*
nechèl *n* ladder, *L. 21*
netwaye *attrib/vtr* to clean, to wash, *L. 17*
neve *n* nephew, *L. 6*
nèf¹ *attrib* new, *L. 3*
nèf² *attrib/n* nine, *L. 5*
nèg *n* guy, man, fellow, *L. 11*
   *-mawon runaway slave, *L. 25*

*nèt *adv* completely, *L. 25*
nen *n* nose, *L. 7*
nenpòt *pro* anyone, whatever, *L. 20*
   -moun *n* anybody, *L. 20*
*nich *n* nest, *L. 18*
niche *vtr* to lick, *L. 22*
nimewo *n* number, *L. 12*
nivo *n* level, *L. 21*
*noblès *n* nobility, *L. 25*
novanm *n* November, *L. 16*
*nò *n* north, *L. 16*
*nòdwès *n* northwest, *L. 13*
non¹ *interj* no, *L. 2*
non² *n* name, *L. 3*
*nonmen *vtr* to nominate, to elect, *L. 25*
nou/n *pro* we, us, our, *L. 2*
nouvèl *n* news, *L. 2*
   ban m nouvèl ou (cf. **bay**)
nyaj *n* cloud, *L. 20*
nyès *n* niece, *L. 6*
nwa *attrib* black, *L. 11*

O

*obeyi *vtr* to obey, *L. 25*
*objektif *n* objective, *L. 25*
ogatwa *n* voodoo oratory (chapel), *L. 25*
okenn *attrib* none, any, *L. 17*
okipasyon *n* occupation, *L. 17*
okipe *vtr* to take care of, *L. 23*
okontrè *con* on the contrary, *L. 25*
oktòb *n* October, *L. 16*
Onè! *interj* Is anybody home? *L. 24*

*onèt *attrib* honest, proper, *L. 16*
orevwa *interj* good-bye, *L. 16*
orijin *n* origin, *L. 25*
*orizontalman *adv* straight up, *L. 22*
oslè *n* jacks, L 22
osnon *con* or, otherwise, *L. 12*
oswa *con* or, *L. 12* (cf. **osnon**)
otèl *n* hotel, *L. 22*
*otorite *n* authority, *L. 25*
otòn *n* fall, *L. 20*

ON

on (cf. **yon**)
onz *attrib/n* eleven, *L. 9*

OU

ou *pro* you, *L. 2*
*oubyen *con* or, *L. 16*
ougan *n* voodoo priest, *L. 25*
ounsi *n* servant of voodoo deities who will help the hougan, *L. 25*
   -kanzo ounsi that has gone through a special initiation, *L. 25*
out (cf. **dawou**)
ouvri (cf. **louvri**)

P

pa¹ *adv* not, *L. 2*
pa² *prep* by, *L. 18*
   -egzanp *adv* for example, *L. 25*
   -entèmedyè *con* through the medium, via, *L. 25*

pa³ *n* part, portion
    pa m nan mine, *L. 22*
    pa pòt la at the door
      step, *L. 10*
padesi *n* raincoat, *L. 20*
pafen *n* perfume, *L. 16*
*pak *n* Easter, *L. 22*
pake *n* pack, bunch, *L. 17*
pale *vintr/vtr* to talk,
    to speak, *L. 1*
paloud *n* clam, *L. 17*
*palè *n* palace, *L. 25*
pàn *n* breakdown, *L. 16*
    an pàn (cf. **an**)
    -batri battery
      problem, *L. 23*
    -kawotchou flat
      tire, *L. 23*
    -motè engine
      problem, *L. 23*
papa *n* father, *L. 6*
papay *n* papaya, *L. 17*
papye *n* paper, *L. 18*
    *-danbalaj wrapping
      paper, *L. 22*
    *-fen thin paper,
      L. 22
parapli *n* umbrella,
    L. 20
pare *attrib/vintr/vtr*
    to be ready; to prepare,
    L. 16
parese *attrib* lazy,
    L. 18
*parèt *vtr* to look, seem,
    L. 16
*parenn *n* godfather,
    L. 25
parye *vtr* to bet, *L. 22*
pase¹ *vintr* to pass
    through, *L. 8*
    -wè to stop by, *L. 15*
pase² *con* than, *L. 18*
pase³ (cf. **paske**)
paske *con* because, *L. 16*
paswa *n* sieve, colander,
    L. 19
patanfè *n* shoe mold, *L. 21*
pat tomat *n* tomato
    paste, *L. 17.*
patat *n* sweet potato, *L. 17*

pati *n* part, *L. 15*
patinen *vtr* to skid, *L. 23*
patwon *n* pattern,
    L. 21
pay *n* straw, *L. 20*
pandan *con* while, *L. 15*
pandye *vintr/vtr* to
    hang/dangle, *L. 20*
pann *vtr* to hang, *L. 16*
pantalon *n* pants, *L. 5*
panyen *n* basket, *L. 17*
panyòl *n* Spanish,
    Dominican, *L. 13*
*pelisilin *n* penicillin, *L. 15*
peryòd *n* period, *L. 17*
pete *attrib/vtr* to
    burst, *L. 22*
    -goumen *vtr* to
      start a fight, *L. 22*
peye *vtr* to pay, *L. 16*
peyi *n* country, *L. 13*
    -Ayiti Haiti, *L. 13*
peze *vintr/vtr* to press,
    L. 23
pè¹ *n* priest, *L. 4*
    *-letènèl God, *L. 25*
    -savann person that
      replaces the Catholic
      priest in the country,
      L. 25
pè² *attrib/vtr* afraid, *L. 21*
pèdi *attrib/vtr* to lose,
    L. 22
pèl *n* shovel, *L. 21*
pèmèt *vtr* to allow, *L. 22*
pèsi *n* parsley, *L. 19*
pèsonn *attrib/adv*
    nobody, *L. 17*
pen *n* bread, *L. 12*
    -mayi cornmeal bread,
      L. 17
    -patat sweet potato
      pudding, *L. 17*
*pengwen *n* type of bush,
    L. 16
pens *n* tongs
    -grip pliers, *L. 21*
penso *n* paintbrush, *L. 8*
pentad *n* guinea fowl, *L. 17*
penti *n* paint, *L. 10*
pentire *attrib/vtr* to paint, *L. 8*

peny *n* comb, *L. 14*
penyen tèt *vtr* to
    comb one's hair, *L. 14*
*pi *adv* more
    (comparative), *L. 13*
*pi fò *attrib* the majority,
    most, *L. 24*
*pike *attrib/vintr/vtr* to
    prick, *L. 21*
piki *n* injection, *L. 15*
pikwa *n* pickax, *L. 24*
pile *vtr* to pound, *L. 19*
pilon *n* mortar, *L. 19*
piman *n* hot pepper,
    L. 17
pinga *interj* don't
    (warning), *L. 17*
pip *n* pipe, *L. 15*
pisans *n* power, *L. 22*
*piske *con* because,
    L. 25 (cf. **paske**)
piskèt *n* kind of small
    fish, *L. 17*
pita *adv* later, *L. 4*
*piti piti *adv* modestly,
    L. 19
pitimi *n* millet, *L. 16*
pitit *n* child, *L. 1*
pitit fi *n* daughter, *L. 6*
pitit gason *n* son, *L. 6*
pitit pitit *n* grandchild,
    L. 6
pito *vtr* to prefer, *L. 15*
piyajè *n* looter, *L. 22*
piye *vtr* to loot, *L. 22*
pla *n* dish
    -dijou *n* today's
      special, *L. 17*
plas *n* place, *L. 17*
*plantasyon *n* plantation,
    L. 22
plante *vtr* to plant, *L. 8*
plantè *n* farmer, *L. 24*
*plede *vintr* to argue,
    L. 17 (cf. **tonbe plede**)
plezi *n* fun, *L. 22*
*plè *vtr* to please, *L. 16*
*plenn *n* plain, *L. 16*
plim¹ *n* pen, *L. 3*
plim² *n* feather, hair
    -je eyelash, *L. 7*

plis *adv* more, *L. 15*
***plizyè** *attrib* several, *L. 16*
plòt fil *n* ball of string, *L. 22*
ploum *n* cock that loses the fight, *L. 22*
po *n* skin, *L. 7*
   -bouch lips, *L. 7*
poko *adv* not yet, *L. 4*
***popilasyon** *n* population, *L. 13*
popyè *n* eyelid, *L. 7*
pote *vtr* to carry, *L. 6*
   ***-tounen** to take back, *L. 19*
poze *vtr* to ask a question, *L. 10*
***pòch** *n* pocket, *L. 20*
pòpòt *n* husk, *L. 24*
pòt *n* door, *L. 3*
pòtoriken *attrib/n* Puerto Rican, *L. 13*
pòv *attrib* poor, *L. 11*
pon *n* bridge, *L. 16*
ponmdetè *n* potato, *L. 17*
ponp *n* pump, *L. 12*
   -gazolin gas station, *L. 12*
ponpe *vintr* to jump, *L. 22*
ponyèt *n* wrist, *L. 15*
pou *con* to, in order to, for, *L. 8*
   -kont *prep* alone, *L. 13*
poud *n* powder, *L. 16*
poudin *n* pudding, *L. 17*
poudin kasav *n* cassava pudding, *L. 17*
poukisa *adv* why, *L. 5*
poul *n* chicken, *L. 10*
poupe *n* rag doll, *L. 25*
poutèt *con* because, *L. 19*
***pouvwa** *n* power, *L. 25*
pratik *n* regular customer/seller, *L. 18*
pratike *vintr/vtr* to practice, *L. 1*

pran *vtr* to take, *L. 3*
   -gou to be well seasoned, *L. 19*
   -leson to be tutored, *L. 8*
   -pàn to have a breakdown, *L. 23*
   -plezi to have fun, *L. 22*
pre[1] *prep* near, *L. 13*
pre[2] *attrib* ready, *L. 21* (cf. **pare**)
***premye** *attrib* first, *L. 13*
prese *vtr* to hurry up, *L. 20*
prete *vtr* to lend, *L. 24*
prezide *vtr* to preside, *L. 25*
***prèske** *adv* almost, *L. 19*
prentan *n* spring, *L. 20*
pri *n* price, *L. 18*
   dènye pri last price
   fè jis pri (cf. **fè**)
prije *vtr* to squeeze, *L. 19*
***prizon** *n* jail, *L. 24*
pwa *n* bean, *L. 8*
   -an sòs bean stew (served over rice) *L. 19*
   -fen string beans, *L. 17*
   -frans peas, *L. 17*
   -tann green beans, *L. 17*
   ***-wouj** red beans, *L. 19*
pwason *n* fish, *L. 17*
pwav *n* black pepper, *L. 17*
   -fen finely ground pepper, *L. 19*
pwela *n* tarpaulin, *L. 23* (cf. **bach**)
***pwent** *n* tip, end, *L. 22*
pwoblèm *n* problem, *L. 13*
pwochen *attrib* next, *L. 14*
pwochenn *attrib* next (with time reference), *L. 14*
pwogram *n* program, *L. 22*
***pwoklame** *vtr* to proclaim, *L. 25*
pwomèt *vtr* to promise, *L. 24*

pwovizyon *n* groceries, *L. 18*
pwòp *attrib* clean, *L. 10*
pyano *n* piano, *L. 22*
pyas *n* Haitian unit of currency, formerly pegged to U.S. dollar; older term for **gourde**, *L. 10*
pye *n* foot, leg (of furniture), *L. 14*
   a pye *adv* on foot, *L. 23*
pyebwa *n* tree, *L. 10*
***pyèj** *n* ambush, *L. 25*
pyès *attrib* not at all, *L. 17*
   -moun no one, nobody, *L. 17*
pyon *n* pawn (in games), *L. 22*

R

rabo *n* plane, *L. 21*
rabougri *attrib* stunted, *L. 24*
rache *attrib/vtr* to pull out, *L. 8*
rachitik *attrib* anemic, *L. 24*
rad *n* clothes, clothing, *L. 5*
radyo *n* radio, *L. 21*
raje *n* woods, *L. 24*
rale *vtr* to pull; to take out, *L. 7*
ralonj *n* extension cord, *L. 21*
ram *n* ream, *L. 18*
rapòte *vtr* to profit, to be of benefit, *L. 22*
rapwochman *n* link *L. 22*
***ras** *n* race, ethnic group, *L. 19*
rat *n* rat, *L. 24*
raze *vtr* to shave, *L. 14*
***ran mòn** *n* mountain range, *L. 16* (cf. **mòn**)
ranch *n* hip, *L. 15*
ranje *attrib/vtr* to fix, *L. 14*
rankontre/kontre *vtr* to meet, *L. 2*

*ranmase *vtr* to gather, to pick up, *L. 18*

rann *vtr* to give back, to render, **-kont** to realize, *L. 25*

-lejè to lighten, *L. 22*

rannman *n* production, *L. 22*

ransèyman *n* information, *L. 22*

refè *attrib/vtr* to recover, *L. 15*

refize *vtr* to refuse, *L. 23*

*reflechi *vintr* to think about, *L. 25*

*regle *attrib/vtr* to work out, *L. 25*

rekonèt *vtr* to recognize, *L. 11*

rekòlte *vtr* to harvest, *L. 24*

rekòt *n* harvest, *L. 20*

rele *vintr/vtr* to call, *L. 12*

-anmwe to call for help, *L. 13*

remake *vtr* to notice, *L. 22*

repare *vtr* to fix, to repair, *L. 16*

repete *vtr* to repeat, *L. 11*

reponn *vtr* to answer, *L. 3*

*reprezante *vtr* to represent, *L. 25*

*resèt *n* recipe, *L. 19*

resi *vintr* to succeed, *L. 21*

*-dakò to come to an agreement, *L. 21*

respè *interj* come in! *L. 24*

restoran *n* restaurant, *L. 12*

ret (cf. **rete**)

rete/ret *vintr* to stop, to stay; to live, *L. 3*

rete/ret (continued)

-mize to stay around, *L. 22*

retire *vtr* take off, *L. 15*

*revandè/revandèz *n* retailer, hawker, *L. 18*

reve *vtr* to dream, *L. 14*

reveye *vtr* to wake up, *L. 14*

revè *n* reverse

*nimewo ak revè l the number and its reverse, *L. 25*

*revolisyonnè *attrib* revolutionary, *L. 25*

*revòlte *vintr* to revolt, *L. 25*

reyini *attrib/vintr* to gather, *L. 22*

rèd *attrib/adv* hard, tough, *L. 8*

règ *n* ruler, *L. 3*

rèl *n* cry, *L. 25* (cf. **rele**)

*rèn *n* queen, *L. 19*

rès *n* rest, leftover, *L. 15*

rèv *n* dream, *L. 25*

renmèd *n* medicine, *L. 12*

renmen *vtr* to like, *L. 16*

rense *attrib/vtr* to rinse, *L. 10*

ri *n* street, *L. 12*

rich *attrib* rich, *L. 11*

*richès *n* wealth, *L. 19*

*rivalite *n* rivalry, *L. 25*

rive *vintr/vtr* to arrive, *L. 9*

*riz *n* trick, ruse, treachery, *L. 25*

S

sa *pro* this, that, *L. 1*

-k genyen? What's happening? *L. 5*

-k pase? What's happening? *L. 4*

sa a *dem det* this, that

sa yo *pro* these/those, *L. 6*

sab *n* sand, *L. 24*

sad *n* snapper, *L. 17*

sadin *n* sardine, *L. 17*

saf *attrib* gluttonous, *L. 18*

sak *n* bag, *L. 18*

sakle *attrib/vtr* to weed, *L. 8*

saksofòn *n* saxophone, *L. 22*

sal *attrib/vtr* dirty, *L. 10*

salad *n* salad, *L. 17*

salamanje *n* dining room set, *L. 21*

samdi *adv* Saturday, *L. 14*

sapat *n* thongs, *L. 5*

savon *n* soap, *L. 10*

savonnen *vtr* to soap, *L. 14*

san¹ *prep* without, *L. 17*

san² *n* blood, *L. 19*

*san sa *con* otherwise, *L. 21*

sanble *vtr* to look like, *L. 7*

*sandal *n* sandal, *L. 21*

sante *n* health, *L. 15*

se *vintr* to be, *L. 1*

se pou *vintr* to have to (cf. **fòk, fò**)

-pou ki moun? Whose is it? *L. 5*

se sa! *interj* that's right, *L. 12*

seche *attrib/vtr* to dry up, *L. 20*

sechrès *n* drought, *L. 20*

sektanm *n* September, *L. 16*

sele *attrib/vtr* to saddle, *L. 23*

semans *n* seed, *L. 20*

semenn (cf. **senmenn**)

*separasyon *n* division, *L. 19*

*separe *attrib/vtr* to divide, *L. 19*

*sere *attrib/vtr* to keep, *L. 20*

seremoni *n* ritual, *L. 22*

*sezon *n* season, *L. 16*

sè *n* sister, *L. 6*
*sèch *attrib* dry, *L. 19*
sèl¹ *n* salt, *L. 17*
sèl² *n* saddle, *L. 23*
sèlman *adv* only, *L. 10*
sèpèt *n* sickle, *L. 24*
    (cf. **kouto digo**)
sèt *attrib/n* seven,
    L. 5
sèvi *vintr/vtr* to use;
    to be used for, *L. 1l*
sèvis *n* service, *L. 24*
sèvitè *n* servant
    (voodoo), *L. 25*
sèvyèt *n* towel, *L. 14*
sèz *attrib/n* sixteen,
    L. 5
senk *attrib/n* five, *L. 5*
senmenn *n* week, *L. 2*
senp *n* magic charm
    or action, *L. 22*
sentiwon *n* belt,
    L. 16
si¹ *con* if, *L. 2*
    -Dye vle God
        willing, *L. 2*
si² *n* saw, *L. 21*
si³ *attrib* sure, *L. 25*
*sid *n* south, *L. 16*
*sidwès *n* southwest,
    L. 13
siga *n* cigar, *L. 15*
sigarèt *n* cigarette,
    L. 15
sik *n* sugar, *L. 17*
siklòn *n* hurricane,
    L. 20
silvouplè (cf. **souple**)
siman *n* cement,
    L. 21
simen *vtr* to sow
    *-levanjil to
        evangelize, *L. 19*
sinema *n* movies,
    L. 22
siperyè *attrib* high
    quality, *L. 18*
sirik *n* small crab,
    L. 17
sis *attrib/n* six, *L. 5*

*sito *con* as soon as,
    L. 16
*sitou *adv* mostly,
    especially, *L. 18*
sitwon *n* lime,
    lemon, *L. 19*
siv *n* chives, *L. 17*
siy *n* sign, signal, *L. 25*
siye *attrib/vtr* to
    dry, to wipe, *L. 5*
siyonnen *vtr* to
    plow, *L. 24*
sizo *n* scissors, *L. 21*
sizonnen *vtr* to season,
    L. 19
solèy *n* sun, *L. 10*
    -kouche setting
        sun, *L. 22*
solid *attrib* strong, *L. 18*
sosyete *n* community,
    L. 24
sote *vintr/vtr* to jump,
    L. 22
soti/sòt¹ *vintr* to go out,
    to come from, *L. 5*
soti/sòt² *vtr* to have just,
    L. 12
*sove *vtr* to escape,
    L. 17
sòlda *n* soldier, *L. 22*
sòs *n* sauce, *L. 17*
sòt¹ (cf. **soti**)
sòt² *attrib* stupid,
    dummy, *L. 20*
*sonje *vtr* to remember,
    L. 16
sonnen *vtr* to ring,
    L. 17
sou *prep* on, *L. 3*
*soufle *vtr* to blow,
    L. 20
soulye *n* shoe, *L. 5*
*soumèt *vintr* to
    submit, *L. 25*
souple *interj* please,
    L. 9
*souri *vintr* to
    smile, *L. 16*
sous *n* spring, *L. 20*
sousi *n* eyebrow, *L. 7*

soutni *vtr* to support,
    -kè nou to keep us
        going, *L. 25*
souvan *adv* often,
    L. 15
souye (cf. **siye**)
suiv *vtr* to follow,
    L. 12
swa¹ *attrib* straight,
    silky (hair), *L. 7*
swa² *n* evening
    diswa in the
        evening, *L. 9*
swaf *attrib* thirsty,
    L. 21
swasant *attrib/n* sixty,
    L. 16
swe *vintr* to sweat,
    L. 20
syè *n* (cf. **swe**)
syèl *n* sky, *L. 20*

T

ta *adv* late, *L. 9*
tab *n* table, *L. 3*
tabak *n* tobacco, *L. 15*
*tabli *vtr* to establish,
    to settle, *L. 25*
tablo *n* blackboard,
    L. 3
tache *attrib/vtr* to
    fasten, *L. 16*
tafya *n* raw rum,
    L. 18
tak *adv* a little, bit,
    L. 18
taksi *n* taxi, *L. 13*
talè *adv* in a while,
    L. 25
*talon *n* heel, *L. 21*
tamaren *attrib* brown,
    L. 7
taptap *n* van, mini-
    bus, *L. 23*
tay *n* waist, *L. 16*
taye *vtr* to cut, to
    trim, *L. 8*
tayè *n* tailor, *L. 21*

tan *n* time, weather, *L. 8*

tan an mare it's cloudy, *L. 20*

tanbou *n* drum, *L. 22*

tande *vtr* to hear, *L. 2*

tank *con* as long as, *L. 22*

tankou *con* like, *L. 13*

tann[1] *vtr* to wait for, *L. 7*

tann[2] *vtr* to stretch out, *L. 10*

*tanpri *interj* please, *L. 25*

tanzantan *adv* from time to time, *L. 23*

tcheke *vtr* to check, *L. 1*

te *n* tea, *L. 17*

telefòn *n* telephone, *L. 17*

telefonnen *vtr* to telephone, *L. 22*

televizyon *n* television, *L. 21*

tenis[1] *n* sneakers, *L. 5*

tenis[2] *n* tennis, *L. 22*

teras *n* terrace, *L. 24*

teren *n* field, *L. 24*

tete *n* breast, *L. 15*

    *-doubout firm breasts, *L. 16*

*tè *n* earth, *L. 16*

tèt *n* head, hair, *L. 11*

    -chaje trouble, hardship, *L. 15*

    -chou head of cabbage, *L. 18*

    -graton kinky and very short hair, *L. 11*

    -gridap kinky and very short hair, *L. 11*

    -kwòt kinky and very short hair, *L. 11*

    -mòn summit, *L. 23*

ten *n* thyme, *L. 17*

ti *attrib* small, little, *L. 4*

ti bebe *n* baby, *L. 15*

ti dam *n* lady (affectionate), *L. 1*

ti tonton *n* old man, *L. 11*

ti vewòl *n* smallpox, *L. 19*

tilenòl *n* Tylenol, *L. 12*

timòp *n* Teem Up (beverage), *L. 17*

timoun *n* child, kid, *L. 1*

*tiraj *n* drawing, *L. 25*

*tire *vtr* to draw, *L. 25*

    -kont to tell folktales, *L. 22*

*tit *n* titles, *L. 25*

tiwèl *n* trowel, *L. 21*

tomat *n* tomato, *L. 17*

towo *n* bull, *L. 17*

tòde *attrib/vtr* to squeeze, *L. 9*

tonbe[1] *vintr* to fall down, *L. 16*

*tonbe[2] *vtr* to begin

    *-plede *vintr* to start arguing, *L. 17*

tou[1] *adv* too, also, *L. 2*

tou[2] *adv* quite, completely, *L. 11*

    -pre quite near, *L. 11*

    -dwat straight ahead, *L. 12*

touche *vtr* to earn money, *L. 22*

touf *n* tuft, clump, *L. 16*

toufe *attrib/vtr* to braise, *L. 19*

toufèt *attrib* ready-made *L. 16*

toujou *adv* still, always, *L. 11*

tounen *vintr* to return, *L. 7*

tounvis *n* screwdriver, *L. 21*

touse *attrib/vintr/vtr* to cough, *L. 15*

touswit *adv* right away, *L. 7*

tout *attrib* all, the whole, *L. 4*

traka *n* trouble, problem, *L. 15*

travay *n* work, *L. 5*

travay *vintr* to work, *L. 4*

travèse *vtr* to cross, *L. 11*

*tray *n* hardship, *L. 19*

trankil *attrib* quiet, *L. 17*

tranpe *vtr* to soak, to marinate, *L. 19*

transpò *n* transportation, *L. 23*

trant *attrib/n* thirty, *L. 16*

trèz *attrib/n* thirteen, *L. 5*

trennen *vintr/vtr* to pull, to drag, *L. 24*

    pou diri a pa trennen

        so that the rice doesn't lag, *L. 19*

tritri *n* dry crayfish, *L. 17*

twa *attrib/n* three, *L. 5*

*twaka *n* three-fourths, *L. 18*

    -pyas fifteen cents, *L. 18*

twal *n* cloth, fabric, *L. 18*

twalèt *L. 14* (cf. fè twalèt)

twò *adv* too much, *L. 16*

twòp *adv* too much, *L. 18*

twonpèt *n* trumpet, *L. 22*

twou *n* hole, *L. 22*

    -nen nostril, *L. 7*

tyè *n* third, *L. 22*

U

uit *attrib/n* eight, *L. 5*

V

va (cf. a)

vakans *n* vacation, *L. 22*

vale *vtr* swallow, *L. 15*

van *n* wind, *L. 16*

vandè/vandèz *n* salesclerk, *L. 16*

vandredi *adv* Friday, *L. 14*
- **-sen** *n* Good Friday, *L. 22*

vann *vtr* to sell, *L. 8*
- **-an detay** to sell retail, *L. 18*
- **-an gwo** to sell wholesale, *L. 18*

vanse *vintr* to move forward
- ***-fini** almost finished, to become exhausted, *L. 19*

vant *n* stomach, *L. 19*
- **-fè mal** stomach ache, *L. 15*
- **-mennen** diarrhea, *L. 15*

vante *vintr/vtr* to fan, to blow, *L. 19*

veye *n* wake, *L. 23*

vè¹ *prep* around, *L. 10*

vè² *n* glass, *L. 16*

vès *n* jacket, *L. 5*

vèt *attrib/n* green, *L. 7*

vèvè *n* symbol of voodoo spirit, *L. 25*

ven *attrib/n* twenty, *L. 5*

venn *n* vein, *L. 16*

vid *attrib* empty, *L. 17*

vil *n* city, town, *L. 15*

vin (cf. **vini**)

vinèg *n* vinegar, *L. 17*

vini/vin *vintr* to come, *L. 9*
- ***-tounen** become, *L. 19*
- ***-rive** to come along, *L. 16*

vire *vintr* to turn around, *L. 3*

vis *n* screw, *L. 21*

vise *attrib/vtr* to screw, *L. 21*

visye *attrib* greedy, *L. 18*

vit *adv* fast, *L. 9*

vitrin *n* window, showcase, *L. 16*

viv *n* starchy vegetables, *L. 17*

vizite *vtr* visit, *L. 13*

vo *vtr* to be worth, *L. 22*

vodou *n* voodoo, *L. 25*

vodouyizan *n* voodoo practitioner, *L. 25*

volan *n* wheel, *L. 23*

voras *attrib* gluttonous, *L. 18*

voye *vtr* to send, *L. 8*
- **-chache** to go get, *L. 22*
- **-jete** to throw away, *L. 22*
- **-o dyab** to tell someone to go to hell, *L. 25*

vòl *n* flight, *L. 13*
- **-lajounen** day flight, *L. 13*

vòlè *n* thief, *L. 21*

vre *attrib* true, *L. 7*

vyann *n* meat, *L. 12*

vye *attrib* old, *L. il*
- **-tonton** *n* old man, *L. 16*

vyolèt *attrib* purple, *L. il*

vyolon *n* violin, *L. 22*

vwal *n* sail, *L. 23*

vwalye *n* sailboat, *L. 23*

vwayaj *n* trip, *L. 13*

vwazinaj *n* neighbors, *L. 25*

W

*wa *n* king, *L. 19*

wete *vtr* to take off, *L. 5*

wè *vtr* to see, *L. 2*

wi *adv* yes, *L. 1*

wit (cf. **uit**)

wo *attrib* tall, *L. 11*

woma *n* lobster, *L. 17*

wòb *n* dress, *L. 5*
- **-abiye** formal dress, *L. 16*

wòch *n* stone, *L. 10*

*woz *attrib* pink, *L. 16*

wonfle *vintr* to snore, *L. 14*

wonm *n* rum, *L. 17*

*wonn *n* circle, *L. 22* (cf. **fè wonn**)

wou¹ *n* hoe, *L. 8*

wou² *n* wheel, *L. 23*

wouj *attrib* red, *L. 7*

woujalèv *n* lipstick, *L. 16*

wout *n* road, way, *L. 6*
- **-kwochi** wrong way, wrong direction, *L. 13*

wouze *attrib/vtr* to water, *L. 8*

Y

yanm *n* yam, *L. 17*

ye *vtr* to be, *L. 2*

yè *adv* yesterday, *L. 8*

yo *pro* they, them, their, *L. 1*

yon/on *det* a, an, *L. 3*

Z

zaboka *n* avocado, *L. 17*

zak *n* act, action, *L. 25*

*zam *n* weapon, *L. 19*

zanmi *n* friend, *L. 9*

*Zanti *n* West Indies, Antilles, *L. 13*

ze *n* egg, *L. 14*

zegwi *n* needle, *L. 21*

zeklè *n* lightning, *L. 20*

zepina *n* spinach, *L. 18*

zepis *n* spice, *L. 17*

zepòl *n* shoulder, *L. 15*

zepon *n* spur, *L. 22*

zèb *n* grass, *L. 8*

zèl *n* wing, *L. 22*

*zile *n* small island, *L. 13*

zoranj *n* orange, *L. 17*

*zòn *n* region, area, *L. 13*

zòrèy *n* ear, *L. 7*

zòtèy *n* toe, *L. 15*

zonbi *n* zombie, *L. 25*

zonyon *n* onion, *L. 17*

zouti *n* tools, *L. 6*

zwazo *n* bird, *L. 6*